中国律师实训经典 **基础实务系列**

总主编 **徐 建 龙翼飞**

劳动法
律师基础实务

主　编　**姜俊禄**

副主编　**王建平**

撰稿人　**姜俊禄　王建平　马建军　肖胜方**
　　　　陆　胤　王　杰　苏文蔚　张照东

中国人民大学出版社
·北京·

中国律师实训经典·基础实务系列编辑委员会

主编简介

姜俊禄　金杜律师事务所（北京总部）合伙人。

姜俊禄律师是中国首批劳动法博士学位获得者，长期从事劳动法的实务研究，对国际劳工法律和中国劳动法有系统考察，在审查和起草劳动合同和集体合同、草拟单位内部劳动规则、代理劳动争议等方面拥有丰富的经验。作为劳动法律师，姜俊禄参与了《中华人民共和国劳动法》立法、执法、司法各个环节的工作，并结合大量的具体劳动争议提出了许多切实有效的解决方法，得到了业界普遍的认可。姜俊禄律师曾为在华投资的许多跨国公司和中国的大型和特大型企业提供过关于劳动法的咨询意见。

姜俊禄律师自 1995 年开始担任北京市劳动争议仲裁委员会兼职仲裁员。2005 年担任国务院法制办《劳动合同法》课题组组长。

姜俊禄律师还积极参与学术研究与社会活动，担任了其他众多的社会职务，其中主要有：人力资源和社会保障部企业年金评审专家、中国法学会社会法研究会副会长、北京市人大常委会法制建设顾问、北京市劳动法与社会保障法学会会长、北京大学劳动法和社会保障法研究所兼职教授、国际劳动法和社会保障法协会（日内瓦）会员、美国律师协会中国项目顾问等。

姜俊禄律师分别于 1992 年和 2001 年毕业于中国人民大学法学院和北京大学法学院，获中国人民大学法学学士和硕士学位、北京大学法学博士学位；于 1994 年获得中国律师资格。

本书作者名单

姜俊禄　主　编　金杜律师事务所（北京总部）律师

王建平　副主编　北京德恒律师事务所律师

马建军　撰稿人　北京君合律师事务所上海分所律师

肖胜方　撰稿人　广东胜伦律师事务所律师

陆　胤　撰稿人　上海蓝白律师事务所律师

王　杰　撰稿人　北京中永律师事务所律师

苏文蔚　撰稿人　北京德恒律师事务所律师

张照东　撰稿人　福建天衡联合律师事务所律师

序

　　中国人民大学律师学院组织编写我国第一套大型律师基础实务教材"中国律师实训经典·基础实务系列"的情况介绍已经收悉，看后甚喜。这套教材，集实用性、基础性和系统性于一体，内容全面翔实，对完善我国的律师制度，强化律师管理、规范律师行为、防范律师的职业风险有着重要作用；对提高律师基础实务技能、使律师积极参与诉讼和仲裁活动有重要的指导意义；对加强律师业务、实务管理和律师职业管理，增强常规业务必备知识和实务操作技能，也是非常有价值的。《中华人民共和国律师法》颁布施行不到 20 年，我国律师还很年轻，还需要从理论上、实践中不断探索。

　　我国法律教育一直偏重于理论研究，将法律实践成果总结提升为理论常常显得滞后。中国人民大学律师学院编写的这套教材，是我看到的第一套系统性法律实务教材，从这个角度说，它开创了我国法律实务教育之先河。律师业是法律职业中有条件全面接触各种法律实务工作情况的职业。从律师的客观和主观、实体和程序角度进行法律实践教育，可使法律人比较全面地了解掌握各项法律实务工作技能，特别是对于学生将来从事各类法律工作会有启发和帮助。这套教材不失为各高校法律实务教育的有益参考书目。

肖　扬

中国人民大学博士生导师、最高人民法院原院长、首席大法官

2014 年 3 月

序　言

    中国正在经历一场深刻的社会变革，变革的方向之一，就是政府越来越多地退出对经济和社会生活的直接管控，而交由市场自行调节和社会自我管理。伴随这一变革进程的，将是对各类社会服务需求的大量增加，向社会提供法律服务的律师业也将迎来又一个发展的黄金时期。可以预期，未来若干年，律师从业人员数量将会呈现高速增长。

    大量新人进入律师行业，必将对我国的律师教育提出新的挑战。如何从一个"菜鸟"迅速成长为一名合格的律师，是每个律师界新人或准律师关心的问题，而这正是律师正规化专业教育的目标之一。我国的律师教育目前还处在手工作坊阶段，基本上是以师傅带徒弟的方式培养律师。新人入行后，先跟着老律师做实习律师、律师助理等，慢慢积累经验，逐渐成长。这一方式的局限性是显而易见的。主要问题是，缺乏科学系统的培养计划和考核标准，导致年轻律师的培养随意性较强，且受所跟师傅及所在律师事务所的业务范围、业务水平及责任心等方面的局限，培养质量难以保证，年轻律师成长速度参差不齐，甚至一些人长期难以进入角色，无法成为一名合格律师。这种状况，显然难以适应我国律师业高速发展的需要。

    中国人民大学律师学院自成立之初，就把探索构建我国律师正规化专业教育体系作为重要目标，并自 2011 年起，把律师实务教育引入国民教育体系，在法律硕士教学中开设了律师方向课程，目前已连续招收了三届学生。在三年教学实践的基础上，我们组织编写了这套律师基础实务教材。

    本套教材共 14 本，大体包括三部分。第一部分为律师执业基础，主要包括律师制度、律师管理、律师执业行为规范、律师执业风险防范等执业律师必须了解的基本知识；第二部分为律师基础实务技能，包括律师参与刑事、行政、民事三大诉讼活动及参与仲裁活动必备的知识和基本操作技能，以及律师办理非诉讼业务的基本技能；第三部分为一些最常见的律师业务实务，包括公司、合同、房地产、知识产权、侵权、劳动与社会保障、婚姻家庭、企业法律风险管理等律师常规业务所必备的知识和实务操作技能等。这些课程是在参考国外尤其是英国律师教育经验的基础上，结合我国律师业务的具体情况而设置的。我们认为，这 14 本教材涵盖了最基本的律师业务要求和技能，读者如能全面掌握 14 本教材的内容，就基本具备了作为一名合格执业律师的业务能力。

    将本套教材命名为"中国律师实训经典·基础实务系列"，故教材的编写强调了实用性、基础性和系统性。实用性，即完全根据律师业务的实际情况安排教材内容，对每项具体律师业务的基本要求、处理思路、工作规范及具体操作技能等逐一进行介绍，并适当配以具体案例演示，力求使读者按照书中介绍的方法去操作，能够独立完成相关的律师业务工作。基础性，即本套教材主要面向律师界的新人，故在内容安排上只涉及最基础、最常见的律师业务，所介绍的也都是最基本的律师业务技能和操作方法，对于高级的、尖端的律师业务门类和技巧并不涉及。系统性，是指本套教材虽为基础实务教材，但每本教材对所涉及律师业务领域的具体工作要求均做系统、全面的介绍，以帮助读者全面掌握处理该项律师业务的基本技能。

本套教材各册的主编，均由国内律师界相关业务领域的顶级专家担任，各位作者也都具有多年的律师执业经历，且在相关领域术业有专攻，经验丰富。其中多数主编及多位作者曾在我院讲授过相关律师专业课程。每册教材都是主编和作者们多年实务工作的结晶以及律师专业教学经验的总结。可以说，本套教材既贴近律师工作实际，又符合一般教育规律，因此，适合作为各高校法学院律师专业课程教材和各地律协律师岗前教育教材，也可作为实习律师、律师助理及有志进入律师行业者的自学教程。

我国律师的正规化专业教育毕竟还处于起步探索阶段，无成熟经验可循，本系列教材作为我院三年律师专业教育成果的总结，必定还存在不足和疏漏，有待于进一步探索、完善。我们希望全国律师及律师教育界多提宝贵意见，帮助我们不断改进、完善本套教材，共同为探索建设符合中国实际的律师正规化教育体系奠定基础。

本套丛书各位作者在繁忙的工作之余承担了本书的编写工作，将自己的经验和智慧奉献于律师教育事业；各册教材的主编在教材的整体设计、内容安排与统筹、全书审稿统稿等方面付出了辛勤劳动，保证了教材的高品质；中国人民大学出版社法律分社领导和各位编辑，在时间紧、稿件多的情况下，为本套丛书的如期出版做了大量细致有效的工作。在此我们特对以上人员表示特别感谢。

徐　建　龙翼飞

2014 年 3 月

前　言

　　2010 年中国律师界发生了一件大事——中国人民大学律师学院于 2010 年 4 月 26 日正式成立！

　　律师学院依托中国人民大学法学院雄厚的法学教学和科研力量，聘请国内外德高望重、经验丰富的资深律师担任客座教授，以培养高素质、高水平的律师精英为目标，致力于构建全方位、多层次、高效率、现代化的律师专业教育体系，探索一条适合中国律师业发展的律师教育新途径，办成中国律师教育的品牌学院。

　　这可是律师界多年以来的梦想。

　　律师学院于 2011 年开设了法律硕士律师方向研究生班，走出律师专业教育的第一步。

　　该学院院长徐建是律师界的重量级人物，早年毕业于中国人民大学法律系，也是学院的积极倡导者。

　　我记得 2011 年在中国人民大学逸夫楼召开一个关于劳动法的研讨会，徐建不约而至默默地旁听了会议。会后他跟我说，我没有想到劳动法可以做这么多的事情！在确定法律硕士律师方向研究生班培养方案后，他找到我，力邀我担任《劳动法律师基础实务》的主编。

　　我 1985 年开始在中国人民大学法律系本科学习，后从 1989 年开始在中国人民大学法学研究所跟随关怀教授学习劳动法，获得劳动法硕士学位。1998 年考入北京大学法学院，跟随贾俊玲教授研究劳动和社会保障法。

　　尽管我研究劳动法和社会保障法理论有二十余年，但是骨子里仍然是一个劳动法的实践者，仍然会以律师自居。曾有一部级领导称呼我教授，我纠正说，我是律师。领导戏称，叫你教授还低配了。不，没有低配，只是我的本职工作是律师，不是教授。

　　我欣然接受徐建院长的邀请，担任《劳动法律师基础实务》的主编。这本基础实务教材的蓝本是中华全国律师协会制定的《律师从事劳动法业务基础技能指南》，故我邀请律师界参与制定该指南的从事劳动法业务的高手为律师方向的法律硕士研究生支招并撰写教材，他们有北京德恒律师事务所的王建平律师、上海君合律师事务所的马建军律师、广东胜伦律师事务所的肖胜方律师等。

　　对于撰写体例，在各卷的主编会议上我也提出使用一种"律师文体"，并撰写了编写体例，得到徐建院长的支持。读者看到的编写体例就是"律师文体"的体现。

　　本教程撰写的内容并非"高大上"，而是基础实务的基本技能。之所以这样定位，是因为我们发现，一项业务的基础技能会贯穿一个律师的所有职业生涯。成功的律师往往基础技能突出并能长期持续。

　　读者在使用本教程时会发现，还有一些劳动法和社会保障的业务技能没有被纳入，例如处理罢工、怠工的法律基础和律师规范，企业补充养老保险（年金）的设计和程序，以及跨境的雇用架构的设计、并购中的人员安置和费用测算等。这些内容有待于学习者获得基本技能后再进一步学习。

　　本教程是第一部专门为律师方向法律硕士研究生教学撰写的，希望读者在使用时及时发现问题并将其反馈给作者，以便再版时完善，让后续使用者受益。

姜俊禄　博士

金杜律师事务所律师

目　录

总则

通过本章的学习，你应当掌握：

1. 本教程的目的
2. 劳动法律服务的法律依据
3. 劳动法律服务的政策依据
4. 劳动关系的一般特点
5. 律师执业通常做法的主要内容

■ 第一节　本教程编写的目的

一、指导律师提供劳动法律服务

1. 指导律师提供劳动法律服务是本教程的出发点与落脚点。随着近年来我国经济的迅速发展，社会对专业、规范、优质的劳动法律服务的需求不断上升，但目前社会上尚缺乏体系完备、实用性强的律师劳动法律执业指南类教学用书。

2. 本教程组织资深劳动法律师编写，希望以其深厚的专业技能和丰富的实务经验，给律师专业硕士提供全方位的劳动法律服务的指引，使其了解劳动法律执业环境、认识劳动法律执业特点，使律师专业硕士及其他新入行律师能够掌握劳动法律服务的技能，为从事劳动法律业务提供有益参考。

3. 需要说明的是，在劳动法律服务中，律师有可能为用人单位服务，也有可能为劳动者或者工会服务，本教程并没有对这样的区分给予特别关注。

二、规范律师执业行为

1. 本教程涵盖了律师从事劳动法律业务的主要内容，涉及提供劳动法律咨询、参与劳动调解、接受案件委托、参与劳动仲裁、参与劳动诉讼、担任劳动法律顾问以及劳动刑事案件辩护七个领域。

2. 上述七个领域的每个部分又进一步通过一般做法、文书范例、法律辨析、案例解析等多种形式，展示了劳动法律服务的全貌，提供了劳动法律执业过程的操作规范和法律依据，使律师专业硕士及其他新入行律师通过阅读本教程，即可掌握专业化、规范化的执业标准，从而规范律师的执业行为。

三、防范律师执业风险

1. 劳动法律服务与其他类型的法律服务一样存在执业风险，而其服务对象、服务内容、社会影响等方面的特殊性，又使得其具有自身特殊的执业风险。

2. 在非讼业务中，律师提供劳动法律服务时一般会参与到用人单位人力资源的管理过程中，在满足用人单位客观需求的同时，需要巧妙地帮助用人单位合法用工、合规管理，界定法律服务与商业决策的界限。

3. 律师在劳动法律执业过程中，还可能面临劳资纠纷导致的群体性事件。如何在提供专业服务的同时保障自身安全，消除不良社会影响，也是劳动法律服务特有的执业风险。

四、保障律师依法履行职责

1. 律师作为法律专业从业人员，应当严格遵守法律的规定。尽管中国劳动法律体系近年来不断完善，但由于劳动法律服务内容的特殊性与复杂性，还存在着法律空白地带，在这种情况下，律师依法履行职责需要高深的理论基础、出色的执业能力和较高的职业道德水准，这些要求也是律师行业高度认同的共识。

2. 本教程是在《中华全国律师协会律师从事劳动法律服务业务操作指引》的基础上编写而成，并对其内容进行了更为详细的解读与示例，展示了进一步研究的资料，将为律师在劳动法律服务中依法履行职责提供有效保障。

五、提高律师办理劳动法律事务的质量和效率

1. 劳动法律服务在中国既是一项传统的法律服务，又是一项新兴的法律服务。

2. 作为针对劳动问题的综合业务，劳动法律服务既有传统的劳动调解、仲裁、诉讼案件的代理业务，也有帮助用人单位制定单位内部规章制度、劳动合同、集体合同等非仲裁非诉讼事务，以及为工会提供法律咨询等业务。后者的业务数量庞大、增长迅速，成为律师重点开发的业务领域。

3. 与劳动法律服务的客观需求相适应，客户对律师办理劳动法律事务的质量和效率提出了更高要求。本教程即通过介绍资深劳动法律师的丰富实务经验，为律师专业硕士及其他新入行律师优质、高效的执业提供有益指引。

六、维护委托人的合法权益

1. 律师是委托人的代理人，律师的工作需要委托人的授权，律师应当在委托人授权的范围内提供法律服务。

2. 作为委托人的代理人，律师要使委托人明确其法律上的权利与义务。律师要运用自己的专业技能，通过具体的法律行为，从而最大限度地维护委托人的合法权益，这是律师最基本的职责。

3. 本教程通过提供规范指引的形式，帮助律师专业硕士及其他新入行律师增强法律

服务意识，提高执业技能与水平，客观上维护了委托人的合法权益。

■ 第二节 本教程的特点及法律依据

一、本教程的特点

本教程主要是作为律师方向法律硕士教学用书，也可作为实习律师的入职培训及进入律师行业的入门教程，同时也可作为从事法律工作的专业人员的工作参考用书。其目的是使读者通过学习，掌握从事律师工作的基本技能，能够独立承担各种劳动法律业务。本教程具有以下三个特点：

1. 本教程根据劳动法律、法规、规章、政策和劳动关系的一般特点以及律师执业中的通常做法编写。

2. 本教程是对《中华全国律师协会律师从事劳动法律服务业务操作指引》的进一步诠释。

3. 本教程提供的律师执业的通常做法尽管有些还存在多种认识或分歧，但是呈现出来的成果是经过反复磋商并得到多数编写者支持的。

二、法律依据

（一）劳动基准法

劳动基准法是有关劳动报酬和劳动条件最低标准的法律规范的总称，包括工作时间和休息休假（最高工时）、工资（最低工资）、劳动安全卫生、女职工及未成年工保护等。用人单位可以采纳高于但不能低于基准法所规定的标准。

1.《中华人民共和国劳动法》中第四章"工作时间和休息休假"、第五章"工资"、第六章"劳动安全卫生"和第七章"女职工和未成年工特殊保护"的规定。

2. 有关工作时间和休息休假的主要规定有《国务院关于职工工作时间的规定》（1994年2月3日国务院令第146号发布，1995年3月25日修订）、《劳动部关于企业实行不定时工作制和综合计算工时工作制的审批办法》（1994年12月14日发布，1995年1月1日施行）、《职工带薪年休假条例》（2007年12月14日国务院令第514号公布，2008年1月1日施行）、《全国年节及纪念日放假办法》（1999年9月18日国务院修订发布，2007年12月7日国务院通过，并于2008年1月1日施行）等。

3. 有关工资的主要规定有《关于工资总额组成的规定》（1989年9月30日国务院批准，1990年1月1日国家统计局令第1号发布）、《工资支付暂行规定》（1994年12月6日原劳动部发布）、《最低工资规定》（2004年1月20日原劳动和社会保障部令第21号发布）等。

4. 有关劳动安全卫生的主要规定有《职业病防治法》（2001 年 10 月 27 日中华人民共和国主席令第 60 号公布及《全国人民代表大会常务委员会关于修订〈中华人民共和国职业病防治法〉的决定》已由中华人民共和国第十一届全国人民代表大会常务委员会第二十四次会议于 2011 年 12 月 31 日通过并公布，自公布之日起施行）、《安全生产法》（2002 年 6 月 29 日中华人民共和国主席令第 70 号公布，2009 年 8 月 27 修订）、《生产安全事故报告和调查处理条例》（2007 年 4 月 9 日国务院令第 493 号发布）等。

5. 有关女职工和未成年工特殊保护的主要规定有《禁止使用童工规定》（2002 年 10 月 1 日国务院令第 364 号公布）、《女职工劳动保护规定》（2012 年 4 月 18 日施行）、《未成年工特殊保护规定》（1994 年 12 月 9 日原劳动部发布）等。

（二）就业促进法

就业促进法是关于就业政策支持、公平就业、就业服务和管理、职业教育和培训及就业援助的法律。2007 年 8 月 30 日第十届全国人民代表大会常务委员会第二十九次会议通过《中华人民共和国就业促进法》，并于 2008 年 1 月 1 日实施。

（三）劳动合同法

劳动合同是劳动者与用人单位之间确立劳动关系、明确双方权利和义务的协议。在我国，劳动合同不属于普通民事合同法律所调整的民事合同，而专门由劳动法和劳动合同法调整。

1.《中华人民共和国劳动合同法》（2007 年 6 月 29 日第十届全国人民代表大会常务委员会第二十八次会议通过，2008 年 1 月 1 日施行；2012 年 12 月 28 日经第十一届全国人民代表大会常务委员会第三十次会议通过对《劳动合同法》的修订，修订后的《劳动合同法》自 2013 年 7 月 1 日起施行）专门对劳动合同进行了全面的规定，也是实践中极为重要的劳动法律。

2.《中华人民共和国劳动合同法实施条例》（2008 年 9 月 18 日由国务院通过）对劳动合同法实施过程中遇到的问题进行了更为细致的规定。

3.《劳务派遣行政许可实施办法》（人力资源和社会保障部 2013 年 6 月 21 日公布，2013 年 7 月 1 日起施行）针对修订后的《劳动合同法》对有关劳务派遣方面立法规定的调整，对劳务派遣单位的管理进行了详细规定。

4. 关于劳动合同的部门规章与规范性文件有《违反和解除劳动合同的经济补偿办法》（1994 年 12 月 3 日原劳动部发布）、《违反〈劳动法〉有关劳动合同规定的赔偿办法》（1995 年 5 月 10 日原劳动部发布）、《关于确立劳动关系有关事项的通知》、《关于全面实行劳动合同制的通知》（1994 年 8 月 24 日原劳动部发布）、《实施〈劳动法〉中有关劳动合同问题的解答》（1995 年 4 月 27 日原劳动部发布）、《关于实行劳动合同制度若干问题的通知》（1996 年 10 月 31 日原劳动部发布）等。需要注意的是，这些规定因《劳动合同法》

的实施及修订，相应内容也需要修改。

（四）工会法和集体合同法

工会法是关于工会的性质、职能、权利义务、组织等内容的法律。集体合同法是关于工会或者劳动者选举的代表与用人单位之间进行平等协商、签署集体合同的法律，目前我国尚未制定专门的集体合同法。

1.《中华人民共和国工会法》（1992 年 4 月 3 日第七届全国人民代表大会第五次会议通过，2001 年 10 月 27 日第九届全国人民代表大会常务委员会第二十四次会议修订）。

2. 有关集体合同的主要规定有《劳动法》第 33 条、第 34 条、第 35 条，《劳动合同法》第 51 条至第 56 条，还有《集体合同规定》（2004 年 1 月 20 日原劳动和社会保障部令第 22 号发布）、《工资集体协商试行办法》（2000 年 11 月 8 日原劳动和社会保障部令第 9 号发布）。

（五）安全生产法

安全生产法是调整劳动安全生产关系的一系列法律法规和规章制度的总称。

1.《中华人民共和国安全生产法》（2002 年 6 月 29 日第九届全国人民代表大会第二十八次会议通过并公布）规定的安全生产保障制度包括安全生产设施、安全生产管理机构与人员、安全教育与培训以及伤亡事故报告和安全生产监督检查。

2. 有关高危险性行业和工作的主要规定有《锅炉压力容器压力管道特种设备事故处理规定》（国家质量监督检验检疫总局 2001 年 9 月 5 日公布，2001 年 11 月 15 日起施行）、《工作场所安全使用化学品规定》（原劳动部、化学工业部 1996 年 12 月 20 日发布，1997 年 7 月 1 日起实施）等。

（六）社会保险法

我国现行的社会保险包括养老保险、医疗保险、工伤保险、失业保险和生育保险五种。

1.《中华人民共和国社会保险法》（第十一届全国人民代表大会常务委员会第十七次会议于 2010 年 10 月 28 日通过，自 2011 年 7 月 1 日起施行）。

2.《实施〈中华人民共和国社会保险法〉若干规定》（2011 年 6 月 29 日由人力资源和社会保障部通过并公布，并于 2011 年 7 月 1 日施行）对《社会保险法》实施过程中遇到的问题进行了更为细致的规定。

3. 有关养老保险的主要规定有《国务院关于完善企业职工基本养老保险制度的决定》（2005 年 12 月 3 日国务院发布）、《企业年金试行办法》（2004 年 1 月 6 日原劳动和社会保障部令第 20 号发布）等。

4. 有关医疗保险的主要规定有《国务院关于建立城镇职工基本医疗保险制度的决定》（1998 年 12 月 14 日国务院发布）等。

5. 有关工伤保险的主要规定有《工伤保险条例》（2003 年 4 月 27 日国务院令第 375 号公布，根据 2010 年 12 月 20 日《国务院关于修改〈工伤保险条例〉的决定》修订）等。

6. 有关失业保险的主要规定有《失业保险条例》（1999 年 1 月 22 日国务院发布）等。

7. 有关生育保险的主要规定有《企业职工生育保险试行办法》（1994 年 12 月 14 日原劳动部发布）等。

8. 有关社会保险费征缴的主要规定有《社会保险费征缴暂行条例》（1999 年 1 月 22 日国务院令第 259 号公布）、《社会保险费申报缴纳管理暂行办法》（1999 年 3 月 19 日原劳动和社会保障部令第 2 号发布）等。

（七）劳动争议处理法

劳动争议是指劳动关系双方在劳动合同和集体合同履行过程中所发生的关于劳动标准或者劳资关系的纠纷。一旦发生劳动争议，当事人可以协商解决，依法申请调解、仲裁、提起诉讼。

1.《中华人民共和国劳动争议调解仲裁法》（2007 年 12 月 29 日第十届全国人民代表大会常务委员会第三十一次会议通过，2007 年 12 月 29 日中华人民共和国主席令第 80 号公布，2008 年 5 月 1 日施行）、《中华人民共和国民事诉讼法》的有关规定等。

2. 有关司法解释包括最高人民法院《关于审理劳动争议案件适用法律若干问题的解释》（2001 年 4 月 16 日公布，2001 年 4 月 30 日施行）、最高人民法院《关于审理劳动争议案件适用法律若干问题的解释（二）》（2006 年 8 月 14 日公布，2006 年 10 月 1 日施行）、最高人民法院《关于审理劳动争议案件适用法律若干问题的解释（三）》（2010 年 9 月 13 日公布，2010 年 9 月 14 日施行）、最高人民法院《关于审理劳动争议案件适用法律若干问题的解释（四）》（2013 年 1 月 18 日公布，2013 年 2 月 1 日施行）。

3. 部门规章有《企业劳动争议协商调解规定》（人力资源和社会保障部 2011 年 11 月 30 日公布，自 2012 年 1 月 1 日起施行）、《〈中华人民共和国企业劳动争议处理条例〉若干问题解释》（1999 年 9 月 23 日发布实施）、《劳动人事争议仲裁组织规则》（2010 年 1 月 20 日发布实施）、《劳动人事争议仲裁办案规则》（2009 年 1 月 1 日发布实施）等。

（八）地方性劳动法规与规范性文件

中国地域广阔，区域差异较大，劳动条件也有所不同，调整劳动关系的地方法规也不同。尽管中国法律是统一的，但是地方差异之大还是会出乎想象，作为本教程依据的劳动法，不仅包括国家层面的劳动法律、劳动行政法规、劳动部门规章及规范性文件，还包括数量众多、在实践中发挥了重要作用的地方性劳动法规、规章及其他规范性文件。

（九）特别说明

中国劳动法正处在变化当中，本教程所依据的法律、法规、政策如果发生变化，本教程所述内容也会发生变化。

三、政策依据

1. 律师从事劳动法律服务除需遵循相关法律法规的规制外，还需要关注国家相关政策的规定。

2. 劳动问题不仅仅涉及法律，同时还涉及经济和社会政策。经济条件的转变会导致劳动关系法律法规调整方式发生相应改变，而法律的滞后性会使得法律规范无法对劳动关系调整作出及时反应。此外，由于中国社会发展存在地域差异，这使得在劳动关系调整方面也具有地域差异，所以劳动政策也有所不同。

3. 政策依据经过一定时期的实施，可以通过立法部门提升为法律法规，在成为法律法规前，这些政策依据具有一种准法律的地位，从而影响劳动法律服务。

4. 政策依据也是本教程编写的重要依据。具体而言，对劳动法律服务影响较大的政策，主要包括以下内容：

（1）宏观经济政策

作为宏观经济方向标的宏观经济政策，对律师劳动法律服务具有重要影响。如2013年2月3日《国务院批转发展改革委等部门关于深化收入分配制度改革若干意见的通知》中对收入分配制度改革提出了以下目标：

——城乡居民收入实现倍增。到2020年实现城乡居民人均实际收入比2010年翻一番，力争中低收入者收入增长更快一些，人民生活水平全面提高。

——收入分配差距逐步缩小。城乡、区域和居民之间收入差距较大的问题得到有效缓解，扶贫对象大幅减少，中等收入群体持续扩大，"橄榄形"分配结构逐步形成。

——收入分配秩序明显改善。合法收入得到有力保护，过高收入得到合理调节，隐性收入得到有效规范，非法收入予以坚决取缔。

——收入分配格局趋于合理。居民收入在国民收入分配中的比重、劳动报酬在初次分配中的比重逐步提高，社会保障和就业等民生支出占财政支出比重明显提升。

与之相对应，全社会对《工资条例》制定与颁布给予高度关注，因为工资的改革将直接影响用人单位与劳动者，并将对劳动力市场带来巨大变化，也将极大地影响律师劳动法律执业的服务内容与形式。

（2）劳动政策

与国家的宏观经济政策相比较，专门的劳动政策同劳动法律法规的联系更为密切，也更为直接地影响到劳动法律服务。

劳动法律法规的内容往往来源于劳动政策；劳动政策在一定意义上是对劳动法律法规内容的一种重要补充，尤其在劳动立法不完备的阶段，劳动政策对劳动关系的调整显得更为重要。

（3）临时性政策

临时性政策往往与国家的宏观经济形势或地方的区域经济形势密切相关。当经济形势较好时，用人单位往往愿意向劳动者提供更为优厚的工资福利待遇，与劳动者之间较少发生冲突与争议，此时关于工资福利制度设计在内的非诉业务较为集中；当经济形势不好时，用人单位较易出现经济性裁员或者降低劳动者工资福利待遇的情况，此时关于裁员以及劳动争议处理的业务则大量增加。

临时性政策也存在特殊性，其中比较典型的主要包括政策的临时性与针对性以及对法律法规适用的限制性或扩张性规定：

1）临时性与针对性是指该类政策一般针对特殊的经济或社会形势，待特殊形势消失后，一般不再适用，而不像宏观经济政策或一般劳动政策一样具有持续性或规划前瞻性。

2）限制性或扩张性是指基于前述的特殊形势，一般在该类政策中会对法律的适用进行一定的紧控或放宽，以帮助解决特殊形势。

临时性政策比较典型的例子是针对 2008 年全球金融危机，人力资源和社会保障部、中华全国总工会、中国企业联合会/中国企业家协会于 2009 年 1 月 21 日联合发布《关于应对当前经济形势稳定劳动关系的指导意见》，其中主要规定了以下内容：

积极引导和鼓励企业切实承担社会责任，通过加强管理、技术创新主动应对金融危机的影响，并根据实际采取在岗培训、轮岗轮休、协商薪酬等措施，尽最大努力不裁员或少裁员，特别是引导国有大中型企业带头不裁员，为保持经济平稳较快增长、缓解社会就业压力作出努力。

积极引导和鼓励职工关心企业的生存与发展，坚持依法推进、互利共赢、共同协商、因地制宜的原则，大力开展工会、职工与企业的"共同约定行动"，引导职工理解并支持企业采取弹性工时、在岗培训、协商薪酬等措施，动员广大职工为企业发展献计出力，努力提高劳动生产率，降低生产经营成本，与企业同舟共济，共克时艰，共谋发展。

指导企业妥善处理被裁减员工的劳动关系，依法支付经济补偿金、清偿拖欠职工工资等债务，避免引发劳动纠纷。对确实无力一次性支付经济补偿的困难企业，可引导企业与工会或职工协商，分期或以其他形式支付经济补偿。

进一步建立健全企业欠薪报告制度，企业确因经营困难等原因须延期支付工资的，要征得本企业工会或职工代表同意，并向当地人力资源和社会保障部门报告。

上述内容对用人单位裁员、工时、经济补偿金及欠付工资支付等都进行了特殊规定，实质上是在经济危机这一特殊形式下放宽了法律规制。因此，律师在劳动法律执业中需要对此予以关注。

四、劳动关系的一般特点

劳动关系作为劳动法的调整对象，是指劳动者和用人单位双方根据其合意所建立的，劳动者为用人单位提供从属性劳动而用人单位为劳动者提供劳动条件并支付劳动报酬的社会关系。

了解劳动关系的一般特点，是律师充分理解劳动法律立法意图，进行劳动法律执业的重要基础。

劳动关系的一般特点主要包括以下内容：

（一）当事人主体特定

劳动关系中，当事人一方为劳动者，另一方为用人单位。劳动者向用人单位提供劳动，获取劳动报酬；用人单位则通过向劳动者支付劳动报酬和提供其他劳动条件，完成与劳动力的交换过程。

（二）人身性与财产性兼容

劳动关系的存续是劳动者连续不断地提供劳动，用人单位向劳动者支付劳动报酬和提供其他劳动条件的过程。由于劳动力与劳动者本身不可分，用人单位在获取劳动的同时也与劳动者的人身产生了关系。

同时，劳动者提供劳动的对价是获取劳动报酬，作为劳动者获取赖以生存的生活资料的主要来源，劳动报酬以及其他物质条件也具有明显的财产属性。

（三）从属性与平等性结合

劳动者与用人单位之间通过相互选择和平等协商，以合同的形式确立劳动关系，并可以通过协议来续延、变更、暂停、终止劳动关系。因此，劳动关系具有合同主体间的平等性。

在劳动关系存续中，劳动者作为用人单位的员工，需要接受用人单位的支配与管理，这使得劳动关系又具有隶属性质，即成为一种隶属主体间的以指挥和服从为特征的管理关系。

（四）对抗性与合作性并存

作为劳动法律关系的相对方，劳动者与用人单位在利益目标上存在冲突，其必然存在基于利益的对立。

同时，劳动者与用人单位的权利义务又是伴生的，双方之间互相依存。在将二者作为一个共生的利益主体与其他社会主体相区分时，二者都追求该共生利益主体的利益最大化。因此，二者在更广泛的层面具有合作性。

（五）政府介入与三方性原则确立

劳动关系的三方性与普通民事关系的双方性不同，其还包含了政府这一外部介入的第三方。基于劳动关系本身的不平等性及其在社会关系体系中的基础性作用，以及政府对于协调劳动关系的法律责任，政府对劳动关系的介入越发明显，从而使劳动关系呈现出三方性的特点，这已经成为国际劳动关系领域的基本原则。

本节思考题

1. 本教程的编写目的是什么？
2. 劳动法律服务的法律依据包括哪些内容？
3. 政策为什么对劳动法律服务具有重要影响？
4. 劳动关系有什么特点？

第三节　劳动法律服务范围

一、本教程所列的劳动法律服务

1. 劳动法律是全面调整劳动者、用人单位、工会、雇主、劳务派遣机构和政府之间关系的法律规定。包括：

（1）基于劳动合同约定的权利和义务，调整劳动者个人与用人单位之间关于劳动的权利、义务、保障等问题的法律规定；

（2）基于集体合同约定的权利义务或者法律规定的集体协商的权利，调整涉及劳动者、用人单位和工会之间的关系的法律规定；

（3）调整劳动者、用工单位和劳务派遣机构之间的关系的法律规定；

（4）调整劳动者、用工单位、劳务派遣机构和政府之间关系的法律规定。

2. 本教程所指的劳动法律服务包括：

（1）劳动法律的咨询服务；

（2）劳动争议案件的代理服务；

（3）劳动刑事案件的辩护服务；

（4）担任劳动法律事务顾问等非诉服务。

二、律师为劳动者提供劳动法律的咨询服务

1. 了解劳动者在劳动关系中的基本情况。

2. 要求劳动者就所咨询的问题，尽可能地提供证明劳动关系存在的证据。律师在提供进一步法律咨询前，应当记录劳动者的个人信息。

3. 提供可能的法律救济途径。

三、律师为用人单位提供法律咨询

1. 了解用人单位的基本情况。

2. 了解与案件相关的基本内容，对涉案信息进行登记，并要求当事人提供相关书面材料。

3. 在律师发现用人单位存在违法行为的情况下，及时向用人单位充分提示可能存在的法律风险。

4. 如涉及劳动争议，建议用人单位首先考虑以和解方式解决纠纷，以避免仲裁、诉讼所带来的法律风险。

5. 结合用人单位的具体情况，综合考虑劳动争议或不合法的内部规定对用人单位可能产生的整体性、连锁性反应，向用人单位提出合法、合理、具有操作性的咨询意见及解决方案。

四、律师接受劳动争议案件的代理服务

1. 审查用人单位或劳动者的主体资格是否符合劳动法律、法规和规章的规定，审查劳动仲裁或诉讼参加人是否符合法律、法规和规章规定的条件。

2. 审查委托事项是否属于劳动争议案件受理的范围。

3. 确认委托的各项仲裁请求是否超过法律规定的仲裁时效。对于超过时效的仲裁请求，律师应当判断是否存在时效中止、中断等情形。超过诉讼时效的，律师应当提示相应的风险，并建议通过劳动监察等其他合法途径解决。

4. 了解委托人是否能够陈述事实，并提供相应的基本证据来支持其仲裁或诉讼请求。

5. 委托人为劳动者时，律师应当了解其在追索劳动报酬、工伤医疗费、经济补偿或者赔偿金的案件中，是否需要申请先予执行、财产保全，或是否需要申请劳动能力鉴定等事项。如果有此类情况，律师应当告知委托人。

6. 向委托人告知劳动争议仲裁和诉讼的受理和审理程序、审理期限及仲裁诉讼过程中可能发生收费的情况。

7. 对于委托人举证责任的分配以及举证不能的法律后果，在了解基本案件情况后及时告知委托人。

8. 如果劳动争议案件审理过程中可能存在风险，特别是对涉及委托人重大利益的事项，律师应要求委托人签收风险报告书。并在与委托人签订委托代理合同时，明确委托人和律师双方的权利和义务。

五、与劳动相关的刑事案件的辩护服务

1. 律师可以接受与劳动相关的刑事案件的犯罪嫌疑人、被告人委托，为其提供法律帮助和辩护服务。与劳动相关的刑事案件的范围包括重大责任事故罪，强令违章冒险作业罪，重大劳动安全事故罪，不报、谎报安全事故罪、强迫劳动罪、雇用童工从事危重劳动罪和拒不支付劳动报酬罪。

2. 承办与劳动相关的刑事案件的律师，应当参照《中华全国律师协会律师办理刑事案件规范》的相关执业规定处理案件。

六、担任劳动法律事务顾问

律师可以接受劳动者、职工代表大会、工会或者用人单位及劳务派遣机构的聘请担任劳动法律顾问，处理涉及劳动方面的法律事务。劳动法律顾问分为两种类型：常年劳动法律顾问和专项劳动法律顾问。

1. 受聘于用人单位担任法律事务顾问

（1）担任常年劳动法律顾问后，应了解用人单位的人力资源管理与相关规章制度的基本情况。

（2）律师应当熟悉用人单位的用工性质，如直接雇用、劳务派遣和劳务外包；劳动合同的签订和履行情况。并针对不同类型的用工形式告知用人单位其所应当承担的法律责任和义务，提出相应的法律意见。

（3）根据用人单位的行业特征，律师应了解其对商业秘密保护及竞业限制的要求，并起草相应的保密协议和竞业限制协议以保护用人单位的无形资产；同时告知在上述协议中，用人单位应当承担的法律责任和违法行为的法律风险及惩罚措施。

（4）律师应当了解用人单位对劳动者的劳动保护状况，及是否存在职业病的危害等有关情况。

（5）如果存在工伤，律师应当协助用人单位了解工伤发生的事实，并告知用人单位其提出工伤认定申请的法律责任和义务及相应的法律后果。

（6）律师在了解上述情况后，可以要求委托人提供相关书面材料，还应当询问用人单位以往发生的劳动法律纠纷的类型、案件审理结果等其他与劳动法律事务相关的信息，以便达到提供更为全面、准确、综合的法律意见的目的。

2. 担任劳动者、职工代表大会和工会劳动法律顾问，律师应当提供的法律服务内容包括：

（1）协助劳动者依法选举职工代表和工会委员，组建职工代表大会和工会；

（2）协助工会和用人单位协商确定专职工作人员的人数；

（3）协助劳动者、职工代表大会和工会参与用人单位规章制度的制定、修改；

（4）协助工会指导劳动者与用人单位签订、续签、变更劳动合同；

（5）协助职工代表、工会与用人单位协商签订、变更集体合同或者专项协议、进行集体谈判；

（6）协助工会处理停工、怠工以及其他突发性群体事件并参与劳动争议调解工作；

（7）协助工会对用人单位侵犯职工合法权益的问题进行调查；

（8）为劳动者、工会提供最新的劳动法律法规及劳动政策信息；

（9）为劳动者、工会提供劳动法律培训或法律讲座及其他与劳动者维权有关的法律服务。

3. 律师受聘为劳务派遣单位提供法律服务。

（1）审查劳务派遣单位经营资质；

（2）协助完成前置审批程序，获得劳动行政部门许可；

（3）制定劳务派遣管理制度，草拟劳务派遣协议；

（4）协助处理与劳务派遣单位有关的争议。

4. 律师受聘为接受劳务派遣的用工单位提供法律服务。

（1）审查劳务派遣单位资质；

（2）协助实施被派遣劳动者与本单位员工同工同酬的分配方法；

（3）协助用工单位分析和判断用工岗位是否符合"临时性、辅助性和代替性"的法律要求；

（4）提供劳务派遣用工总量的法律意见；

（5）告知非法使用劳动派遣员工的法律责任。

本节思考题

1. 劳动法律服务的范围有哪些？

2. 律师可以为哪些劳动关系主体提供法律服务？

■ 第四节 一般执业要求

一、注重引导当事人协商、和解与调解

（一）协商、和解与调解的原因

1. 律师需要提醒用人单位，劳动争议可能对企业的正常生产经营活动产生破坏性伤害。群体性的劳资纠纷可能导致企业重大资产的损失，并且严重影响企业形象。

2. 用人单位与高级管理人员的劳动合同争议，可能使用人单位的管理出现混乱。

3. 劳动争议发生时，可能会对劳动者的工资福利待遇、稳定的工作与再就业产生负面影响。

4. 通过协商、和解与调解方式解决劳动争议是相对高效的方式，对劳动关系双方都有利。

（二）通过协商、和解方式解决

1. 通过双方协商一致或和解的方式解决劳动争议，能够最大限度地降低争议解决成本。

2. 双方通过充分平等协商，在自愿的基础上签订和解协议，能够降低仲裁和诉讼过程中的法律风险。

（三）通过调解方式解决

调解可以分为狭义和广义两种类别。狭义的劳动争议调解是指独立于劳动争议仲裁和劳动争议诉讼程序之外的调解程序，仅指仲裁程序开始之前由调解组织进行的调解。广义的劳动争议调解除了《中华人民共和国劳动争议调解仲裁法》所指的劳动争议调解外，还包括劳动争议仲裁和诉讼程序中进行的调解。本教程专章阐述的调解仅指狭义的劳动争议调解。

二、尽力避免矛盾激化

（一）合法处理矛盾

1. 在劳动关系领域，很多劳动争议是由当事人一方的行为导致的。如果是由于违法行为导致的劳动争议，律师应当建议尽可能地纠正错误行为，否则劳动争议无法得到及时的解决。

2. 律师应当明确，无论劳动争议复杂程度如何，都应该遵循依法处理的原则。

（二）调动一切积极因素参与化解矛盾

1. 在处理劳资纠纷时，律师可在分析情况后，适当地请求当地政府部门进行干预。
2. 调动社会公共资源，了解冲突双方的真实意思和要求，采用综合手段化解矛盾。
3. 劳动争议涉及其他领域的矛盾或纠纷时，可根据实际情况区分处理。

（三）处理公共关系

1. 劳动争议产生时，容易导致当事人情绪波动，律师应当采取一切必要的措施避免激化矛盾，使当事人情绪逐渐稳定并恢复理智。

2. 律师应当协助双方处理与媒体之间的关系，不得擅自向公众发布信息和意见，也不得在方案实施前对外透露处理方案和决定。

（四）进行危机处理

在处理极端的劳动争议案件时，律师应当具备良好的心理素质，不应为外界情绪左右，面对大规模冲突以及群体情绪发泄时要有忍耐力。

三、加强自我保护

1. 律师应当仔细核实委托人身份，签订委托合同。

2. 应当充分听取当事人的描述，但不能过分轻信。

3. 建立委托关系后，律师应当根据案件情况，以及自己的实际能力，正确处理好与当事人的关系，不得向当事人作出不符合实际的承诺。

4. 面对当事人提出的不合理要求时，律师应当果断和清晰地向当事人解释法律原则和案件情况。不得无原则或违反法律规定和职业道德地为当事人实现不法目的。

5. 律师应依照执业规范处理好与司法机关和行政机关的工作关系，以免发生执业风险。

6. 律师应当对当事人提供的证据，认真审核、妥善保管。

四、充分认识劳动事务的复杂性和特殊性

（一）劳动争议数量增加

1. 随着社会主义市场经济的不断发展，经济关系和劳动关系必然发生深刻的变化，劳动力所有者和劳动力使用者之间的雇佣关系更为明显，劳动权和资本权的矛盾更为激烈，劳动者和经营者之间的"权利之争"和"权益之争"更为频繁，企业劳动关系必将出现新情况和新问题。

2. 劳动争议出现了激增和群体化态势。一般的集体争议少则十几人，多则上百人，少数企业的集体争议甚至达到近千人。

3. 一些集体争议如牵涉到破产企业的职工补偿问题等带有很强的波及性，往往会在系统内起到一定的连锁反应。

（二）劳动争议成因与内容复杂

1. 部分外资企业和民营企业使用违法手段降低劳动成本，容易引发劳动争议。

2. 部分国企在改制过程中忽视职工民主参与、民主决策的权利，容易引发劳动争议。

3. 集体争议中，情理与法理交织在一起，职工诉求、争议内容与形式多样化，使劳动争议处理具有很大的复杂性。

五、出具书面法律意见，保留当事人信息

（一）出具书面法律意见

1. 律师为当事人提供法律咨询或接受当事人委托后，应当尽量对法律问题进行书面解答。

2. 完整保存律师出具的法律意见能够避免日后与当事人发生异议时无据可查。

（二）保留当事人信息

1. 律师了解当事人在劳动关系中的基本情况时，应当记录相关信息。

2. 在书面回复中，应当列明已经获悉的信息、案件的基本事实情况，以及当事人提出的基本诉求，并要求当事人对上述事项进行确认，对不准确的内容予以更正。

六、确认律师收费，避免争议

1. 律师为当事人提供法律咨询，需要收取咨询费用时，应对费用进行书面报价。报价文件内应当包括律师和服务范围的基本介绍、律师费率、服务范围、报价不包括的内容及主办律师的联络方式。

2. 如果当事人对律师的报价提出异议，并要求修改时，律师应当保留与当事人的沟通记录，以便在出具账单的时候方便查阅。

七、防止利益冲突

（一）利益冲突的查证

1. 在接受当事人委托之前，律师及其律师事务所应当进行利益冲突查证。只有与委托人之间没有利益冲突的情况下才可以建立委托代理关系。

2. 律师应当在对待利益冲突问题上，从客户的角度考虑，把客户的利益放在第一位，正确处理利益冲突问题。在利益冲突的查证方面，律师自身应当起到主导作用。

（二）利益冲突的豁免

1. 大多数间接利益冲突的案件和少数直接利益冲突的案件，律师经过当事人豁免后，可以继续代理。

2. 法律明确规定禁止代理的利益冲突案件，律师不应当要求当事人豁免。

3. 总体上无法排除利益冲突的严重影响时，律师不应当要求豁免代理。

4. 影响司法制度和裁判公正的案件，律师不得要求当事人豁免。

5. 违反保守执业秘密规定的案件，律师不应要求豁免代理。

本节思考题

1. 狭义的劳动调解组织有哪些？
2. 律师应当如何避免劳动纠纷矛盾激化？
3. 律师如何加强自我保护？
4. 律师如何避免利益冲突？

第二章

提供法律咨询

通过本章的学习，你应当掌握：

1. 法律咨询的基本工作内容和范围

2. 咨询的基本程序

3. 接待和聆听咨询的方法

4. 归纳咨询者提出的问题的技巧

5. 判断咨询目的的方法

6. 提供咨询的基本方法

7. 为不同类型劳动争议案件提供咨询方案的技能

■ 第一节 总体规定

一、接待咨询的一般要求

（一）咨询准备

1. 至少安排两人同时接待咨询当事人，其中一人主要负责回答咨询者的问题，另一人负责现场记录。

2. 应提前编写和印制咨询表格，对咨询当事人的基本情况、咨询的主要问题及现场的答复内容进行登记、统计、记录。非现场咨询或书信、网络等咨询，可先将咨询问题归纳、统计后，再安排分类统一答复。

3. 提供法律咨询可以按规定标准或者约定收取咨询费用，但应当提前告知咨询当事人咨询需收取费用及收费标准；收取的咨询费用应交至财务部门，并为咨询者出具正式的律师事务所收费发票。

4. 尽可能地设置专门的咨询场所，如咨询室或咨询台，并在咨询场所提前安置咨询的接待桌椅，如有条件，还可提供饮用水等。

5. 应备置必要的纸张和书写笔等方便咨询当事人提问、书写和记录。根据实际情况，准备录音、录像等设备。

（二）咨询场所

1. 一般情况下咨询应当在律师事务所内进行，环境相对密闭，有利于保护咨询当事人的隐私和相关咨询信息。

2. 如果在公共场所提供现场咨询，应符合行政主管部门、律师协会和所在地市容、环保、交通等部门的要求，或办理必要的审批、登记或报备手续。

3. 一般不在餐饮场所或者娱乐场所提供法律咨询。

（三）咨询方式

1. 与咨询当事人面对面进行问答式咨询。

2. 通过电话、视频工具、有声网络工具等与咨询当事人进行的对话咨询。

3. 采取书信、文字记录、电报传真等文字记载工具与咨询当事人进行的书写式咨询。

4. 通过互联网以电子数据传输的方式与咨询当事人进行的咨询，如电子邮件、网络即时通信工具等。

（四）咨询工作的总结

当日或一个阶段咨询工作完成之后，应当将咨询的问题进行整理、归纳，总结咨询问题的特点、焦点，针对疑难、复杂的咨询问题，可以统一研究解答方法；对于有普遍性、同一性、代表性的咨询问题，可以针对性地制定解答方案。

二、群体性和敏感性劳动争议

（一）群体性劳动争议

群体性劳动争议指劳动者一方当事人人数众多（通常为 10 人以上）、基于同一或类似的事实问题或法律问题已经提起或可能提起的代表人仲裁、诉讼或共同诉讼，或者被受理后分案处理的系列仲裁、诉讼，以及其他各类非诉讼的劳动争议。通常，因拖欠工资、裁减人员、用人单位合并或分立以及解散与关闭等事由产生的争议容易引发群体性劳动争议。

（二）敏感性劳动争议

敏感性劳动争议指涉及国家政治、经济安全和人民群众切身利益，容易引发社会矛盾、影响社会稳定的劳动争议。一般包括：

1. 涉及国家安全的劳动争议；

2. 群众反映强烈、影响大的劳动争议；

3. 涉及政治、经济体制变革、影响深远的劳动争议；

4. 因企业关停并转、职工下岗安置、军转干部和复员退伍军人再就业、拖欠工程款等而引发的易于造成党群、干群关系矛盾纠纷的劳动争议；

5. 领导机关执办的重大劳动争议。

（三）接待要点

律师接待的咨询涉及群体性和敏感性劳动争议的，应慎重对待、正确引导，并应对咨询过程制作详细的谈话笔录，如有可能，还应要求咨询当事人在谈话笔录上进行签字确认。

（四）提示过激行为的法律风险

律师对带有社会不稳定因素的群体性或敏感性劳动争议及有可能出现过激行为的咨询当事人，应提示过激行为可能带来的法律后果和法律责任，做好疏导工作，并及时通报有关主管部门以便取得协助。

（五）向主管部门报告

律师接待的咨询涉及群体性或敏感性劳动争议的，应当按中华全国律师协会《关于律师办理群体性案件指导意见》的规定向律师协会或司法行政管理机关报告。

三、了解劳动争议事实

（一）咨询当事人的基本情况

1. 咨询当事人为劳动者的，应当了解劳动者的姓名、性别、年龄、出生日期、身份证号、民族、户籍所在地、经常居住地、联系地址、联系电话、参加工作时间、工作单位名称、入职时间、劳动合同签订情况、工作地点、工作岗位、工作时间、工时制度、工资标准及发放周期和发放形式、社会保险缴纳、劳动关系解除或终止时间、最后工作日等情况。

2. 咨询当事人为用人单位或者用工单位的，应当了解用人单位或者用工单位的名称、法定代表人或者负责人姓名及职务、住所地、联系电话、规模、员工人数、用工方式、所属行业、社会保险登记和缴纳等情况。

（二）劳动争议的具体内容及请求事项

1. 劳动争议的具体内容通常是指劳动者与用人单位之间存在分歧的事实和理由。

2. 劳动争议的请求事项一般包括：劳动关系确认、未签订书面劳动合同应付双倍工资差额、劳动报酬（包括工资、各种奖金、津贴、补贴、加班费等）、未休年休假工资补偿、解除或终止劳动合同的经济补偿、违法解除或终止劳动合同赔偿金、违法解除或终止劳动合同要求继续履行劳动合同、补发相关福利待遇等。

（三）劳动争议发生的背景、起因、经过及目前的状况

除劳动争议的具体内容及请求事项外，律师还应当了解劳动争议是在何种背景下发生的，直接诱因是什么，发生过程是怎样的，目前处于什么样的状况等。

（四）与劳动争议请求事项有关的证据材料

除听取咨询当事人的陈述外，律师还应当要求咨询当事人提供相关证据材料，以确保

所提供的咨询意见的准确性。常见的证据材料包括：聘用意向书或录用通知书、劳动合同、支付工资报酬的银行对账单、员工手册、解除或终止劳动合同通知书、考勤记录、用人单位的规章制度等。

（五）劳动争议的处理阶段

由于劳动争议的自身特点，律师应当了解咨询当事人所咨询的劳动争议是否已经经过行政程序、调解程序、仲裁程序及诉讼程序处理，并要求咨询当事人提供相应的行政或司法文件、文书，以便详细了解与劳动争议有关的事实和证据等情况。

（六）咨询常见问题及基本回复思路

1. 劳动关系确认。此类争议产生的直接原因是，用人单位未与劳动者签订书面劳动合同，或者虽然与劳动者签订了书面劳动合同，但未实际交给劳动者。

回复思路主要围绕劳动者与用人单位是否存在事实劳动关系展开：

（1）劳动关系成立的主要参考因素为：用人单位和劳动者符合法律、法规规定的主体资格；用人单位依法制定的各项劳动规章制度适用于劳动者，劳动者受用人单位的劳动管理，从事用人单位安排的有报酬的劳动；劳动者提供的劳动是用人单位业务的组成部分。

（2）认定劳动关系是否成立的证据一般包括：工资支付凭证或记录（职工工资发放花名册）、缴纳各项社会保险费的记录；用人单位向劳动者发放的"工作证"、"服务证"等能够证明身份的证件；劳动者填写的用人单位招工招聘"登记表"、"报名表"等招用记录；考勤记录；其他劳动者的证言等。

2. 未依法签订劳动合同的二倍工资差额。此类争议通常体现为两种情形：

（1）未签订书面劳动合同。用人单位应当自用工之日起一个月内与新入职劳动者签订书面劳动合同，超过一个月不满一年未与劳动者签订书面劳动合同的，应当与劳动者补订书面劳动合同，并自用工之日起满一个月的次日至补订书面劳动合同的前一日向劳动者每月支付二倍工资；自用工之日起满一年未与劳动者订立书面劳动合同的，应当自用工之日起满一个月的次日至满一年的前一日向劳动者每月支付二倍工资，并视为自用工之日起满一年的当日已经与劳动者订立无固定期限劳动合同，应当立即与劳动者补订书面劳动合同。

（2）未依法签订无固定期限劳动合同。有以下情形之一的，劳动者提出或者同意续订、订立劳动合同的，除劳动者提出订立固定期限劳动合同外，应当订立无固定期限劳动合同。如果用人单位不与符合条件的劳动者订立无固定期限劳动合同的，自应当订立无固定期限劳动合同之日起向劳动者每月支付二倍工资。这些情形是指：

1）劳动者在该用人单位连续工作满 10 年的；

2）用人单位初次实行劳动合同制度或者国有企业改制重新订立劳动合同时，劳动者在该用人单位连续工作满 10 年且距法定退休年龄不足 10 年的；

3）连续订立二次固定期限劳动合同，且劳动者没有相应法定情形，续订劳动合同的。

这些法定情形是指：在试用期间被证明不符合录用条件的；严重违反用人单位的规章制度的；严重失职，营私舞弊，给用人单位造成重大损害的；劳动者同时与其他用人单位建立劳动关系，对完成本单位的工作任务造成严重影响，或者经用人单位提出，拒不改正的；因以欺诈、胁迫的手段或者乘人之危，使用人单位在违背真实意思的情况下订立或者变更劳动合同致使劳动合同无效的；被依法追究刑事责任的；患病或者非因工负伤，在规定的医疗期满后不能从事原工作，也不能从事由用人单位另行安排的工作的；不能胜任工作，经过培训或者调整工作岗位，仍不能胜任工作的。

3. 劳动报酬支付。用人单位应当向劳动者及时足额支付劳动报酬，通常为每月支付一次，且应当以法定货币支付，而不得以实物及有价证券替代货币支付。劳动报酬必须在用人单位与劳动者约定的日期支付，如遇节假日或休息日，则应提前在最近的工作日支付。

有关劳动报酬的争议一般体现为以下几种形式：

（1）工资争议。此处所称工资，仅指劳动合同约定的固定工资或基本工资。该种争议通常表现为用人单位迟于约定的时间向劳动者支付工资，或者低于约定的标准向劳动者支付工资。

用人单位不得扣减劳动者工资的情形：

1）劳动者在法定工作时间内依法参加社会活动期间。社会活动包括：依法行使选举权或被选举权；当选代表出席乡（镇）、区以上政府、党派、工会、青年团、妇女联合会等组织召开的会议；出任人民法庭证明人；出席劳动模范、先进工作者大会；《工会法》规定的不脱产工会基层委员会委员因工会工作活动占用的生产或工作时间等。

2）劳动者依法享受年休假、探亲假、婚假、丧假期间。

3）非因劳动者原因造成单位停工、停产在一个工资支付周期内。

用人单位可以扣减劳动者工资的情形：

1）代扣代缴的个人所得税；

2）代扣代缴的应由劳动者个人负担的各项社会保险费用；

3）法院判决、裁定中要求代扣的抚养费、赡养费；

4）因劳动者本人原因给用人单位造成经济损失的，用人单位可按照劳动合同的约定进行扣除，但每月扣除的部分不得超过劳动者当月工资的20％，若扣除后的剩余工资部分低于当地月最低工资标准，则扣除以保留最低工资标准为限。

（2）奖金争议。此处所称奖金，仅指用人单位与劳动者约定的第十三个月工资、年终奖金、绩效奖金等固定或非固定数额的奖金。奖金支付一般被认为是用人单位的自主管理权，用人单位可自主决定奖金的支付范围、支付条件或资格、支付数额、支付周期等支付规则。奖金的支付规则一般有三种表现形式：

1）有明文规定的奖金支付规则。奖金支付规则通常会被规定在劳动合同或规章制度中，用人单位未履行或执行的，劳动者可以根据这些规定要求用人单位支付奖金。

2）无明文规定的奖金支付规则。用人单位虽有奖金支付惯例，但既未与劳动者在劳

23

动合同中约定，也未在规章制度中规定，在该种情形下，劳动者要求用人单位支付奖金将具有不确定性。

3）按比例支付规则。奖金数额确定后，若劳动者实际工作时间未满一个支付周期，将按其实际工作时间与周期的比例进行支付。

（3）加班费争议。此类争议较多地出现在实行标准工时制的劳动者与用人单位之间。

1）国家实行劳动者每日工作时间不超过8小时、平均每周工作时间不超过40小时的工时制度。用人单位安排劳动者在法定标准工作时间以外工作的，应当向劳动者支付加班费。

2）支付标准为：安排劳动者延长工作时间的，支付不低于工资的150％的工资报酬；休息日安排劳动者工作又不能安排补休的，支付不低于工资的200％的工资报酬；法定休假日安排劳动者工作的，支付不低于300％的工资报酬。

3）下列情形不受加班时间上限的限制：发生自然灾害、事故或者因其他原因，威胁劳动者生命健康和财产安全，需要紧急处理的；生产设备、交通运输线路、公共设施发生故障，影响生产和公众利益，必须及时抢修的。

4）劳动者向用人单位主张加班费的，应当对加班事实的存在承担举证责任，否则其主张将不被支持。

5）加班费基数不得低于当地的最低工资标准，在此基础上，不同地区对于加班费基数的确定有不同的规定。

4. 应休未休年休假工资报酬。此类争议，一般出现在未休或未休完年休假的劳动者与用人单位之间。

（1）劳动者享受带薪年休假的前提是必须连续工作满1年，年休假期间享受与正常工作期间相同的工资收入。

（2）劳动者享受年休假的天数根据累计的工作时间（社会工龄）来确定，累计工作时间已满1年不满10年的，年休假5天；已满10年不满20年的，年休假10天；已满20年的，年休假15天。

（3）国家法定休假日、休息日不计入年休假假期。

（4）劳动者依法享受的探亲假、婚丧假、产假等国家规定的假期以及因工伤停工留薪期间不计入年休假假期。

（5）劳动者不享受当年度年休假的情形：

1）依法享受寒暑假，其休假天数多于年休假天数的；

2）请事假累计20天以上且用人单位按照规定不扣工资的；

3）累计工作满1年不满10年的职工，请病假累计2个月以上的；

4）累计工作满10年不满20年的职工，请病假累计3个月以上的；

5）累计工作满20年以上的职工，请病假累计4个月以上的；

6）已享受当年的年休假，年度内又出现前述2）、3）、4）、5）项情形之一的，不享受下一年度的年休假。

（6）特殊情形下的年休假天数：

1）确因工作需要，职工享受的寒暑假天数少于其年休假天数的，用人单位应当安排补足年休假天数；

2）新进用人单位且有权享受带薪年休假的，当年度年休假天数，按照在本单位剩余日历天数折算确定，折算后不足一整天的部分不享受年休假；

3）解除或者终止劳动合同时，用人单位当年度未安排职工休满应休年休假的，应当按照劳动者当年已工作时间折算应休未休年休假天数并支付未休年休假工资报酬，但折算后不足一整天的部分不支付未休年休假工资报酬。

（7）应休未休年休假工资报酬的计算方式。由用人单位按照劳动者日工资收入的200%进行支付。其中，日工资收入，按照劳动者本人的月工资除以月计薪天数（21.75天）进行折算。此处所称月工资，是指劳动者在用人单位支付其应休未休年休假工资报酬前12个月剔除加班工资后的月平均工资；在用人单位工作时间不满12个月的，按实际月份计算月平均工资。

5.解除劳动合同的经济补偿。此类争议一般是用人单位因劳动合同解除应当向劳动者支付经济补偿而未支付或未足额支付而产生的。

（1）用人单位因劳动合同解除应当向劳动者支付经济补偿的情形：

1）用人单位提出与劳动者协商解除劳动合同的；

2）用人单位因劳动者患病或者非因工负伤，在规定的医疗期满后不能从事原工作，也不能从事由用人单位另行安排的工作，而解除与劳动者的劳动合同的；

3）用人单位因劳动者不能胜任工作，经过培训或者调整工作岗位，仍不能胜任工作，而解除劳动者的劳动合同的；

4）用人单位因劳动合同订立时所依据的客观情况发生重大变化，致使劳动合同无法履行，经与劳动者协商，未能就变更劳动合同内容达成协议，而解除劳动合同的；

5）用人单位因经济性裁员而解除劳动合同的；

6）劳动者因用人单位未按照劳动合同约定提供劳动保护或者劳动条件而解除劳动合同的；

7）劳动者因用人单位未及时足额支付劳动报酬而解除劳动合同的；

8）劳动者因用人单位未依法为劳动者缴纳社会保险费而解除劳动合同的；

9）劳动者因用人单位的规章制度违反法律、法规规定，损害劳动者权益，而解除劳动合同的；

10）劳动者因用人单位以欺诈、胁迫的手段或者乘人之危，使劳动者在违背真实意思的情况下订立或者变更劳动合同，或者免除自己的法定责任、排除劳动者权利，或者违反法律、行政法规的强制性规定，而解除劳动合同的；

11）劳动者因用人单位以暴力、威胁或者非法限制人身自由的手段强迫劳动者劳动的，或者用人单位违章指挥、强令冒险作业危及劳动者人身安全，而解除劳动合同的。

（2）经济补偿的计算方式。目前实践中采用较多的是基数不变、期限分段的计算方式。

1）计算基数，是指劳动者在劳动合同解除前 12 个月的平均工资，但 2008 年 1 月 1 日《中华人民共和国劳动合同法》施行后以本地区上年度职工月平均工资 3 倍为上限。

2）计算期限。在 2008 年 1 月 1 日《中华人民共和国劳动合同法》施行前，按照每满一年支付一个月工资的标准向劳动者支付，不满一年的，按一年计算；在 2008 年 1 月 1 日《中华人民共和国劳动合同法》施行后，按照每满一年支付一个月工资的标准向劳动者支付，六个月以上不满一年的，按一年计算，不满六个月的，向劳动者支付半个月工资的经济补偿。

6. 终止劳动合同的经济补偿。此类争议一般是用人单位因劳动合同终止应当向劳动者支付经济补偿而未支付或未足额支付而产生的。

（1）用人单位因劳动合同终止应当向劳动者支付经济补偿的情形：

1）除用人单位维持或者提高劳动合同约定条件续订劳动合同，劳动者不同意续订的情形外，用人单位因劳动合同期满而终止固定期限劳动合同的；

2）劳动合同因用人单位被依法宣告破产而终止的；

3）劳动合同因用人单位被吊销营业执照、责令关闭、撤销或者用人单位决定提前解散而终止的。

（2）经济补偿的计算方式

1）计算基数是指劳动者在劳动合同终止前十二个月的平均工资，且以本地区上年度职工月平均工资三倍为上限。

2）计算期限自 2008 年 1 月 1 日《中华人民共和国劳动合同法》施行起算，按照每满一年支付一个月工资的标准向劳动者支付，六个月以上不满一年的，按一年计算，不满六个月的，向劳动者支付半个月工资的经济补偿。

7. 违法解除劳动合同赔偿金。此类争议一般是因用人单位单方解除劳动合同而产生的。如果用人单位不能证明解除行为符合下述情形，那么将被认定为违法解除，从而应当向劳动者支付违法解除劳动合同赔偿金。

（1）用人单位可以单方解除劳动合同的情形包括：

1）劳动者在试用期间被证明不符合录用条件的；

2）劳动者严重违反用人单位的规章制度的；

3）劳动者严重失职，营私舞弊，给用人单位造成重大损害的；

4）劳动者同时与其他用人单位建立劳动关系，对完成本单位的工作任务造成严重影响，或者经用人单位提出，拒不改正的；

5）劳动者因以欺诈、胁迫的手段或者乘人之危，使用人单位在违背真实意思的情况下订立或者变更劳动合同的；

6）劳动者被依法追究刑事责任的；

7）劳动者患病或者非因工负伤，在规定的医疗期满后不能从事原工作，也不能从事由用人单位另行安排的工作，用人单位提前 30 日以书面形式通知劳动者本人或者额外支付劳动者一个月工资的；

8）劳动者不能胜任工作，经过培训或者调整工作岗位，仍不能胜任工作，用人单位提前30日以书面形式通知劳动者本人或者额外支付劳动者一个月工资的；

9）劳动合同订立时所依据的客观情况发生重大变化，致使劳动合同无法履行，经与劳动者协商，未能就变更劳动合同内容达成协议，用人单位提前30日以书面形式通知劳动者本人或者额外支付劳动者一个月工资的；

10）经济性裁员的。

（2）违法解除劳动合同赔偿金按照法定经济补偿的二倍确定。

8. 用人单位违法解除劳动合同，劳动者要求继续履行劳动合同。此类争议一般是因用人单位单方解除劳动合同而又不符合法定解除劳动合同条件产生的。

9. 违法终止劳动合同赔偿金。此类争议一般是用人单位因固定期限劳动合同期满而单方终止劳动合同产生的。

（1）劳动合同期满，用人单位不得终止劳动合同的情形包括：

1）从事接触职业病危害作业的劳动者未进行离岗前职业健康检查，或者疑似职业病病人在诊断或者医学观察期间的；

2）劳动者在用人单位患职业病或者因工负伤并被确认丧失或者部分丧失劳动能力的；

3）劳动者患病或者非因工负伤，在规定的医疗期内的；

4）女劳动者在孕期、产期、哺乳期的；

5）劳动者在用人单位连续工作满十五年，且距法定退休年龄不足五年的；

6）劳动者符合订立无固定期限劳动合同的情形且提出或同意续订劳动合同的。

（2）违法终止劳动合同赔偿金按照法定经济补偿的二倍确定。

10. 违法终止劳动合同要求继续履行劳动合同。此类争议一般是用人单位因固定期限劳动合同期满而单方终止劳动合同产生的。劳动合同期满，用人单位不得终止劳动合同的情形包括：

（1）从事接触职业病危害作业的劳动者未进行离岗前职业健康检查，或者疑似职业病病人在诊断或者医学观察期间的；

（2）劳动者在用人单位患职业病或者因工负伤并被确认丧失或者部分丧失劳动能力的；

（3）劳动者患病或者非因工负伤，在规定的医疗期内的；

（4）女劳动者在孕期、产期、哺乳期的；

（5）劳动者在用人单位连续工作满十五年，且距法定退休年龄不足五年的；

（6）劳动者符合订立无固定期限劳动合同情形的。

其中，第（1）、（3）、（4）、（5）种情形，劳动合同应当续延至相应的情形消失时终止，第（2）种情形应当按照国家有关工伤保险的规定执行，第（6）种情形应当依法签订无固定期限劳动合同。

如果用人单位终止劳动合同时被证明存在上述任意情形之一的，那么将被认定为违法终止，从而应当与劳动者继续履行劳动合同。劳动者同时主张仲裁诉讼期间的工资损失的，用人单位也应当予以支付。

11. 补发相关福利待遇。此类争议一般是因用人单位未按照法律规定或者规章制度规定向劳动者发放相关福利待遇产生的。

福利待遇可分为两类：

（1）法律规定的福利待遇，如高温津贴、有毒有害工种津贴等，用人单位未发放此类福利待遇的，劳动者可以依据相关规定向用人单位主张；

（2）用人单位自行规定的福利待遇，属于用人单位的自主管理事项，如补充医疗保险、福利年休假、过节费、健身费等，用人单位未发放此类福利待遇的，劳动者可以依据规章制度的规定进行主张，但是用人单位的规章制度中未规定此类福利待遇的，则劳动者的主张获得法律支持具有不确定性。

四、境外人士在华就业

（一）在华就业外国人的劳动关系

1. 外国人是指依照《中华人民共和国国籍法》的规定不具有中国国籍的人员。

2. 外国人在中国就业是指没有取得定居权的外国人在中国境内依法从事劳动并获取劳动报酬的行为，但外国驻华使、领馆和联合国驻华代表机构、其他国际组织中享有外交特权与豁免的人员除外。

3. 用人单位聘用外国人须为该外国人申请就业许可，经获准并取得《中华人民共和国外国人就业许可证书》后方可聘用。

（1）用人单位聘用外国人从事的岗位应是有特殊需要、国内暂缺适当人选，且不违反国家有关规定的岗位。除经文化部批准持《临时营业演出许可证》进行营业性文艺演出的外国人外，用人单位不得聘用外国人从事营业性文艺演出。

（2）就业的外国人应当年满 18 周岁，身体健康，具有从事其工作所必需的专业技能和相应的工作经历，无犯罪记录，有确定的聘用单位，持有有效护照或能代替护照的其他国际旅行证件。

（3）用人单位须填写《聘用外国人就业申请表》，向与其劳动行政主管部门同级的行业主管部门提出申请，并提供以下文件：

1）拟聘用外国人履历证明；

2）聘用意向书；

3）拟聘用外国人原因的报告；

4）拟聘用的外国人从事该项工作的资格证明；

5）拟聘用的外国人健康状况证明等文件。

（4）经行业主管部门批准后，用人单位应持《聘用外国人就业申请表》到本单位所在地区的省、自治区、直辖市劳动行政部门或其授权的地市级劳动行政部门办理核准手续，并申领《中华人民共和国外国人就业许可证书》。

（5）中央级用人单位、无行业主管部门的用人单位聘用外国人，可直接到劳动行政部门发证机关提出申请和办理就业许可手续；外商投资企业聘雇外国人，无须行业主管部门审批，可凭合同、章程、批准证书、营业执照和前述文件直接到劳动行政部门发证机关申领许可证书。

（6）可免办《中华人民共和国外国人就业许可证书》的外国人包括下述人员：

1）由我国政府直接出资聘请的外籍专业技术和管理人员，或由国家机关和事业单位出资聘请，具有本国或国际权威技术管理部门或行业协会确认的高级技术职称或特殊技能资格证书的外籍专业技术和管理人员，并持有外国专家局签发的《外国专家证》的外国人。

2）持有《外国人在中华人民共和国从事海上石油作业工作准证》从事海上石油作业、不需登陆、有特殊技能的外籍劳务人员。

3）经文化部批准持《临时营业演出许可证》进行营业性文艺演出的外国人；按照我国与外国政府间、国际组织间协议、协定，执行中外合作交流项目受聘来中国工作的外国人。

4）外国企业常驻中国代表机构中的首席代表、代表。

4．获准来中国就业的外国人应凭劳动部签发的许可证书、被授权单位的通知函电及本国有效护照或能代替护照的证件，到中国驻外使、领馆、办事处申请职业签证。

5．可免办《中华人民共和国外国人就业许可证书》的外国人，应分别凭被授权单位的通知函电、中国海洋石油总公司签发的通知函电、有关省、自治区、直辖市人民政府外事办公室的通知函电和文化部的批件、被授权单位的通知函电和合作交流项目书、被授权单位的通知函电和工商行政管理部门的登记证明申请职业签证。

6．在外国人持职业签证入境（有互免签证协议的，按协议办理）后 15 日内，用人单位应当持《中华人民共和国就业许可证书》、与外国人签订的劳动合同及其有效护照或能代替护照的其他国际旅行证件到原发证机关为外国人办理《外国人就业证》，并填写《外国人就业登记表》。《外国人就业证》只在发证机关规定的区域内有效。

7．可在入境后凭职业签证及有关证明直接办理《外国人就业证》的外国人包括：按照我国与外国政府间、国际组织间协议、协定，执行中外合作交流项目受聘来中国工作的外国人；外国企业常驻中国代表机构中的首席代表、代表。

8．外国人应在入境后三十日内，持《外国人就业证》到公安机关申请办理居留证件，居留证件的有效期限可根据《外国人就业证》的有效期确定。

9．外国人在取得《外国人就业证》和居留证件后，方可在中国境内就业，其与中国境内用人单位所建立的用工关系方为劳动关系；外国人持有《外国专家证》并取得《外国专家来华工作许可证》的，与中国境内的用人单位建立用工关系的也为劳动关系。外国人、无国籍人未依法取得《外国人就业证》或居留证件的，与中国境内的用人单位建立的用工关系一般不会被认定为劳动关系。

（二）在内地就业台港澳人员的劳动关系

1. 在内地就业台港澳人员是指台湾居民、香港和澳门居民中的中国公民，包括：

（1）与用人单位建立劳动关系的人员；

（2）在内地从事个体经营的香港、澳门人员；

（3）与境外或台港澳地区用人单位建立劳动关系并受其派遣到内地，一年内（公历年1月1日起至12月31日止）在同一用人单位累计工作三个月以上的人员。

2. 用人单位拟聘雇或者接受被派遣台港澳人员的，或香港、澳门人员在内地从事个体工商经营的，应当申请办理《台港澳人员就业证》。

（1）用人单位为拟聘雇或者接受被派遣台港澳人员办理《台港澳人员就业证》。

（2）拟办理就业证的台港澳人员应当具备如下条件：

1）年龄18至60周岁（直接参与经营的投资者和内地急需的专业技术人员可超过60周岁），身体健康；

2）持有有效旅行证件（包括内地主管机关签发的台湾居民来往大陆通行证、港澳居民往来内地通行证等有效证件）；

3）从事国家规定的职业（技术工种）的，应当按照国家有关规定，具有相应的资格证明等。

（3）用人单位应当向所在地的地（市）级劳动保障行政部门提交下述文件：

1）《台湾香港澳门居民就业申请表》；

2）用人单位营业执照或登记证明；

3）拟聘雇或者接受被派遣人员的个人有效旅行证件；

4）拟聘雇或者接受被派遣人员的健康状况证明；

5）聘雇意向书或者任职证明；

6）拟聘雇人员从事国家规定的职业（技术工种）应提供的拟聘雇人员相应的职业资格证书等。

（4）用人单位在领取《台港澳人员就业证》后，持《台港澳人员就业证》到颁发该证的劳动保障行政部门办理聘雇台港澳人员登记备案手续。

3. 在内地从事个体工商经营的香港、澳门人员持个体经营执照、健康证明和个人有效旅行证件，向所在地的地（市）级劳动保障行政部门申请办理就业证。

4. 台港澳人员未依法取得《台港澳人员就业证》即与内地的用人单位建立用工关系，一般不会被认定为劳动关系。

五、区分经济补偿和赔偿金

（一）经济补偿

经济补偿一般是因劳动合同合法解除或终止而由用人单位向劳动者支付的。支付情形包括：

1. 用人单位提出与劳动者协商解除劳动合同的；

2. 用人单位因劳动者患病或者非因工负伤，在规定的医疗期满后不能从事原工作，也不能从事由用人单位另行安排的工作，而解除与劳动者的劳动合同的；

3. 用人单位因劳动者不能胜任工作，经过培训或者调整工作岗位，仍不能胜任工作，而解除劳动者的劳动合同的；

4. 用人单位因劳动合同订立时所依据的客观情况发生重大变化，致使劳动合同无法履行，经与劳动者协商，未能就变更劳动合同内容达成协议，而解除劳动合同的；

5. 用人单位因经济性裁员而解除劳动合同的；

6. 劳动者因用人单位未按照劳动合同约定提供劳动保护或者劳动条件而解除劳动合同的；

7. 劳动者因用人单位未及时足额支付劳动报酬而解除劳动合同的；

8. 劳动者因用人单位未依法为劳动者缴纳社会保险费而解除劳动合同的；

9. 劳动者因用人单位的规章制度违反法律、法规规定，损害劳动者权益，而解除劳动合同的；

10. 劳动者因用人单位以欺诈、胁迫的手段或者乘人之危，使劳动者在违背真实意思的情况下订立或者变更劳动合同，或者免除自己的法定责任、排除劳动者权利，或者违反法律、行政法规的强制性规定，而解除劳动合同的；

11. 劳动者因用人单位以暴力、威胁或者非法限制人身自由的手段强迫劳动者劳动的，或者用人单位违章指挥、强令冒险作业危及劳动者人身安全，而解除劳动合同的。

12. 除用人单位维持或者提高劳动合同约定条件续订劳动合同，劳动者不同意续订的情形外，用人单位因劳动合同期满而终止固定期限劳动合同的；

13. 劳动合同因用人单位被依法宣告破产而终止的；

14. 劳动合同因用人单位被吊销营业执照、责令关闭、撤销或者用人单位决定提前解散而终止的。

（二）赔偿金

1. 违法解除赔偿金一般是因用人单位违法解除劳动合同而向劳动者支付的。用人单位不能证明存在以下情形的，应当向劳动者支付赔偿金：

（1）劳动者在试用期间被证明不符合录用条件的；

（2）劳动者严重违反用人单位的规章制度的；

（3）劳动者严重失职，营私舞弊，给用人单位造成重大损害的；

（4）劳动者同时与其他用人单位建立劳动关系，对完成本单位的工作任务造成严重影响，或者经用人单位提出，拒不改正的；

（5）劳动者因以欺诈、胁迫的手段或者乘人之危，使用人单位在违背真实意思的情况下订立或者变更劳动合同的；

（6）劳动者被依法追究刑事责任的；

（7）劳动者患病或者非因工负伤，在规定的医疗期满后不能从事原工作，也不能从事由用人单位另行安排的工作，用人单位提前三十日以书面形式通知劳动者本人或者额外支付劳动者一个月工资的；

（8）劳动者不能胜任工作，经过培训或者调整工作岗位，仍不能胜任工作，用人单位提前三十日以书面形式通知劳动者本人或者额外支付劳动者一个月工资的；

（9）劳动合同订立时所依据的客观情况发生重大变化，致使劳动合同无法履行，经与劳动者协商，未能就变更劳动合同内容达成协议，用人单位提前三十日以书面形式通知劳动者本人或者额外支付劳动者一个月工资的；

（10）经济性裁员的。

2. 违法终止赔偿金一般是因用人单位违法终止劳动合同而向劳动者支付的。劳动合同期满，用人单位终止存在以下情形劳动者的劳动合同，应当向劳动者支付赔偿金：

（1）从事接触职业病危害作业的劳动者未进行离岗前职业健康检查，或者疑似职业病病人在诊断或者医学观察期间的；

（2）劳动者在用人单位患职业病或者因工负伤并被确认丧失或者部分丧失劳动能力的；

（3）劳动者患病或者非因工负伤，在规定的医疗期内的；

（4）女劳动者在孕期、产期、哺乳期的；

（5）劳动者在用人单位连续工作满十五年，且距法定退休年龄不足五年的；

（6）劳动者符合订立无固定期限劳动合同情形且提出或同意续订劳动合同的。

3. 违法约定试用期赔偿金是指用人单位违反法律规定与劳动者约定试用期，违法约定的试用期已经履行的，由用人单位以劳动者试用期满月工资为标准，按已经履行的超过法定试用期的期间向劳动者支付赔偿金。

以下情形属于违法约定试用期：

（1）劳动合同期限三个月以上不满一年的，试用期超过一个月；

（2）劳动合同期限一年以上不满三年的，试用期超过两个月；

（3）三年以上固定期限和无固定期限的劳动合同，试用期超过六个月；

（4）同一用人单位与同一劳动者约定两次或多次试用期；

（5）以完成一定工作任务为期限的劳动合同或者期限不满三个月的劳动合同约定了试用期；

（6）劳动合同仅约定了试用期。

4. 逾期支付劳动报酬、加班费或者经济补偿的赔偿金。用人单位有下列情形，且在劳动行政部门限定期限内仍不支付的，应按应付金额50％以上100％以下的标准向劳动者加付赔偿金：

（1）未按照劳动合同约定或者国家规定及时足额支付劳动者劳动报酬的；

（2）低于当地最低工资标准支付劳动者工资的；

（3）安排加班不支付加班费的；

（4）解除或者终止劳动合同，未依照劳动合同法的规定向劳动者支付经济补偿的。

（三）特别注意

需要特别注意的是，逾期支付劳动报酬、加班费或者经济补偿的赔偿金是由劳动行政部门主管的，律师可以建议咨询当事人在申请仲裁之前向劳动行政部门投诉并保留相关证据。

六、区分合法用工与非法用工

（一）合法用工及工伤劳动者的工伤保险待遇

1. 合法用工是指与劳动者建立劳动关系的中国境内的企业、事业单位、社会团体、民办非企业单位、基金会、律师事务所、会计师事务所等组织和有雇工的个体工商户等用人单位的用工。

2. 工伤劳动者的工伤保险待遇包括：

（1）工伤医疗费、住院期间伙食补助费以及到统筹地区以外就医所需的交通费和食宿费、工伤康复费、辅助器具费；

（2）停工留薪期工资福利待遇、生活护理费、一次性伤残补助金、伤残津贴、一次性工伤医疗补助金、一次性伤残就业补助金、丧葬补助金、供养亲属抚恤金、一次性工亡补助金；

（3）因工外出期间发生事故或者在抢险救灾中下落不明职工自事故发生当月起三个月内的工资等。

（4）用人单位仅需支付其中的停工留薪期工资福利待遇、被鉴定为五至十级伤残职工的伤残津贴和一次性伤残就业补助金、因工外出期间发生事故或者在抢险救灾中下落不明职工自事故发生当月起三个月内的工资。

（二）非法用工及伤亡人员的赔偿

非法用工是指无营业执照或者未经依法登记、备案的单位用工和被依法吊销营业执照或者撤销登记、备案的单位用工，以及用人单位使用童工。

非法用工单位的职工受到事故伤害或者患职业病的，由该单位或该单位的出资人、开办人向伤残职工或者死亡职工的近亲属给予一次性赔偿，赔偿标准不得低于合法用工劳动者所享有的工伤保险待遇。

用人单位使用童工造成童工伤残、死亡的，由该单位向童工或者童工的近亲属给予一次性赔偿，赔偿标准不得低于合法用工劳动者所享有的工伤保险待遇。

七、和解协议的效力

　　律师应当告知咨询当事人，劳动者与用人单位就解除或者终止劳动合同、支付工资报酬、加班费、经济补偿或者赔偿金等达成和解协议的，如果不违反法律、行政法规的强制性规定，且不存在欺诈、胁迫或者乘人之危情形的，该和解协议有效。但和解协议如果存在重大误解或者显失公平的情形，咨询当事人可以请求劳动争议仲裁委员会和人民法院予以撤销。

八、口头变更劳动合同的效力

　　律师应当告知咨询当事人，变更劳动合同未采用书面形式，但已经实际履行了口头变更的劳动合同超过一个月，且变更后的劳动合同内容不违反法律、行政法规、国家政策以及公序良俗的，当事人不能以未采用书面形式为由主张劳动合同变更无效。

附录：咨询表格示例

劳动争议咨询登记表

劳动者	姓名			性别		出生日期	
	经常居住地址						
	户籍所在地址						
	户籍性质		城镇/农村	现工作单位			
	联系地址			工作岗位			
	联系电话			证件及号码			
用人（工）单位	单位名称						
	法定代表人或负责人	姓名		性别		职务	
		代理人		性别		职务	
	营业执照注册地						
	劳动合同履行地						
	联系方式	电话			传真		
基本事实	填表说明：记录劳动者的参加工作时间、工作单位名称、入职时间、劳动合同签订情况、工作地点、工作岗位、工作时间、工时制度、工资标准及发放周期和发放形式、社会保险缴纳、劳动关系解除或终止时间、最后工作日等情况； 　　记录规模、员工人数、用工方式、所属行业、社会保险登记和缴纳等情况。						
争议事实	填表说明：记录劳动争议的发生时间、详细经过、持续时间、处理结果等，劳动争议发生的背景、起因、经过及目前的状况，与劳动争议请求事项有关的证据材料，劳动争议已经过的程序等。						
请求事项	填表说明：记录劳动关系确认、未签订书面劳动合同双倍工资差额、劳动报酬（包括工资、各种奖金、加班费等）、未休年休假工资补偿、解除或终止劳动合同的经济补偿、违法解除或终止劳动合同赔偿金、违法解除或终止劳动合同要求继续履行劳动合同、补发相关福利待遇等事项。						

本节思考题

1. 咨询工作有哪些基本的规定，要做好哪些准备工作？
2. 如何确认群体性和敏感性的劳动争议？
3. 咨询时应当向咨询当事人了解哪些情况？
4. 常见法律咨询问题有哪些？一般如何回复？
5. 咨询涉及的特殊问题有哪些？如何区分？

■ 第二节 为劳动者提供法律咨询

一、要求劳动者提供证据

（一）告知劳动争议案件的举证责任

1. 谁主张，谁举证

律师在接受劳动者咨询时，应当提示咨询当事人对自己提出的主张有收集或提供证据的义务，并有运用该证据证明主张的案件事实成立或有利于自己的主张的责任，如果咨询当事人提不出证据或所提供的证据不足以证明其主张的，其主张将无法获得法律的支持。

2. 举证责任倒置

（1）与争议事项有关的证据属于用人单位掌握管理的，用人单位应当提供；用人单位不提供的，应当承担不利后果。劳动者无法提供由用人单位掌握管理的与仲裁请求有关的证据，仲裁庭可以要求用人单位在指定期限内提供。用人单位在指定期限内不提供的，应当承担不利后果。

（2）因用人单位作出的开除、除名、辞退、解除劳动合同、减少劳动报酬、计算劳动者工作年限等决定而发生的劳动争议，用人单位负举证责任。

（3）职工或者其近亲属认为是工伤，用人单位认为不是工伤的，由用人单位承担举证责任。

（4）用人单位未与劳动者签订劳动合同，认定双方存在劳动关系时可参照的工资支付凭证、社保缴费记录、招工招聘登记表、报名表、考勤记录等，由用人单位负举证责任。

（二）要求劳动者尽可能全面提供证据

律师应当要求劳动者至少提供其与用人单位存在劳动关系的相关证据材料，如劳动合同、工作证、工资支付凭证、社保缴交记录、考勤表、其他劳动者证言等。

律师应当要求劳动者尽可能全面的提供和劳动关系有关的各种证据，包括劳动者认为对其有利和不利的证据，包括：

（1）劳动者的身份证明和用人单位的注册登记文件，若劳动者系外国人、无国籍人、港澳台人员的，还应当提供就业许可证明、居留证明；

（2）历次签订的劳动合同或聘（录）用协议及劳动合同变更书、劳动合同续订书，竞业限制协议，服务期协议；

（3）员工手册或者劳动纪律、规章制度以及履行民主程序及公示告知的证明材料；

（4）经劳动者签字的用人单位工资发放表或银行打印盖章的工资发放明细，社保中心查询打印的社保缴纳凭证；

（5）招聘登记表、报名表、录用通知书、岗位责任书等入职材料，用人单位为劳动者办理的工作证、服务证、进门证等证件；

（6）工伤职工、医疗期职工、"三期"女职工的医院诊断证明，工伤认定书，劳动能力鉴定材料；

（7）违纪处分通知书或处罚公告及送达证明，解除或终止劳动合同通知书及送达证明或协商解除劳动合同协议书，辞职申请或辞职信及送达证明，解除或终止劳动合同证明、人事档案转移证明；

（8）考勤记录资料，其他劳动者证言，经过公证的用人单位与劳动者沟通工作管理相关内容的电子邮件，与工作管理相关的视听资料；

（9）涉及仲裁时效中止、中断等事实的材料；

（10）与劳动争议相关的其他资料。

（三）应当向劳动者提示证据认定的风险

1. 律师应当向劳动者核实电子数据证据材料（比如用人单位与劳动者沟通工作的电子邮件，相关网页信息等）是否为自行打印件，并提示证据材料为未经公证机关公证的打印件的，如果用人单位不予认可，则仲裁委或法院将不予采纳；

2. 律师应当向劳动者核实证据材料（比如招聘登记表、报名表，劳动合同等）是否有证据原件、原物或者是否有其他证据可以证明复印件、复制品与原件、原物相符，并提示证据材料为无法与原件、原物核对的复印件、复制品的，如果用人单位不予认可，则仲裁委或法院将不予采纳；

3. 律师应当向劳动者核实从用人单位取得的证据材料（比如工资条，业绩考核表，考勤电子打卡记录等）是否有用人单位盖章或管理人员签字，并提示证据材料没有用人单位盖章或管理人员签字的，如果用人单位不予认可，则仲裁委或法院将不予采纳；

4. 律师应当向劳动者核实从第三方取得的证据材料（比如从银行打印的工资卡明细，从工商局调取的用人单位登记资料，从仲裁委或法院复印的开庭笔录等）是否有第三方盖章确认，并提示证据材料没有第三方盖章确认的，如果用人单位不予认可，则仲裁委或法院将不予采纳；

5. 律师应当向劳动者核实证人是否与劳动者或者用人单位存在利害关系，以及是否能够出庭作证，并提示证人与劳动者或者用人单位存在利害关系或者无正当理由不出庭作证的，如果用人单位不予认可，则该证人的证言仲裁委或法院将不予采纳；

6. 律师应当向劳动者核实除了录音录像等视听资料以外是否还有其他证据可以佐证，并提示证据材料为单独的存有疑点的视听资料的，如果用人单位不予认可，则仲裁委或法院将不予采纳。

（四）证据交接

律师接受了劳动者提供的各类证据，应当登记造表、编写证据目录，并应当与当事人签字交接，保管好原始记录。除参与相关程序、出庭、辩论等环节外，一般可以要求当事人只提交证据的复印件、复制件或电子文档。凡接受当事人原物、原件的，应当妥善保管。

二、注意仲裁时效和起诉期限

（一）审查仲裁时效

律师为劳动者提供咨询时，如果劳动者尚未申请仲裁，或者劳动争议仲裁机构已经受理仲裁申请但尚未开庭，或者已经开庭但尚未作出仲裁裁决，应当审查劳动者的仲裁请求是否超过仲裁申请时效。

1. 劳动争议仲裁时效分为一般时效和特殊时效

一般时效是指劳动争议申请仲裁的时效期间为一年，从当事人知道或者应当知道其权利被侵害之日起计算。

特殊时效是指劳动关系存续期间因拖欠劳动报酬发生争议的，劳动者申请仲裁不受一年仲裁时效期间的限制；但是，劳动关系终止的，应当自劳动关系终止之日起一年内提出。

2. 特殊情况下仲裁时效的适用

（1）加班工资的仲裁时效

加班工资属于劳动报酬，劳动者主张加班工资的应适用特别时效。但劳动者在劳动关系存续期间主张加班工资的请求如何支持，实践中有如下几种做法：

1）原劳动部《工资支付暂行规定》第 6 条规定，用人单位必须书面记录支付劳动者工资的数额、时间、领取者的姓名以及签字，并保存两年以上备查。

2）《司法解释（三）》第 9 条规定，劳动者主张加班费的，应当就加班事实的存在承担举证责任，但劳动者有证据证明用人单位掌握管理加班事实存在的证据，用人单位不提供的，由用人单位承担不利后果。

3）有些地方的仲裁机构和法院根据上述举证责任的相关规定，认为如果劳动者提出了加班费主张，即使未提供有效的证据，用人单位也负有对劳动者主张权利之日前两年的考勤、工资支付等方面的举证义务；超过两年部分由劳动者举证，如果劳动者能够提供充分有效的证据证明两年前的加班事实，或者有证据证明用人单位掌握了劳动者两年前的加班事实证据而拒不提供的，劳动者主张加班费的请求也能够得到支持。

4）有些地方则直接规定加班工资的仲裁时效为两年，比如浙江省劳动争议仲裁委员会与浙江省高级人民法院就规定，劳动者在劳动关系存续期间主张加班工资的，其申请仲裁的时效期间为两年，从当事人知道或者应当知道其权利被侵害之日起计算。

（2）未休年休假工资的仲裁时效

1）年休假工资并不是真正意义上与劳动者提供的正常劳动相挂钩的劳动报酬，实际上是一种由于用人单位的原因致使劳动者未享受法定福利假日，而由用人单位支付给劳动者的一种福利性补偿。

2）年休假工资争议不属于劳动报酬争议，属于一般劳动争议的范围，应当适用一年的仲裁时效，而不应当适用特殊仲裁时效规定。

3）除非劳动者能够举证证明存在仲裁时效中断、中止的情形，否则仅能支持劳动者一年的未休年休假工资。

（3）未签订劳动合同双倍工资的仲裁时效

用人单位未订立书面劳动合同而依法应当额外支付的"工资"并非劳动报酬性质，属于惩罚性赔偿金。未签订劳动合同双倍工资争议的仲裁时效不适用特别规定，而应当适用一年的仲裁时效。劳动者主张双倍工资仲裁时效从何时起算，关系到劳动者的主张能够支持多少，但目前司法实践中对这个问题的处理显得比较混乱，存在三种不同的起算方法：

1）逐月分别计算仲裁时效法，即从未签订书面劳动合同的第二个月起按月分别计算仲裁时效，以深圳、上海为代表；

2）自劳动关系终止之日起计算法，以成都为代表；

3）违法行为结束之次日开始计算或从一年届满之次日起计算法，以江苏、广东佛山为代表。

（二）审查不服仲裁裁决起诉的期限

劳动者对仲裁裁决不服的，可以自收到仲裁裁决书之日起十五日内向人民法院提起诉讼；期满不起诉的，裁决书发生法律效力。律师为劳动者提供咨询时，如果劳动争议仲裁机构已经作出仲裁裁决并送达给劳动者，劳动者对仲裁裁决不服欲提起诉讼的，应当审查劳动者的起诉请求是否超过提起诉讼的期限。

仲裁裁决作出日期与送达日期不一致的，律师应提示劳动者提供仲裁裁决的送达回证。

（三）超过仲裁时效的案件解决途径

1. 对于超过仲裁时效的案件，律师应当向劳动者进行风险提示，如果劳动者坚持仲裁或者起诉，其将可能丧失胜诉权，但是不排除调解结案的可能。

2. 对于超过仲裁时效的案件，律师可以建议劳动者通过劳动监察等其他合法途径解决。

根据《劳动保障监察条例》的规定，用人单位违反劳动保障法律、法规或者规章的行为自发生之日起在两年内被劳动保障行政部门发现，或被劳动者举报、投诉的，劳动保障行政部门有权力查处。并且，如果用人单位违反劳动保障法律、法规或者规章的行为有连续或者继续状态的，自行为终了之日起计算两年期限。因此，如果律师经审查发现劳动者的请求超过仲裁时效，但是尚在劳动监察期限内的，可以建议劳动者通过劳动监察部门投诉解决。

三、权利救济途径

（一）协商解决

发生劳动争议，劳动者可以与用人单位协商，也可以请工会或者第三方共同与用人单位协商，达成和解协议。协商可以按照下列程序进行：

1. 一方当事人可以通过与另一方当事人约见、面谈等方式协商解决。劳动者可以要求所在企业工会参与或者协助其与企业进行协商，工会也可以主动参与劳动争议的协商处理，维护劳动者合法权益。劳动者可以委托其他组织或者个人作为其代表进行协商。

2. 一方当事人提出协商要求后，另一方当事人应当积极作出口头或者书面回应。五日内不作出回应的，视为不愿协商。协商的期限由当事人书面约定，在约定的期限内没有达成一致的，视为协商不成。当事人可以书面约定延长期限。

3. 协商达成一致，应当签订书面和解协议。和解协议对双方当事人具有约束力，当事人应当履行。当事人不履行和解协议申请仲裁的，经仲裁庭审查，和解协议程序和内容合法有效的，仲裁庭可以将其作为证据使用。但是，当事人为达成和解的目的作出妥协所涉及的对争议事实的认可，不得在其后的仲裁中作为对其不利的证据。

（二）调解解决

1. 当事人不愿协商、协商不成或者达成和解协议后不履行的，可以依法向调解委员会或者乡镇、街道劳动就业社会保障服务所（中心）等其他依法设立的调解组织申请调解。

2. 双方当事人可以自调解协议生效之日起十五日内共同向仲裁委员会提出仲裁审查申请。仲裁委员会受理后，应当对调解协议进行审查，对程序和内容合法有效的调解协议，置换调解书。

（三）仲裁解决

当事人不愿调解、调解不成或者达成调解协议后不履行的，可以向劳动争议仲裁委员会申请仲裁。

（四）诉讼解决

对仲裁裁决不服的，可以向人民法院提起诉讼。

（五）投诉解决

对用人单位或者劳务派遣单位违反国家规定侵害劳动者合法权益的行为，劳动者可以向人力资源和社会保障行政部门投诉，人力资源和社会保障行政部门有权对用人单位或劳务派遣单位的下列行为进行处理：

1. 用人单位直接涉及劳动者切身利益的规章制度违反法律、法规规定的，由人力资源和社会保障行政部门责令改正，给予警告。

2. 用人单位提供的劳动合同文本未载明《劳动合同法》规定的劳动合同必备条款或者用人单位未将劳动合同文本交付劳动者的，由人力资源和社会保障行政部门责令改正。

3. 用人单位违反法律规定与劳动者约定试用期的，由人力资源和社会保障行政部门责令改正；违法约定的试用期已经履行的，由用人单位以劳动者试用期满月工资为标准，按已经履行的超过法定试用期的期间向劳动者支付赔偿金。

4. 用人单位扣押劳动者居民身份证等证件的，由人力资源和社会保障行政部门责令限期退还劳动者本人，并依照有关法律规定给予处罚。

5. 用人单位以担保或者其他名义向劳动者收取财物的，由人力资源和社会保障行政部门责令限期退还劳动者本人，并以每人 500 元以上 2 000 元以下的标准处以罚款。

6. 劳动者依法解除或者终止劳动合同，用人单位扣押劳动者档案或者其他物品的，依照法律规定处罚。

7. 用人单位有下列情形之一的，由人力资源和社会保障行政部门责令限期支付劳动报酬、加班费或者经济补偿；劳动报酬低于当地最低工资标准的，应当支付其差额部分；逾期不支付的，责令用人单位按应付金额 50％ 以上 100％ 以下的标准向劳动者加付赔偿金：

（1）未按照劳动合同的约定或者国家规定及时足额支付劳动者劳动报酬的；

（2）低于当地最低工资标准支付劳动者工资的；

（3）安排加班不支付加班费的；

（4）解除或者终止劳动合同，未依法向劳动者支付经济补偿的。

8. 用人单位有下列情形之一的，依法给予行政处罚：

（1）以暴力、威胁或者非法限制人身自由的手段强迫劳动的；

（2）违章指挥或者强令冒险作业危及劳动者人身安全的；

（3）侮辱、体罚、殴打、非法搜查或者拘禁劳动者的；

（4）劳动条件恶劣、环境污染严重，给劳动者身心健康造成严重损害的。

9. 用人单位违反法律规定未向劳动者出具解除或者终止劳动合同的书面证明，由人力资源和社会保障行政部门责令改正。

10. 劳务派遣单位违反法律规定的，由人力资源和社会保障行政部门及其他有关主管部门责令改正；情节严重的，以每人 1 000 元以上 5 000 元以下的标准处以罚款，并由工商行政管理部门吊销营业执照。

11. 用工单位违反法律有关劳务派遣规定的，由人力资源和社会保障行政部门及其他有关主管部门责令改正；情节严重的，以每位被派遣劳动者 1 000 元以上 5 000 元以下的标准处以罚款；给被派遣劳动者造成损害的，劳务派遣单位和用工单位承担连带赔偿责任。

12. 用人单位违反法律有关建立职工名册规定的，由人力资源和社会保障行政部门责令限期改正；逾期不改正的，由人力资源和社会保障行政部门处以 2 000 元以上 2 万元以下的罚款。

13. 用人单位依照法律规定应当向劳动者每月支付两倍的工资或者应当向劳动者支付赔偿金而未支付的，人力资源和社会保障行政部门应当责令用人单位支付。

14. 对其他违反法律的行为的投诉、举报，人力资源和社会保障行政部门依照相关行政法规的规定处理。

(六) 寻求工会帮助

用人单位违反劳动法律、法规和劳动合同、集体合同的，工会有权提出意见或者要求纠正；劳动者申请仲裁、提起诉讼的，工会依法给予支持和帮助。

(七) 向公安机关报案

用人单位有下列情形之一，构成犯罪的，律师应当建议劳动者向公安机关报案，要求有关机关依法追究刑事责任：

1. 以暴力、威胁或者非法限制人身自由的手段强迫劳动的；
2. 违章指挥或者强令冒险作业危及劳动者人身安全的；
3. 侮辱、体罚、殴打、非法搜查或者拘禁劳动者的；
4. 劳动条件恶劣、环境污染严重，给劳动者身心健康造成严重损害的。

四、劳动争议案件范围的确定

(一) 劳动争议的范围

1. 因确认劳动关系发生的争议；
2. 因订立、履行、变更、解除和终止劳动合同发生的争议；
3. 因除名、辞退和辞职、离职发生的争议；
4. 因工作时间、休息休假、社会保险、福利、培训以及劳动保护发生的争议；

5. 因劳动报酬、工伤医疗费、经济补偿或者赔偿金等发生的争议；

6. 法律、法规规定的其他劳动争议。

（二）不属于劳动争议的案件

1. 劳动者请求社会保险经办机构发放社会保险金的争议，属于社会保险行政争议，建议其通过行政复议、行政诉讼寻求救济。

2. 劳动者与用人单位因住房制度改革产生的公有住房租赁或者转让争议，建议其向主管部门反映或者向人民法院起诉，通过民事诉讼程序解决。

3. 劳动者与用人单位因住房公积金缴交问题的争议，建议其向住房公积金管理中心提出申请。

4. 涉及工伤认定的，建议受伤害职工或者其近亲属、工会组织在事故伤害发生之日或者被诊断、鉴定为职业病之日起一年内向统筹地区人力资源和社会保障行政部门提出申请；对不予受理决定不服或者对工伤认定决定不服的，建议劳动者依法申请行政复议或者提起行政诉讼。

5. 劳动者与劳动能力鉴定委员会关于伤残等级鉴定结论或者与职业病诊断鉴定委员会关于职业病诊断鉴定结论的争议，提示当事人在法定期限内向上一级鉴定机构申请重新鉴定。

6. 家庭或者个人与家政服务人员之间的争议，应当按劳务关系处理，建议当事人通过民事诉讼程序解决。

7. 农村承包经营户与受雇人之间的争议，建议当事人通过民事诉讼程序解决。

8. 用人单位与其招用的已经依法享受养老保险待遇或领取退休金的人员发生用工争议，应当按劳务关系处理，建议当事人通过民事诉讼程序解决。

9. 其他不属于劳动争议的情形，建议当事人向有权机构寻求救济。

五、注意不同类别的社会保险争议的救济方式

1. 劳动者与所在用人单位发生社会保险争议的，可以依法申请调解、仲裁，提起诉讼。

2. 用人单位侵害劳动者社会保险权益的，劳动者也可以要求社会保险行政部门或者社会保险费征收机构依法处理。

3. 劳动者以用人单位未为其办理社会保险手续，且社会保险经办机构不能补办导致其无法享受社会保险待遇为由，要求用人单位赔偿损失而发生纠纷的，属于劳动争议，劳动者可以申请仲裁、提起诉讼。

4. 社会保险缴费问题处理存在地区差异：

（1）有的地区对用人单位欠缴社会保险费的争议不作为劳动争议案件处理，劳动争议仲裁机构及人民法院均不予受理，如北京市对于用人单位未为劳动者建立社会保险关系、

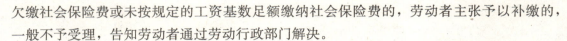

欠缴社会保险费或未按规定的工资基数足额缴纳社会保险费的，劳动者主张予以补缴的，一般不予受理，告知劳动者通过劳动行政部门解决。

（2）有的地区则受理用人单位未办理社会保险的案件，但是对缴费数额不足的不予受理，如浙江省对于用人单位未为劳动者缴纳社会保险，劳动者要求补缴的（如养老保险、医疗保险以及特定情况下的失业保险）社会保险争议予以受理，劳动者以用人单位缴费基数不足要求补缴社会保险的争议属于社会保险行政争议，不予受理。

六、工作年限的合并计算和经营期限终止的经济补偿

（一）工作年限的合并计算

1. 工作年限合并计算的条件

劳动者非因本人原因从原用人单位被安排到新用人单位工作的，劳动者在原用人单位的工作年限合并计算为新用人单位的工作年限。

用人单位符合下列情形之一的，应当认定属于劳动者非因本人原因从原用人单位被安排到新用人单位工作：

（1）劳动者仍在原工作场所、工作岗位工作，劳动合同主体由原用人单位变更为新用人单位；

（2）用人单位以组织委派或任命形式对劳动者进行工作调动；

（3）因用人单位合并、分立等原因导致劳动者工作调动；

（4）用人单位及其关联企业与劳动者轮流订立劳动合同；

（5）其他合理情形。

2. 工作年限合并计算后解除或终止劳动合同时支付的经济补偿

（1）劳动者非因本人原因从原用人单位被安排到新用人单位工作，原用人单位已经向劳动者支付经济补偿的，新用人单位在依法解除、终止劳动合同，计算支付经济补偿的工作年限时，不再计算劳动者在原用人单位的工作年限。

（2）劳动者非因本人原因从原用人单位被安排到新用人单位工作，原用人单位未支付经济补偿，劳动者依照法律规定与新用人单位解除劳动合同，或者新用人单位向劳动者提出解除、终止劳动合同，在计算支付经济补偿或赔偿金的工作年限时，劳动者在原用人单位的工作年限应当合并计算为在新用人单位的工作年限。

3. 工作年限合并计算的影响

除经济补偿金外，工作年限合并计算还会对以下劳动标准及法律适用产生影响：

（1）当企业职工因患病或非因工负伤，需要停止工作进行医疗时，将根据本人实际参加工作年限和在本单位工作年限，给予三个月到二十四个月的医疗期。

（2）劳动者被安排至新用人单位工作，工作年限合并计算后达到连续工作满十年的，符合签订无固定期限劳动合同的条件；但是劳动者被安排至新用人单位，与新用人单位签

订劳动合同，该劳动合同是否应被视为连续订立两次固定期限劳动合同中的第二次，目前法律法规没有对此情况作出明确规定。

（3）劳动者在本单位连续工作满十五年，且距法定退休年龄不足五年的，用人单位不得依据《劳动合同法》第40条和第41条的规定解除劳动合同，不得依据第44条的规定终止劳动合同。

（4）劳动者享受用人单位规章制度规定的、与工作年限相关的病假待遇、年休假天数等。

（二）经营期限届满劳动合同不能继续履行的经济补偿

1. 经营期限届满是否能够终止劳动合同

（1）用人单位被吊销营业执照、责令关闭、撤销或者用人单位决定提前解散的，劳动合同终止，用人单位应当向劳动者支付经济补偿。但是，对于用人单位因经营期限届满解散而不再履行劳动合同的，是否属于应依法终止劳动合同的情形，《劳动合同法》对此并未予以明确规定。

（2）根据我国《公司法》等相关法律的规定，公司章程规定的营业期限届满的，除非股东通过依法修改公司章程而存续外，公司应依法解散。公司依法应当解散的，公司可以存续，但不得开展与清算无关的经营活动。因此，公司经营期限届满不再继续经营，公司与劳动者的劳动合同也无法再履行，应当属于《劳动合同法》第44条规定的"法律、行政法规规定的其他情形"，劳动合同应依法终止。

2. 经营期限届满劳动合同不能继续履行是否应支付经济补偿

用人单位经营期限届满，劳动合同不能继续履行是否应向员工支付经济补偿，我国《劳动合同法》及其配套法律法规也没有明确的条文规定，实践中各地裁判尺度不一。最高人民法院《关于审理劳动争议案件适用法律若干问题的解释（四）》进一步补充规定了《劳动合同法》，在其施行后，因用人单位经营期限届满不再继续经营导致劳动合同不能继续履行的，用人单位应当向劳动者支付经济补偿，即实际上将该等情形归入了劳动合同终止并且应当支付经济补偿的情形。

3. 经营期限届满劳动合同不能继续履行支付经济补偿的计算

（1）2008年1月1日之前因用人单位经营期限届满不再继续经营导致劳动合同不能继续履行的，用人单位无须向劳动者支付经济补偿。

（2）2008年1月1日存续的劳动合同，因用人单位经营期限届满不再继续经营导致劳动合同不能继续履行的，用人单位应当向劳动者支付经济补偿，经济补偿年限自2008年1月1日起计算。

（3）2008年1月1日之后签订的劳动合同，因用人单位经营期限届满不再继续经营导致劳动合同不能继续履行的，用人单位应当向劳动者支付经济补偿，经济补偿年限自用工之日起计算。

七、竞业限制的处理尺度

（一）竞业限制的一般规定

1. 竞业限制是为了保护用人单位的商业秘密和竞争优势，用人单位与本单位的高级管理人员、高级技术人员和其他知悉用人单位的商业秘密的劳动者约定，在劳动合同解除或终止后的一定期限内，不得到与本单位生产同类产品、经营同类业务或有其他竞争关系的用人单位任职，也不得自己生产与本单位有竞争关系的同类产品或经营同类业务。在竞业限制期间，用人单位需按月向劳动者支付经济补偿。劳动者违反竞业限制约定的，则应当按照约定向用人单位支付违约金。用人单位可以在劳动合同、保密协议中对竞业限制的相关内容作出约定，也可以通过签订竞业限制协议的方式对双方的权利义务作出约定。

2. 承担竞业限制义务的劳动者是知悉用人单位商业秘密、承担保密义务并与用人单位签署了竞业限制条款的员工，包括高级管理人员、高级技术人员和其他知悉用人单位的商业秘密的人员。通常认为，高级管理人员包括公司的经理、副经理、财务负责人、上市公司董事会秘书和公司章程规定的其他人员。因此，竞业限制条款并不适用于公司所有员工，除了符合法律规定的上述人员外，即使与其他员工签订了竞业限制条款，也会面临被认定为无效的风险。

3. 竞业限制的范围、地域、期限。竞业限制的范围、地域、期限由双方当事人约定，但仍有如下限制：

（1）范围应限于有"竞争关系"的其他用人单位的就职行为或者劳动者的自营业行为。

（2）地域应考虑用人单位在一定区域的业务影响力及市场份额。

（3）竞业限制期限不得超过两年，超过两年的竞业限制期限无效，竞业限制的期限从劳动合同解除或者终止的次日开始计算。

（二）竞业限制经济补偿金的支付标准

1. 当事人的劳动合同、保密协议、竞业限制协议中约定了竞业限制，但是未约定竞业限制补偿金，在劳动者履行了竞业限制义务的情况下，有权利向用人单位主张竞业限制补偿金，补偿金按照下列标准确定：

（1）劳动者解除或者终止前十二个月平均工资的30%。

（2）如果劳动者解除或者终止前十二个月平均工资的30%低于劳动合同履行地最低工资标准的，按照劳动合同履行地最低工资标准支付。

2. 用人单位和劳动者约定了竞业限制补偿金的情况下，可以约定经济补偿标准，但不得低于劳动合同履行地最低工资标准。

（三）竞业限制经济补偿金的支付时间

1. 竞业限制经济补偿金可以在劳动关系解除或者终止后，在竞业限制期限内按月支付给劳动者。

2. 竞业限制协议中关于竞业限制补偿金已经随工资发放的约定无效，随工资发放的"竞业限制补偿"视为工资。

（四）劳动合同的解除对竞业限制条款效力的影响

1. 在协商解除劳动合同的情况下，竞业限制协议的效力取决于双方当事人是否有明确的约定。如果双方明确约定解除劳动合同的同时也解除竞业限制协议，竞业限制协议对双方不发生约束力，双方解除劳动合同后无须履行竞业限制义务；如果双方当事人未明确约定，应当认定竞业限制协议没有解除，劳动合同解除后，双方当事人应当履行竞业限制协议。

2. 劳动者或用人单位单方解除劳动合同，并不必然导致竞业限制协议的解除，除非双方当事人另行达成了协议或者用人单位在劳动合同解除前单方解除了竞业限制协议。

（五）劳动合同的终止对竞业限制条款效力的影响

除劳动者死亡、被宣告死亡或失踪导致劳动合同终止的情形外，劳动合同的终止并不导致竞业限制协议的解除，而恰是竞业限制期限开始的时间，除非双方当事人另行约定或者用人单位在劳动合同解除前单方解除了竞业限制协议。

（六）竞业限制协议有效时双方的主要权利义务

1. 用人单位的主要权利

（1）要求劳动者在竞业限制期限内不得到与原单位有竞争关系的其他单位任职。

（2）要求劳动者不得自己生产与原单位相同种类的产品，不得自己经营与原单位相同种类的业务。

（3）劳动者违反竞业限制义务的，有权要求劳动者支付违约金。双方当事人应当在竞业限制协议中对违约金的金额作出约定，但是违约金的金额不能过分高于或低于用人单位向劳动者支付的竞业限制补偿金的金额，否则当事人有权向人民法院提出申请，请求对违约金的数额作相应的调整。对于劳动者违反竞业限制义务的期间，用人单位有权不予支付竞业限制补偿金。

（4）劳动者违反竞业限制义务，给用人单位造成损失的，如果违约金的金额不足以弥补给用人单位所造成的损失，对于高出违约金部分的损失，有权向劳动者主张赔偿责任。

2. 劳动者主要权利

在劳动者履行了竞业限制义务的情形下，有权要求用人单位支付竞业限制补偿金。

（七）竞业限制协议的解除

1. 在劳动合同解除或者终止前，双方当事人可以协商解除竞业限制协议，用人单位也有权根据自己的实际情况决定是否单方解除竞业限制协议。

（1）在竞业限制期限开始前，双方有权就竞业限制义务的解除达成一致。无论是用人单位还是劳动者，都有权主动提出协商解除竞业限制协议的动议。

（2）在竞业限制期限开始前，用人单位如认为无须劳动者履行竞业限制义务，可以单方解除竞业限制协议，无须征求劳动者的同意，只需履行解除通知义务即可。

1）单方解除竞业限制协议动议的提出方只能为用人单位。

2）用人单位单方解除竞业限制，必须通知劳动者，竞业限制协议自劳动者收到解除通知之日起解除。如双方当事人就竞业限制协议的解除发生争议，用人单位具有举证责任。

3）用人单位可以书面通知劳动者本人解除竞业限制义务，也可以向劳动争议仲裁委员会提起仲裁，主张解除竞业限制协议。

4）在竞业限制期限前，无论是双方协商解除竞业限制协议还是用人单位单方解除竞业限制协议，用人单位都可以不向劳动者支付竞业限制补偿金。

2. 在竞业限制履行过程中，双方可以协商一致解除竞业限制协议，用人单位和劳动者也可以在法定情形下，单方解除竞业限制协议。

（1）在竞业限制协议的履行过程中，双方可就竞业限制义务的解除达成一致。无论是用人单位还是劳动者都有权主动提出协商解除竞业限制协议的动议。双方协商解除竞业限制协议时，就竞业限制协议解除的时间、协议解除的条件均可以进行协商和约定，只要协商解除竞业限制协议的内容不违反法律、行政法规的强制性规定，均是合法的。

（2）当事人在劳动合同或者保密协议中约定了竞业限制和经济补偿，劳动合同解除或者终止后，因用人单位的原因导致三个月未支付经济补偿，劳动者可以书面通知用人单位，也可以直接提起劳动争议仲裁，解除竞业限制协议。在竞业限制协议解除前，劳动者已经履行部分的竞业限制期间，用人单位应当向劳动者支付竞业限制补偿金。

（3）在竞业限制期限内，用人单位可以书面通知劳动者，也可以直接提起劳动争议仲裁，解除竞业限制协议。在解除竞业限制协议时，劳动者可以要求用人单位额外支付劳动者三个月的竞业限制经济补偿。

（八）竞业限制协议的继续履行

1. 劳动者违反竞业限制约定，向用人单位支付违约金后，用人单位可以要求劳动者按照约定继续履行竞业限制义务，继续履行和支付违约金可以同时适用。

2. 竞业限制协议最长期限为两年，用人单位因劳动者违反竞业限制义务产生争议，通过仲裁、诉讼程序处理，待取得终审胜诉判决时，可能竞业限制期限已经届满。用人单位可以采取如下措施保障其自身权利：

（1）在仲裁、诉讼期间，用人单位发现劳动者违反竞业限制义务的，在仲裁和诉讼过程中，可以向法院申请行为保全，要求法院作出裁定，责令劳动者停止违反竞业限制义务的行为。

（2）当劳动者拒不执行关于继续履行竞业限制义务的生效判决时，可以申请人民法院对劳动者采取罚款、司法拘留等措施；劳动者的行为构成犯罪的，应该承担刑事责任。

八、用人单位单方解除合同未通知工会的后果

（一）需要将解除理由通知工会的情形

建立工会组织的用人单位依据《劳动合同法》第 39、40 条的规定单方解除劳动合同，应当事先将理由通知本单位工会。用人单位违反法律、行政法规规定或者劳动合同约定的，工会有权要求用人单位纠正，用人单位应当研究工会的意见，并将处理结果书面通知工会。用人单位单方解除劳动合同包括以下两种情形：

1. 用人单位在劳动者存在一定过错的情况下，用人单位无须向劳动者预告就可以单方解除劳动合同的行为。用人单位行使这项权利，事前不必得到劳动者的同意，被辞退的劳动者不享有经济补偿金。

2. 用人单位在提前三十日以书面形式通知劳动者本人，或者额外支付劳动者一个月的工资后，与劳动者依法解除劳动合同。

（二）事先通知工会的理解

1. 用人单位对解除与劳动者的劳动合同享有决定权，无须征求工会意见，但依法应当将解除理由通知工会。

2. 工会认为用人单位单方解除劳动合同是违反了法律或者劳动合同的约定，有权要求用人单位纠正。用人单位应当研究工会意见，并书面通知工会。

（三）没有建立工会的用人单位也应履行通知义务

没有建立工会的用人单位单方解除劳动合同的，应当告知并听取职工代表意见或者通知地方或行业工会。

（四）用人单位单方解除合同未通知工会的后果

用人单位解除劳动合同，未事先通知工会的，劳动者可以以用人单位违法解除劳动合同为由请求用人单位支付赔偿金；或认定解除无效，要求继续履行劳动合同。

（五）用人单位单方解除合同未通知工会的补正措施

用人单位在未履行事先通知工会义务的情况下，可以在劳动者起诉前通知工会进行补正。

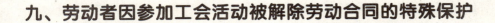

九、劳动者因参加工会活动被解除劳动合同的特殊保护

劳动者和工会工作人员因参加工会活动或者履行工会法规定的职责而被解除劳动合同的，由劳动行政部门责令单位恢复其工作，按照解除劳动合同前正常工作期间的劳动报酬和福利待遇标准补发应得的报酬。劳动者或者工会工作人员不愿恢复工作的，由劳动行政部门责令单位给予本人年收入两倍的赔偿，并按照解除劳动合同的有关规定给予经济补偿。

（一）劳动者参加工会活动的认定

劳动者参加工会活动是指劳动者参加工会会议或者从事工会工作。从事工会工作是指接受工会的安排或者以工会的名义或者协助工会所做的属于工会权利义务范围内的工作。如组织职工依法通过职工代表大会或职工大会和其他形式，参加企业民主管理和民主监督，检查督促职工代表大会或职工大会决议的执行；帮助和指导职工与企业签订劳动合同；就劳动报酬、工作时间、劳动定额、休息休假、劳动安全卫生、保险福利等与企业平等协商、签订集体合同，并监督集体合同的履行；调解劳动争议；发现用人单位侵犯职工劳动权益情形，代表职工与用人单位交涉；协助和督促企业做好劳动报酬、劳动安全卫生和保险福利等方面的工作，监督有关法律法规的贯彻执行；参与劳动安全卫生事故的调查处理等。

（二）工会人员履行工会规定职责的认定

1. 工会会员依据《工会法》及相关规定履行职责。

2. 劳动者参加工会活动视为正常出勤，用人单位不能以旷工为名与劳动者解除劳动合同。

3. 工会非专职委员或者主席占用生产或工作时间参加会议或者从事工会工作，在法律规定的时间内工资照发，其他待遇不受影响。

（三）工会主席被解除劳动合同的特殊保护

1. 工会主席、副主席任期未满时，不得随意调动其工作。因工作需要调动劳动岗位时，应当征得本级工会委员会和上一级工会的同意。

2. 基层工会专职主席、副主席或者委员自任职之日起，其劳动合同期限自动延长，延长期限相当于其任职期间；非专职主席、副主席自任职之日起，其尚未履行的劳动合同期限短于任期的，劳动合同期限自动延长至任期期满。但是，任职期间个人严重过失或者达到法定退休年龄的除外。

3. 企业工会主席因依法履行职责，被企业无正当理由解除或终止劳动合同的，上级工会要督促企业依法继续履行其劳动合同，恢复原岗位工作，按照解除劳动合同前正常工作期间的劳动报酬和福利待遇标准补发报酬；工会主席不愿恢复工作的，给予本人年收入两倍的赔偿，并给予解除或终止劳动合同时的经济补偿金。在企业拒不改正的情况下，上级工会要提请劳动行政部门责令该企业改正，直至支持权益受到侵害的工会主席向人民法院提起诉讼。对于发生劳动争议，工会主席本人申请仲裁或者提起诉讼的，应当为其提供法律援助，支付全部仲裁、诉讼费用。

4. 企业工会主席因依法履行职责，受企业解除或终止劳动合同，本人不愿意继续在该企业工作导致失业的，上级工会要为其提供就业帮助；需要就业培训的，要为其免费提供职业技能培训。在该工会主席失业期间，上级工会要按照本人原岗位工资收入给予补助，享受期限最多不超过六个月。

（四）工会工作人员被解除劳动合同的特殊保护

1. 工会委员自任职之日起，其尚未履行的劳动合同期限短于任期的，劳动合同期限自动延长至任期期满。但是，任职期间个人严重过失或者达到法定退休年龄的除外。

2. 工会委员因履行工会法规定的职责而被解除劳动合同的，由劳动行政部门责令单位恢复其工作，按照解除劳动合同前正常工作期间的劳动报酬和福利待遇标准补发应得的报酬。劳动者或者工会工作人员不愿恢复工作的，由劳动行政部门责令单位给予本人年收入两倍的赔偿，并按照解除劳动合同的有关规定给予经济补偿。

（五）普通劳动者参加工会活动被解除劳动合同的特殊保护

劳动者因参加工会活动而被解除劳动合同的，由劳动行政部门责令单位恢复其工作，按照解除劳动合同前正常工作期间的劳动报酬和福利待遇标准补发应得的报酬。劳动者或者工会工作人员不愿恢复工作的，由劳动行政部门责令单位给予本人年收入两倍的赔偿，并按照解除劳动合同的有关规定给予经济补偿。

十、患职业病和因安全生产事故受到损害的劳动者的多重保护

1. 患职业病的劳动者除依法享有工伤保险外，依照有关民事法律，尚有获得赔偿的权利的，有权向用人单位提出赔偿要求。

2. 因生产安全事故受到损害的劳动者，除依法享受工伤社会保险外，依照有关民事法律尚有获得赔偿的权利的，有权向本单位提出赔偿要求。

附录：案例

案例（一）

基本案情：

谭某于 2010 年 10 月 16 日入职甲公司，并与甲公司签订了劳动合同，劳动合同到期

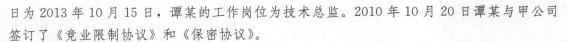

日为 2013 年 10 月 15 日，谭某的工作岗位为技术总监。2010 年 10 月 20 日谭某与甲公司签订了《竞业限制协议》和《保密协议》。

《竞业限制协议》约定的主要内容有：

1. 谭某与甲公司解除或终止劳动合同之日起两年内，未经甲公司同意，不得直接或间接自营、为他人经营与甲公司同类行业或到与甲公司有竞争关系的单位就职。

2. 谭某在职期间甲公司向谭某每月支付的工资中有 1 000 元为竞业限制补偿金。

3. 谭某不履行规定的竞业限制义务，应当承担违约责任，一次性向甲公司支付违约金为谭某离开甲公司前十二个月工资总和的 100 倍，同时谭某应当继续履行竞业限制义务。

2012 年 9 月 20 日谭某向甲公司提出辞职，其辞职理由为与甲公司合作不愉快，谭某于当天离开公司，此后一直未找到新工作，甲公司亦一直未向谭某支付竞业限制补偿金。2012 年 12 月 25 日，谭某向甲公司书面送达了《解除竞业限制协议通知书》，通知公司自收到通知书之日起，双方的竞业限制协议解除。2012 年 12 月 28 日，谭某到与甲公司有竞争关系的本案第三人——乙公司工作。谭某离职前十二个月内的平均工资为每月 1 万元。

甲公司认为谭某的行为违反了法律和《竞业限制协议》的约定，严重损害了甲公司的合法权益，应当承担相应的法律责任。为维护甲公司权益，甲公司于 2013 年 1 月向北京某仲裁委员会提出仲裁申请，主张：第一，谭某应当继续履行竞业限制协议的约定；第二，谭某应当向甲公司赔偿 1 200 万元。

就此案，谭某向律师进行了咨询，询问甲公司的申诉请求能否得到支持，就谭某提出的问题，律师审查了谭某提供的与甲公司签订的劳动合同、《竞业限制协议》、《保密协议》等，给谭某提出了如下咨询意见：

咨询分析：

1. 谭某是否符合签订竞业限制协议的主体条件

《劳动合同法》第 23 条规定：用人单位与劳动者可以在劳动合同中约定保守用人单位的商业秘密和与知识产权相关的保密事项。对负有保密义务的劳动者，用人单位可以在劳动合同或者保密协议中与劳动者约定竞业限制条款。第 24 条规定：竞业限制的人员限于用人单位的高级管理人员、高级技术人员和其他负有保密义务的人员。

根据《劳动合同法》的上述规定可知，承担竞业限制义务的劳动者是知悉用人单位商业秘密、承担保密义务并与用人单位签署了竞业限制条款的员工，包括高级管理人员、高级技术人员和其他知悉用人单位的商业秘密的人员。因此，竞业限制条款并不适用于公司所有员工，除了符合法律规定的上述人员外，即使与其他员工签订了竞业限制条款，也会面临被认定为无效的风险。

本案中，谭某在甲公司在职期间的岗位为技术总监，可见其岗位符合法定的高级管理人员、高级技术人员的范围；另外，本案中甲公司与谭某签署了专门的《保密协议》，可见谭某是知悉用人单位商业秘密的人员。因此本案中谭某符合法定的签署竞业限制协议的主体条件，甲公司能与其约定竞业限制条款。

2. 用人单位向劳动者支付竞业限制补偿金的标准

最高人民法院《关于审理劳动争议案件适用法律若干问题的解释（四）》第6条第1款规定：当事人在劳动合同或者保密协议中约定了竞业限制，但未约定解除或者终止劳动合同后给予劳动者经济补偿，劳动者履行了竞业限制义务，要求用人单位按照劳动者在劳动合同解除或者终止前十二个月平均工资的30%按月支付经济补偿的，人民法院应予支持。该条第2款规定：月平均工资的30%低于劳动合同履行地最低工资标准的，按照劳动合同履行地最低工资标准支付。

根据上述规定可知，用人单位向劳动者支付的竞业限制补偿金的金额应当符合"劳动者在劳动合同解除或者终止前十二个月平均工资的30%"和"劳动合同履行地最低工资标准"中金额较高者。

本案中，谭某在劳动合同解除或者终止前十二个月平均工资为每月1万元；谭某与甲公司解除劳动合同当年，北京市最低工资为每月1 400元。因此，甲公司向谭某支付的竞业限制补偿金应当不能低于每月三千元（1万元×30%＝0.3万元）的标准，甲公司所约定的补偿金每月1 000元的标准，约定不合法。

3. 甲公司约定向谭某支付的竞业限制补偿金随工资发放是否有效

最高人民法院《关于审理劳动争议案件适用法律若干问题的解释（四）》第6条第1款规定：当事人在劳动合同或者保密协议中约定了竞业限制，但未约定解除或者终止劳动合同后给予劳动者经济补偿，劳动者履行了竞业限制义务，要求用人单位按照劳动者在劳动合同解除或者终止前十二个月平均工资的30%按月支付经济补偿的，人民法院应予支持。

最高人民法院民一庭负责人就最高人民法院《关于审理劳动争议案件适用法律若干问题的解释（四）》答记者问时，指出竞业限制经济补偿金不能包含在工资中，只能在劳动关系结束后，在竞业限制期限内按月给予劳动者。

因此，甲公司约定的竞业限制补偿金随着谭某的工资发放的约定无效，视为甲公司未向谭某支付竞业限制补偿金。

4. 甲公司能否要求谭某履行竞业限制义务

如上所述，甲公司约定的竞业限制补偿金随着谭某的工资发放的约定无效。因此谭某从甲公司离职后，在谭某遵守了竞业限制的情况下，甲公司应当另行按照不低于每月3 000元的标准向谭某支付竞业限制补偿金。

最高人民法院《关于审理劳动争议案件适用法律若干问题的解释（四）》第8条规定：当事人在劳动合同或者保密协议中约定了竞业限制和经济补偿，劳动合同解除或者终止后，因用人单位的原因导致三个月未支付经济补偿，劳动者请求解除竞业限制约定的，人民法院应予支持。

本案中，谭某于2012年9月20日与甲公司解除了劳动关系。直至2012年12月27日之前一直未就业，但是甲公司在这三个月内从未向谭某支付过竞业限制补偿金。根据上述司法解释的规定，因用人单位的原因导致三个月未支付经济补偿的，劳动者有权解除竞业

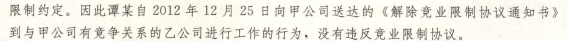

限制约定。因此谭某自 2012 年 12 月 25 日向甲公司送达的《解除竞业限制协议通知书》到与甲公司有竞争关系的乙公司进行工作的行为，没有违反竞业限制协议。

综上，甲公司不能要求谭某继续履行竞业限制义务。

5. 双方约定的竞业限制违约金金额是否合理

《合同法》第 114 条第 2 款规定：约定的违约金过分高于造成的损失的，当事人可以请求人民法院或者仲裁机构予以适当减少。本案中竞业限制协议中约定的违约金为谭某离开甲公司前十二个月工资总和的 100 倍，属于约定的违约金金额过高的情形，是不合理的。但是因为谭某单方解除竞业限制协议合法有效，甲公司要求谭某支付竞业限制补偿金的请求不能得到支持，因此本案不会涉及法院对违约金的金额进行合理性审查的问题。

案例（二）

基本案情：

高某于 2012 年 11 月 10 日入职某黄金制品公司担任销售工作，双方签订了为期三年的劳动合同，约定试用期六个月，试用期基本工资 3 200 元/月，试用期满后基本工资4 000 元/月，另外根据销售业绩发放提成工资。高某入职后公司一直未给高某办理社会保险，并时常发生拖欠工资的情形。2013 年 3 月 28 日，高某向公司提出辞职，2013 年 3 月31 日与公司办理了离职交接手续，但是公司拒绝支付高某 2、3 月份工资 15 300 元，也不给高某开具离职证明。后高某多次与公司联系，要求公司支付拖欠工资和开具离职证明未果。2013 年 5 月 7 日，高某来到某律师事务所咨询解决方案，某律师事务所指派甲律师接受了高某的咨询。甲律师与高某详细沟通了案件情况，并审查了高某提供的劳动合同和银行打印的工资发放明细。

咨询意见：

甲律师认为公司未为高某办理社会保险、拖欠工资以及拒绝开具离职证明的行为侵犯了高某的合法权益，高某有权要求公司补缴社保、支付解除劳动合同的经济补偿、清偿拖欠的工资以及开具离职证明。由于补缴社保争议不属于劳动争议受理范围，因而甲律师建议高某直接向公司所在地的社保征缴机构投诉解决。对于其他争议事项，甲律师给出了两种解决方案，一是向公司所在地的劳动争议仲裁机构申请仲裁解决；二是向公司所在地的劳动监察部门投诉解决。同时甲律师提示高某，劳动争议案件的仲裁时效为一年，实行"一裁两审"制度，案件审理周期可能比较长；而用人单位违反劳动保障法律、法规或者规章的行为自发生之日起在两年内被劳动监察部门发现，或被劳动者举报、投诉的，劳动监察部门有权查处，劳动监察部门的调查一般在立案之日起六十个工作日内完成，情况复杂的经批准可以延长三十个工作日，处理周期相对较短。

处理结果：

高某综合考虑甲律师给出的解决方案后，决定向公司所在地的劳动监察部门投诉。2013 年 7 月 4 日，高某告知甲律师劳动监察部门调查立案后，公司已经补缴了社保，支付了解除劳动合同的经济补偿和拖欠的工资，并为其开具了离职证明。

本节思考题

1. 律师应当要求劳动者提供哪些证据证明与用人单位存在劳动关系？
2. 劳动者提供证据材料时，律师应当注意核实证据材料的哪些情况？
3. 劳动者对仲裁裁决不服的起诉期限是多少？
4. 律师经审查发现劳动者的请求超过仲裁时效的是否还有其他救济途径？
5. 加班工资、未休年休假工资、未签订劳动合同双倍工资争议分别适用哪种仲裁时效？
6. 劳动争议案件的权利救济途径有哪些？
7. 常见的不属于劳动争议的案件有哪些？应当通过哪些途径解决？
8. 不同类别的社会保险争议的救济方式有哪些？
9. 竞业限制的主体和期限有无限制？
10. 竞业限制补偿金的标准如何确定？
11. 劳动合同的解除和终止与竞业限制协议效力的关系？
12. 竞业限制的解除有哪些情形？
13. 用人单位单方解除合同未通知工会的法律后果是什么？
14. 因工会活动被解除，劳动合同的特殊保护有哪些？

■ 第三节　为用人单位提供法律咨询

一、全面了解用工的合法性

（一）全面了解用人单位（含用工单位，下同）用工情况

1. 用人单位的性质及注册登记情况。
2. 用工方式。
3. 用人单位是否制定规章制度、制定和送达程序、主要规章制度种类。
4. 招聘流程、招聘广告发布、面试流程、录用通知内容以及发放。
5. 劳动合同签订、履行、变更、解除与终止情况。
6. 劳动报酬发放周期、方式，是否符合最低工资规定，是否存在克扣拖欠。
7. 工作时间、考勤管理、加班制度、加班待遇给付标准、国家法定休假如年休假、医疗期、产假等规定落实情况。
8. 商业秘密、竞业限制制度是否建立健全，有哪些具体措施。

9. 社会保险基本信息、住房公积金基本信息、补充养老保险与补充医疗保险信息。

10. 发生劳动监察投诉、劳动争议仲裁、诉讼的情况，所咨询案件的进展、劳动者的基本情况、员工诉求、争议事实。

11. 用人单位劳动争议调解组织设立情况。

12. 是否组建工会、会费拨付和使用、工会参与民主管理情况。

13. 其他。

（二）提示法律风险

1. 律师向用人单位提示法律风险，可以采用口头形式、书面形式。采用口头形式的，应注意做好书面会议记录；采用书面法律意见书形式的，应有律师签字，并根据律师事务所管理规定以及客户的要求决定是否加盖律师事务所公章；采用传真送达客户的，应保留传真记录；采用邮件送达客户的，应注意保存邮件发送记录。

2. 风险提示应包括客户提供的案件事实、资料、文件；律师分析的法律风险事项；用人单位可能承担的法律责任，包括个案的责任以及可能引起的连锁反应；律师风险分析意见的法律依据。存在多项法律风险的，应分项说明提示。

3. 在法律风险提示中，律师应注意使用法律语言，明确、准确、精练，避免使用"推测"、"估计"、"可能"、"也许"等含糊不清的词语；避免使用口语表达方式；避免使用可能有两种以上含义或者理解的词语。

4. 根据客户需要，可以使用汉语以外的其他语言，但考虑到劳动关系的法律适用受到地域的严格限制，中文和普通话的使用应当受到提倡。

二、提供建议和意见

（一）纠正违法行为

对于劳动监察、仲裁、诉讼案件，应在充分了解员工情况、诉求、争议事实的基础上，准确分析判断用人单位存在的法律风险。用人单位确实存在违法行为的，应建议用人单位及时纠正。对已经发生的争议，可以采用和解方式解决，以避免仲裁、诉讼所带来的法律风险。

（二）预防潜在争议

对于用人单位尚未发生的潜在争议案件，应建议用人单位有针对性地依法采取预防措施，尽可能降低员工提出劳动监察投诉、仲裁、诉讼的风险。

（三）弥补制度缺陷

1. 律师发现用人单位规章制度不合法的，包括制定程序不合法、告知或者公示程序不合法、内容不合法或者严重不合理的，应建议用人单位修改规章制度内容，完善制定和送达程序，纠正违法行为，依法用工。

2. 律师发现用人单位规章制度存在以下情形的，应建议用人单位通过梳理、补充、重新制定等方式予以完善，避免发生争议：

（1）重要的规章制度缺失，如考勤制度、奖惩制度、薪酬管理制度等，应建议用人单位立即按照法定程序制定相应的规章制度。

（2）制度内容严重缺失，如用人单位虽有奖惩制度，但其中对于员工违纪情形以及相应的处理措施没有规定，发生员工违纪时无法作出相应处理，极易引发争议。应建议用人单位立即完善相关内容。

（3）制度内容缺乏可操作性的，应当建议用人单位根据本单位劳动用工管理的实际情况和需要予以细化。

（4）不同规章制度内容之间存在矛盾冲突，应在互相矛盾的规章制度中进行比对，将其中更为合理的内容予以保留，对其他规章制度进行修改，统一标准，使规章制度在内容上一致。

（四）提示案件影响

律师应充分了解劳动争议案件所特有的示范效应，并向用人单位说明个案的处理结果对于用人单位劳动用工管理可能带来的连锁反应，甚至通过一个案件对用人单位用工管理的某个方面作出整体性的否定裁决。

三、劳动案件特殊事项的提示

（一）劳动争议案件处理程序

1. 用人单位与劳动者发生劳动争议，除以下"2."所述四种法定情形外，当事人都应首先向劳动争议仲裁委员会提出仲裁，当事人对仲裁裁决不服的，可以向有管辖权的人民法院提起诉讼。

2. 在以下情形中，一方当事人不履行调解协议的，另一方当事人无须经过仲裁，可以直接向人民法院申请强制执行：

（1）经过劳动争议调解组织的调解达成调解协议，且调解协议经过公证机关被赋予强制执行效力的；

（2）经过企业劳动争议调解委员会调解达成调解协议，且依据《企业劳动争议协商调解规定》向劳动争议仲裁委员会申请并得到仲裁确认的；

（3）经过劳动争议调解组织的调解达成调解协议，且依据《民事诉讼法》向人民法院申请并得到司法确认的；

（4）经过劳动争议调解组织的调解，用人单位与劳动者就劳动报酬、工伤医疗费、经济补偿金和赔偿金争议达成调解协议，用人单位在约定期限内不履行，劳动者向人民法院申请支付令，用人单位在规定期限内未提出异议，或者虽提出异议但经人民法院审查异议不成立的。

3. 追索劳动报酬、工伤医疗费、经济补偿或者赔偿金，不超过当地月最低工资标准十二个月金额的争议以及因执行国家的劳动标准在工作时间、休息休假、社会保险等方面发生的争议，适用一裁终局制度。仲裁裁决为终局裁决，裁决书自作出之日起发生法律效力。

4. 劳动争议仲裁时效为一年，自当事人知道或者应当知道其权利受到侵害之日起计算；劳动关系履行期间就劳动报酬发生争议的，不受一年仲裁时效限制；劳动关系终止的，自终止之日起适用一年仲裁时效。

5. 由基层人民法院和它派出的法庭审理的简单民事案件，标的额为各省、自治区、直辖市上年度就业人员年平均工资 30% 以下的，实行一审终审。

6. 劳动争议仲裁的答辩期为十天。

7. 劳动争议仲裁委员会作出裁决后，当事人不服裁决的，可分别向人民法院起诉。对仲裁裁决不服，但在规定的起诉期限内未提出起诉或者起诉后又撤诉的，不能在劳动争议诉讼案件的审理过程中提出反诉。

（二）积极应诉

1. 在争议发生前、发生后，用人单位可以主动将争议提交企业劳动争议调解委员会、基层人民调解组织或者其他具有劳动争议调解功能的调解组织进行调解，也可以应劳动者的要求、调解组织的要求参与调解。

2. 尽管有诉讼作为对仲裁裁决不服的救济渠道，但是用人单位不能放弃在仲裁程序中的抗辩权。

3. 对于人民法院发出的支付令，应依法行使抗辩权，提出异议。

（三）地域差异

律师应当提示用人单位，在跨地区用工时，应注意各地区在劳动用工管理以及争议处理方面的不同规定，根据用人单位所在地、劳动合同履行地的不同法规政策，合理确定用人单位的劳动用工管理制度，妥善处理劳动争议纠纷。

特别需要注意的地域差异主要表现在几个方面：

1. 加班管理问题。各地的差异集中在在关于加班工资基数、支付周期、不定时工时制员工是否适用加班工资规定、加班事实举证责任分配等方面。比如，对于经批准执行不定时工时制的员工以及高管人员，北京规定不执行加班工资规定；但上海规定不定时工时制员工在法定节假日加班的，用人单位需支付加班工资。

2. 年休假。区域差异主要集中在年休假适用范围、累计工作年限计算标准、未休年假补偿给付条件等方面。比如上海、江苏都规定非全日制员工不适用年休假规定。浙江规定用人单位确因工作需要不能当年安排年休假，次年安排补休时，劳动者不同意补休，主张未休年休假工资的，不予支持。

3. 竞业限制。不同地区的差异主要在未约定经济补偿的竞业限制协议效力认定、经济补偿的标准、竞业限制协议无效、解除等。

4. 劳动合同。不同地区规定的差异主要体现在劳动合同终止程序、无固定期限劳动合同的签订条件、劳动者解除合同的违约责任等方面。

5. 病假待遇。基本是两大类，一类是按照最低工资的80%确定病假工资待遇的最低标准，如北京、浙江、广东；另一类是参照《劳动保险条例》的规定执行，如上海。

6. 社会保险缴纳比例。各地关于社会保险用人单位和个人缴费比例都有不同规定。

附录1：部分地区社会保险缴费比例

部分地区社会保险缴费比例比较

险种 / 省份	养老		医疗		失业		工伤		生育	
	单位	个人	单位	个人	单位	个人	单位	个人	单位	个人
北京	20%	8%	10%	2%+3元	1%	0.2%	0.2%—3%	0	0.8%	0
上海	22%	8%	12%	2%	1.7%	1%	0.5%—3%	0	0.8%	0
浙江	14%	8%	11.5%	2%	2%	1%	0.3%—1%	0	0.6%—1.2%	0
江苏	20%—22%	8%	9%	2%	2%	1%	0.5%—1.2%	0	0.6%—1%	0
广东	20%	8%	8%	2%	2%	1%	0.4%	0	0.8%—1%	0

附录2：案例

基本案情：

李某于2006年10月入职甲公司，双方签订了自2007年8月1日至2008年7月31日的劳动合同，约定李某月基本工资为1 000元，甲公司每月20日发放李某上月工资。劳动合同到期后双方未续签，李某一直在甲公司工作。2009年3月，李某提起仲裁，要求甲公司支付2008年9月至2009年2月未签订劳动合同的二倍工资12 886元。

甲公司收到仲裁申请书等相关材料后，就是否应向李某支付未签订劳动合同的二倍工资问题向律师进行咨询。

咨询意见：

咨询律师认为本案的争议焦点在于：劳动合同期满后，劳动者仍在原用人单位工作，原用人单位未表示异议，但又未办理终止或续订劳动合同的，该如何处理？

《劳动合同法》规定劳动合同期限届满，劳动合同终止。但对劳动者仍在原用人单位工作，是认定为续延原劳动合同还是新建立劳动关系，没有明确规定。但根据《劳动合同法》关于终止的立法意图，此种情形下，用人单位未表示异议的，应视为一个新建立的劳动关系。《劳动合同法》第 7 条规定，"用人单位自用工之日起即与劳动者建立劳动关系"，可以理解为从劳动者继续工作之日起，双方便建立了新的劳动关系，用人单位应该及时与劳动者签订劳动合同，而不能认定为原劳动合同自动续延。本案中，李某与甲公司的劳动合同到 2008 年 7 月 31 日到期终止，李某继续在甲公司工作，甲公司未表示异议，双方应视为建立新的劳动关系，应当签订劳动合同。因此，由于甲公司未及时与李某签订劳动合同，李某可以依据《劳动合同法》第 82 条的规定向甲公司主张未签订劳动合同的二倍工资。

审理结果：

仲裁裁决：双方劳动合同自 2008 年 7 月 31 日终止，所以自 2008 年 8 月 1 日起，双方实际上建立了新的劳动关系，因此裁决甲公司支付自 2008 年 9 月 1 日至 2009 年 2 月 28 日未签订劳动合同的二倍工资。

法院判决：甲公司应自劳动合同期满的次日（2008 年 8 月 1 日）起向李某每月支付二倍工资。仲裁裁决 12 717 元的数额不高于法律规定，且李某同意该仲裁裁决，因此判决甲公司支付李某未签订劳动合同的二倍工资。

本节思考题

1. 应从哪几方面确认单位用工的合法性？
2. 应当从哪些方面向用人单位提供建议和意见？
3. 劳动争议特殊的处理程序有哪些？
4. 如何处理劳动争议地域差异所引发的问题？

第二章

参与劳动争议调解

通过本章的学习，你应当掌握：

1. 劳动争议调解的基本含义

2. 劳动争议调解机构

3. 劳动争议调解的程序

4. 劳动争议调解协议的效力

5. 劳动争议调解协议司法确认的程序及后果

6. 可申请支付令的劳动争议调解协议

■ 第一节 调解组织

一、用人单位的劳动争议调解组织

（一）企业劳动争议调解委员会

1. 企业设立劳动争议调解委员会的条件：

（1）大中型企业应当依法设立劳动争议调解委员会，并配备专职或者兼职工作人员。

（2）有分公司、分店、分厂的企业，可以根据需要在分支机构设立劳动争议调解委员会，也可以根据需要在车间、工段、班组设立调解小组。

（3）总部劳动争议调解委员会指导分支机构调解委员会开展劳动争议预防调解工作。

（4）小微型企业可以设立劳动争议调解委员会，也可以由劳动者和企业共同推举人员，开展调解工作。

2. 劳动争议调解委员会的组成：

（1）由劳动者代表和企业代表组成，人数由双方协商确定，双方人数应当对等。

（2）劳动者代表由工会委员会成员担任或者由全体劳动者推举产生，企业代表由企业负责人指定。

（3）主任由工会委员会成员或者双方推举的人员担任。

3. 劳动争议调解委员会职责：

（1）宣传劳动保障法律、法规和政策；

（2）对本企业发生的劳动争议进行调解；

（3）监督和解协议、调解协议的履行；

（4）聘任、解聘和管理调解员；

（5）参与协调履行劳动合同、集体合同、执行企业劳动规章制度等方面出现的问题；

（6）参与研究涉及劳动者切身利益的重大方案；

（7）协助企业建立劳动争议预防预警机制。

4. 调解员的任职条件与职责：

调解员由劳动争议调解委员会聘任的公道正派、联系群众、热心调解工作，具有一定劳动保障法律政策知识和沟通协调能力的本企业工作人员担任，调解委员会成员均为调解员。调解员的聘期至少为一年，可以续聘，其履行下列职责：

（1）关注本企业劳动关系状况，及时向调解委员会报告；

（2）接受调解委员会指派，调解劳动争议案件；

（3）监督和解协议、调解协议的履行；

（4）完成劳动争议调解委员会交办的其他工作。

5. 由用人单位负责为劳动争议调解委员会提供办公场所等办公条件和保障必要的工作经费。

6. 人力资源和社会保障行政部门和劳动争议仲裁委员会指导企业劳动争议调解委员会开展劳动争议预防调解工作。

（二）企业事业单位设立的人民调解委员会

1. 企业事业单位根据需要设立人民调解委员会，人民调解委员会由委员三至九人组成，设主任一人，必要时，可以设副主任若干人。根据需要，可以车间等为单位，设立调解小组。

2. 人民调解委员会委员由职工大会、职工代表大会或者工会组织在公道正派、联系群众、热心调解工作，具有一定法律知识、政策水平和文化水平的企业员工中推选产生。人民调解委员会的调解委员调离本企业或需要调整时，应由原推选单位或组织按规定另行推举或指定。委员每届任期三年，可以连选连任。

3. 用人单位负责为企业人民调解委员会提供办公场所等办公条件和必要的工作经费。

4. 县级司法行政机关负责指导本行政区域内用人单位的人民调解委员会的调解工作，基层人民法院进行业务指导。

（三）用人单位劳动争议调解组织的设立程序

1. 用人单位调解组织名称由"所在用人单位名称"和"劳动争议调解委员会"或"人民调解委员会"两部分内容依次组成。

2. 建立各项劳动争议调解制度，包括调解组织委员的工作职责、调解组织受理争议的范围、调解工作流程、调解员工作纪律、调解员岗位职责、调解员培训制度、调解工作统计和档案管理制度等。

3. 用人单位设立的调解组织为群众性组织，无须向工商、民政等机关进行设立登记，但应向上级工会或者企业所在地地方工会、地方劳动争议仲裁委员会报告企业调解组织设立情况，调解委员名单应报送地方总工会和地方劳动争议仲裁委员会备案。

4. 按照司法部的统一要求，由各省、自治区、直辖市司法厅（局）基层处以及新疆生产建设兵团司法局基层处定制规范的人民调解标识和人民调解员徽章。

二、依法设立的基层人民调解组织

（一）设立条件

1. 基层人民调解组织由人民调解委员会委员和人民调解员组成，其中委员三至九人，且应当尽可能为单数。

2. 村民委员会、居民委员会负责为人民调解委员会提供办公场所等办公条件和必要的工作经费。

（二）设立程序

1. 基层人民调解委员会名称由"所在村民委员会、居民委员会名称"和"人民调解委员会"两部分内容依次组成。

2. 基层人民调解委员会委员应当有妇女成员，多民族居住的地区应当有人数较少民族的成员。委员由村民会议或者村民代表会议、居民会议推选产生。

3. 委员会设主任一人，必要时，可以设副主任若干人。

4. 建立各项人民调解制度，包括人民调解委员会委员的工作职责、人民调解委员会受理争议的范围、人民调解工作流程、人民调解员工作纪律、人民调解员岗位职责、人民调解员培训制度、人民调解工作统计和档案管理制度等。

5. 人民调解员由公道正派、联系群众、热心调解工作，具有一定法律知识、政策水平和文化水平的成年公民担任，且由人民调解委员会委员和人民调解委员会聘任。

6. 基层人民调解委员会根据需要，可以自然村、小区（楼院）等为单位，设立人民调解小组，聘任人民调解员。

7. 基层人民调解组织属于群众性组织，无须向工商、民政等机关进行设立登记，但应向所在地县级司法行政机关报告人民调解委员会设立以及人员组成等情况。

8. 按照司法部的统一要求，由各省、自治区、直辖市司法厅（局）基层处以及新疆生产建设兵团司法局基层处定制规范的人民调解标识和人民调解员徽章。

（三）主管单位

县级司法行政机关负责指导本行政区域内村民委员会、居民委员会人民调解委员会的人民调解工作，基层人民法院进行业务指导。

三、乡镇、街道设立的具有劳动争议调解职能的组织

（一）设立条件

1. 用人单位所在地或劳动合同履行地的乡镇、街道设立的具有劳动争议调解职能的

组织也是劳动争议调解组织的组成部分。

2. 乡镇、街道负责为乡镇、街道设立的具有劳动争议调解职能的组织提供办公场所等办公条件和必要的工作经费。

（二）名称、组成、设立程序

1. 乡镇、街道设立的具有劳动争议调解职能的组织的名称由"所在乡镇、街道行政区划名称"和"人民调解委员会"两部分内容依次组成。

2. 人民调解员由公道正派、联系群众、热心调解工作，具有一定法律知识、政策水平和文化水平的成年公民担任。人民调解员应当具备高中以上文化程度，且由人民调解委员会委员和人民调解委员会聘任。人民调解员包括：

（1）本乡镇、街道辖区内设立的村民委员会、居民委员会、企业事业单位的人民调解委员会主任；

（2）本乡镇、街道的司法助理员；

（3）在本乡镇、街道辖区内居住的懂法律、有专长、热心人民调解工作的社会志愿人员。

3. 乡镇、街道设立的具有劳动争议调解职能的组织根据需要，可以在特定场所设立人民调解工作室。人民调解工作室名称由"人民调解委员会名称"、"派驻单位名称"和"人民调解工作室"三部分内容依次组成。

4. 乡镇、街道设立的具有劳动争议调解职能的组织的人员组成、调解制度建设、报告机构、标识徽章定制及主管机关参见本节第二目依法设立的基层人民调解组织。

■ 第二节　调解程序

一、调解申请书

（一）申请调解的形式

1. 申请人口头申请调解的，调解委员会应当当场记录申请人和被申请人的基本情况、申请调解的争议事项、申请事项的事实和理由、申请时间等，并由申请人签署姓名。

2. 申请人书面申请调解的，应当向调解委员会提交申请书，并按照被申请人的人数提供相应副本。申请书应当载明申请人和被申请人的基本情况、申请调解的争议事项、申请事项的事实和理由，并签署姓名或加盖公章，写明日期，列明附件目录。

3. 调解委员会可以主动对劳动者与用人单位（以及用工单位）之间的劳动争议纠纷进行调解，并记录各方当事人的基本情况、各方当事人所争议的事项、争议事项的事实和理由等，但当事人一方明确表示拒绝进行调解的，调解委员会不得调解。

（二）调解申请书的内容

1. 各方当事人的基本情况：

（1）劳动者：姓名、性别、出生日期、民族、工作单位及工作岗位、户籍所在地、经常居住地、联系地址、联系电话等。

（2）用人单位：名称、法定代表人或者负责人姓名及职务、住所、联系电话等。

（3）用工单位：名称、法定代表人或者负责人姓名及职务、住所、联系电话等。

2. 申请事项一般包括劳动关系确认、未签订书面劳动合同双倍工资差额、劳动报酬（包括工资、各种奖金、加班费等）、未休年休假工资补偿、解除或终止劳动合同的经济补偿、违法解除或终止劳动合同赔偿金、违法解除或终止劳动合同要求继续履行劳动合同、补发相关福利待遇等，涉及数额的，应当明确计算方式。

3. 申请事项的事实及理由：

（1）基本事实包括入职时间、劳动关系建立时间、工作岗位、工作地点、工时制度、工资标准及发放周期和发放形式、劳动合同签订情况、劳动关系解除或终止时间、最后工作日等。

（2）争议事实包括争议的发生时间、详细经过、持续时间、处理结果等。

（3）申请理由包括申请事项所依据的法律规定、劳动合同约定、规章制度规定，以及被申请人应当承担的法律责任等。

4. 申请书应载有申请时间、劳动者本人亲笔签名、用人单位加盖公章及法定代表人签章，并附有相关证据材料。

二、调解协议书的内容

（一）当事人的基本情况

1. 当事人一方为劳动者的，应当按照调解申请书及劳动者的居民身份证、户口本等身份证件，在调解协议书中载明劳动者的姓名、性别、身份证号码、民族、职业、工作单位和住址等情况。

2. 当事人一方为企业、个体经济组织、民办非企业单位等组织（包含依法成立的会计师事务所、律师事务所等合伙组织和基金会）以及国家机关、事业单位、社会团体等用人单位的，应当按照单位提供的营业执照、登记证书、法定代表人（或负责人）身份证明等，在调解协议书中载明单位名称、地址及其法定代表人（或负责人）的姓名、职务。

3. 当事人一方或者双方可以委托律师或者其他公民作为其代理人参与调解。委托代理人参加调解的，应当按照委托代理人提交的授权委托书、身份证件或工作证件、律师事务所出庭函等委托手续，在调解协议书中载明其委托代理人的姓名、性别、身份证号码、民族、工作单位、职务和住址等情况。代理人是律师的，载明律师事务所名称和律师姓名。

（二）争议事项

调解协议书应当按照调解委员会规定的受理范围和申请人的具体请求事项，明确载明双方的争议事项。

（三）调解结果

劳动争议案件调解的结果分为两种，一种是在法定期限内调解成功，另一种是在法定期限内未调解成功，其后续处理见本节第四目。

1. 对于调解成功的案件，除法律另有规定外，调解委员会应当制作调解协议书。调解协议书应当载明调解结果，即经调解委员会调解，就争议事项双方当事人自愿达成协议的具体权利义务内容。

2. 当履行义务内容涉及货币支付时，为避免履行过程中双方当事人产生争议，调解协议书还应当载明以下各项内容：

（1）调解协议书应当载明支付项目及其金额；有多个支付项目的，应当分别载明支付项目及其对应的金额；一揽子解决所有争议支付一笔金额的，应当列明包含的支付项目。

（2）明确支付金额的个人所得税承担及代扣代缴方式。涉及个人因与用人单位解除劳动关系而取得的一次性补偿收入在当地上年职工平均工资三倍数额以内的部分及工伤保险待遇等免征个人所得税。

3. 调解协议书应当载明支付方式。以银行转账支付的，还应当载明收款人的开户银行及账号。

4. 调解协议书应当载明履行义务一方的履行时间或期限，义务有多项的，应当按照履行顺序分别载明履行时间或期限。

（四）当事人签名或盖章、调解员签名、调解委员会印章

调解协议书由双方当事人签名或者盖章，经调解员签名并加盖调解委员会印章后生效。签名或盖章应注意以下事项：

1. 书写签名有困难的当事人可以在调解协议书上摁手印，具有与签字或者盖章同等的法律效力。

2. 一方或者双方当事人有委托代理人且经过特别授权的，委托代理人可以代为签名。

3. 签名应使用碳素笔，不可使用油性笔，摁手印及加盖印章应当清晰可辨认。

4. 调解委员会印章应在最后一页右下角。为避免可能发生的争议，调解协议两页纸以上的，应加盖骑缝章。

（五）调解协议生效时间

双方当事人达成调解协议签字盖章之日一般即是调解协议生效之日。调解日期关系到

调解协议的义务履行期限、申请司法确认期限的起算等问题，因此调解协议书必须明确记载调解协议签订时间。

（六）对于当事人放弃权利的释明

1. 双方当事人达成调解协议书的前提，往往是一方或双方当事人对其享有的合法权利作出一定让步，为达到息讼止争的目的，调解委员会或律师应当向双方当事人释明一旦达成协议将放弃进一步提出索赔的权利。

2. 调解协议书中可以作出如下放弃权利释明：双方当事人确认知悉调解协议书各项费用的法定计算标准，对调解协议书约定的支付标准及金额等没有任何不明白或者异议，并且确认，在付款方根据上述约定支付有关款项后，收款方和其授权代理人放弃就本案争议事项对付款方及其关联方、分支机构的任何索赔权利，包括现金及非现金请求。

（七）争议管辖

调解协议中应当明确调解协议履行过程中发生争议所可能引发的仲裁或者诉讼管辖地。

（八）协议份数及效力

调解协议书一般至少三份，由双方当事人各执一份，调解委员会留存一份。三份调解协议书具有同等法律效力。

（九）其他

调解协议书还应当编写和注明案号。

三、承诺书

（一）承诺书内容

1. 双方当事人出于解决纠纷的目的自愿达成协议，没有恶意串通、规避法律的行为，没有损害国家利益、社会公共利益和案外人的合法权益。

2. 如果因为该协议内容而给他人造成损害的，愿意承担相应的民事责任和其他法律责任。

（二）当事人签章

承诺书应当由双方当事人签字或者盖章确认。

（三）日期

双方当事人在承诺书上签字或者盖章确认的同时，还应当签署签字的时间。承诺书与调解协议书应当同时签署。

（四）法律后果

承诺书对承诺人具有法律约束力。承诺人不履行承诺或作出虚假承诺的，需要依法承担相应的法律责任。如果当事人作出虚假承诺，人民法院在审理确认调解协议案件中经审查发现当事人之间恶意串通，企图通过调解方式侵害他人合法权益的，将作出驳回申请的裁定，并可依法根据情节轻重予以罚款、拘留；构成犯罪的，将依法追究刑事责任。

四、逾期未达成调解协议的依法申请仲裁

（一）调解委员会的调解期限

1. 调解委员会调解劳动争议案件，应当在十五日内调解结束，到期未达成协议的，调解委员会应当结束调解。

2. 调解期限应当自调解委员会收到调解申请之日起以自然日、日历日计算。

3. 如果调解委员会有延长调解期限的相关规定，且双方当事人均同意延长调解期限的，调解期限可以适当延长。

（二）调解期限届满未达成协议的，当事人可以申请仲裁

1. 双方当事人在法定期限内未达成调解协议的，调解委员会可以制作调解终结书，由调解员签名，并加盖调解委员会印章，调解终结书一式三份，双方当事人各执一份，调解委员会留存一份。

2. 调解委员会可以不制作调解终结书，但需要将双方当事人未达成调解协议的情况记入调解笔录。

3. 发生劳动争议后当事人申请调解，但在法定期限内调解不成的，当事人可以向劳动争议仲裁委员会申请仲裁。

（三）调解期限与仲裁时效的关系

调解期限届满，调解委员会未达成调解协议的，当事人可以依法申请仲裁。仲裁时效从调解期限届满之日起重新计算。

五、劳动争议调解协议的效力

（一）劳动争议调解协议的形式

1. 当事人经调解达成一致可以订立口头调解协议，但需要符合以下条件：

（1）如果任何一方当事人不同意，都不能采用口头协议方式，必须按照各方当事人的

协议内容出具书面调解协议。

（2）口头调解的内容通常有两种情况：1）协议内容无实际可履行内容，比如经过调解，申请人放弃诉求，但不想或者不能来办理撤销申请手续的。2）调解协议以款项给付为主要内容，也可以是其他行为内容如签订劳动合同，但应当可以即时结清、履行。

不能即时结清的或者需要分期支付或履行的，最好不采用口头协议方式，避免纠纷。

（3）在调解过程中，不论调解成功与否，调解员都应当如实记录调解的全部内容以及各方实际履行的情况，包括给付款项数额、时间、交接人员等。调解笔录应当有当事人签字，调解员也应当在调解笔录上签署名字和日期。当事人因为各种原因不愿意或者不能在调解笔录上签字，调解员应当在笔录中作出记载。

（4）接受款项的一方应当出具收据，原件交支付款项方留存；如果接受款项一方不能出具收据的，付款方通过转账、汇款方式支付，留存转账、汇款底单；对于其他履行行为如签订劳动合同，双方当事人各存一份正本。所有履行凭证的复印件都应当附在调解委员会卷宗中备查，作为调解成功和结案的依据。

2. 经调解成功的纠纷，有民事权利义务内容的，或者当事人要求制作书面调解协议的，应当制作书面调解协议。

（二）劳动争议调解协议的效力

1. 调解委员会经调解达成的书面调解协议，同时符合以下各项条件后生效：

（1）当事人具有完全民事行为能力。劳动者一方如果是无民事行为能力或者限制民事行为能力人，应当由法定监护人参与调解并签署调解协议。

（2）意思表示真实。任何一方当事人如受到胁迫、利诱签署调解协议，或者协议内容显失公平，则应当认定协议不是当事人真实意思表示。

（3）调解内容不违反法律、行政法规的强制性规定或者社会公共利益。如协议不得约定免除用人单位缴纳社会保险义务。

（4）协议形式合法：1）调解协议应当由各方当事人或其授权的签字代理人签名或者盖章。2）参与调解的调解员与书记员均应当签名。3）调解协议应加盖调解委员会印章，印章应在最后一页右下角。调解协议两页纸以上的，应加盖骑缝章。

（5）调解协议自各方当事人签署之日生效；协议另有约定，从约定。调解委员会经调解达成的口头调解协议，在协议达成之日生效；无法确定口头协议达成之日的，应以调解委员会调解笔录中记载的日期为准。

2. 调解协议具有合同效力。

（1）劳动争议调解协议属于劳动关系相关各方就劳动关系履行、解除、终止过程中针对特定事项的权利义务达成的协议，具有民事合同效力，可以确认或者取代各方此前关于该特定事项的其他协议。

（2）在未经法定程序被赋予强制执行效力以前，调解协议不具有强制执行的法律效力。调解协议具有可履行的具体权利义务的，需要双方当事人自觉履行。一方不自觉履行调解协议的，另一方不能依据调解协议向人民法院申请强制执行。

3. 作为不具有强制执行效力的调解协议，需要承担履行义务的一方当事人主动、自觉、全面、恰当地履行。

（1）当事人应当在调解协议约定的期限内履行。延期履行的，构成违约，应当按照协议约定承担违约责任，或者按照法律规定承担法律责任。

（2）当事人履行义务的内容应当符合调解协议的约定，约定支付义务的，应全额支付，不能部分支付；协议约定多项履行内容的，应全部履行各项义务。

（3）协议约定一次性履行的，不应当分段履行；协议约定以现金给付的，不能以实物折抵。

4. 调解协议内容经各方协商一致可以变更，协议变更可以在调解委员会组织下进行，也可以由各方当事人自行协商达成，变更内容应形成书面协议，各方签字盖章。

六、调解协议的司法确认

（一）司法确认的时间

1. 当事人申请调解协议司法确认的，必须自调解协议生效之日起三十日内向人民法院提出申请，逾期法院不予受理。

2. 申请确认的期限自调解协议生效之日起计算，协议生效当日不计算在三十日的期限内。

3. 期限届满的最后一日为届满日，如遇法定节假日的，以节假日后的第一日为期限届满的日期。

4. 当事人向人民法院提交书面司法确认申请的当天为申请日，以邮寄方式提交司法确认申请的邮寄日为申请日。申请书在届满日当天或者之前交付邮寄但在期限届满后投递到法院的，不视为超过申请期限。

5. 司法确认的申请期限不适用诉讼时效中止、中断的规定。

6. 当事人因不可抗拒的事由或者其他正当理由在申请期限内延误的，在障碍消除后的十日内，可以申请顺延期限，是否准许由人民法院决定。

（二）申请司法确认的形式

1. 调解协议当事人申请司法确认的，必须按照法院的要求提交书面申请文件及相关文件。

2. 调解协议各方当事人必须共同向人民法院提出申请。申请应当由双方当事人提出或一方当事人提出，另一方表示同意。律师代理当事人申请司法确认的，应当提示双方当事人必须同时到庭接受法院询问。当事人无正当理由不到庭接受询问的，按撤回申请处理。

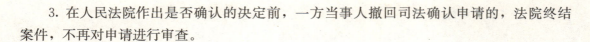

3. 在人民法院作出是否确认的决定前，一方当事人撤回司法确认申请的，法院终结案件，不再对申请进行审查。

（三）申请司法确认需要提交的文件

1. 申请书，包括劳动者姓名、性别、出生日期、身份证号码、住址、联系电话，用人单位或用工单位名称、住址、法定代表人姓名、职务、联系电话等信息；申请确认的调解协议主要内容；当事人签名盖章；申请日期；等等。

2. 身份证明或者资格证明，包括劳动者身份证复印件，用人单位或用工单位营业执照或者登记证书、法人机构代码证复印件等。

3. 各方已经签署的调解协议书原件及复印件。

4. 各方按照人民法院要求签署的承诺书。

5. 当事人委托律师或者其他代理人代为申请司法确认的，应提交有委托人签名或者盖章的授权委托书，律师代理的应提交律师事务所签发的出庭函；申请确认的调解协议内容涉及车辆、房产等财产的，应提交财产权属证明文件。

6. 人民法院要求的其他法律文件。

（四）管辖法院

司法确认申请由主持调解的调解委员会所在地基层人民法院管辖。人民法院在立案前委派人民调解委员会调解并达成调解协议，当事人申请司法确认的，由委派的人民法院管辖。

（五）申请费用

人民法院办理人民调解协议司法确认案件，不收取费用。

（六）法院受理期限

人民法院收到当事人司法确认申请，应当在三日内决定是否受理，并及时向当事人送达受理通知书。双方当事人同时到法院申请司法确认的，人民法院可以当即受理。

（七）法院审查期限

1. 人民法院应当自受理司法确认申请之日起十五日内作出是否确认的决定。

2. 因特殊情况需要延长的，经受理法院院长批准，可以延长十日。

3. 各方当事人同时到人民法院申请司法确认的，人民法院经审查受理后可以当即作出是否确认的决定。

（八）确认调解协议裁定书

1. 人民法院依法作出确认调解协议裁定书后，一方当事人拒绝履行或者未全部履行的，对方当事人可以向作出确认决定的人民法院申请强制执行。

2. 案外人认为经人民法院确认的调解协议侵害其合法权益的，可以自知道或者应当知道权益被侵害之日起一年内，向作出确认裁定的人民法院申请撤销确认裁定。

（九）申请司法确认的非强制性

1. 调解协议当事人申请司法确认，必须基于当事人自愿，任何人或组织不得强迫当事人申请司法确认。

2. 调解协议未经人民法院司法确认，不影响调解协议的法律效力。

七、司法确认申请及法院审查

（一）双方共同申请

1. 双方当事人作为共同申请人，同时到有管辖权的法院提出司法确认申请，并在确认申请书上签字。

2. 双方当事人同时到有管辖权的法院分别提交各自的司法确认申请书，双方分别书写自己的司法确认申请。

3. 一方当事人提交了司法确认申请书，另一方当事人表示同意的，同意方应当提供同意对调解协议进行司法确认的书面文件。

（二）共同申请的撤回

1. 法院在审查中，当事人无正当理由未按法院要求补充材料或者拒不接受法院询问的。

2. 各方共同提交司法确认申请后，法院作出确认前，一方当事人主动撤回司法确认申请的。

（三）法院审查当事人是否接受调解协议

1. 审查内容：

（1）当事人确认调解协议是否是双方自愿达成的；

（2）调解协议内容是否是当事人的真实意思表示；

（3）当事人是否理解并接受调解协议的具体内容；

（4）当事人是否同意受调解协议的内容约束，按照调解协议的内容履行。

2. 当事人不接受调解协议，法院不受理当事人的司法确认申请；在法庭审理过程中发现当事人不接受调解协议内容的，法院不予确认调解协议的效力。

（四）不予确认调解协议效力的情形

1. 违反法律、行政法规强制性规定的。

2. 侵害国家利益、社会公共利益的。

3. 侵害案外人合法权益的。

4. 涉及是否追究当事人刑事责任的。

5. 内容不明确，无法确认和执行的。

6. 调解组织、调解员强迫调解或者有其他严重违反职业道德准则的行为的。

7. 其他情形不应当确认的。除上述六种情形外，人民法院不予确认调解协议效力的情形还包括签署调解协议的双方当事人不具备完全民事行为能力、调解协议存在以合法形式掩盖非法目的的内容等。

（五）特殊调解协议的效力确认

以下调解协议人民法院不予确认其效力，但是经人民法院释明后，当事人明知调解协议是在违背自己真实表示或内容显示公平的情况下签订的，仍然坚持申请司法确认的，人民法院将情况详细记入笔录，并经当事人签字后，可以对调解协议的效力予以确认：

1. 欺诈、胁迫、乘人之危等违背当事人真实意思的调解协议；

2. 调解组织、调解员与案件有利害关系、调解协议的内容显失公平的。

（六）不予确认调解协议效力的救济渠道

人民法院裁定不予确认调解协议效力的，当事人之间的纠纷又回到未达成协议的初始状态，在这种情况下，当事人有两种选择：

1. 通过调解委员会重新调解，变更调解协议或者达成新的调解协议。调解协议变更后当事人仍愿意对调解协议进行司法确认的，需将原调解协议和变更协议一同提交给法院审查。达成新的调解协议后，当事人申请司法确认的，只需提供新的调解协议供法院审查。

2. 可以不再经调解委员会调解，而是就争议事项直接提起劳动争议仲裁，从而启动劳动争议案件的仲裁、诉讼解决程序。

（七）人民法院进行司法确认的法律意义

1. 调解协议对各方当事人具有合同约束力，不具有强制执行效力，主要依靠当事人之间的承诺、信任以及道德规范的约束，依靠双方当事人自觉履行。经过司法确认的调解协议具有强制执行的效力，可避免当事人反悔或者不履行协议而导致的仲裁或者诉讼，增加维权成本。

2. 司法确认制度作为目前诉讼与调解对接的重要实现方式，在社会矛盾突出、利益需求多样化的背景下，有利于完善多元化纠纷解决方式，节省司法资源，是解决人民法院案多人少所创造的司法替代性功能的补充机制。

八、调解协议案件的仲裁和司法确认案件的诉讼管辖

（一）调解协议案件的仲裁管辖

1. 当事人请求履行调解协议、请求变更、撤销调解协议或者请求确认调解协议无效的，可以向有管辖权的仲裁委员会申请仲裁，包括用人单位住所地、调解协议履行地的仲裁委员会。

（1）用人单位的住所地是指用人单位的主要营业地或主要办事机构所在地，用人单位的实际营业地或办事机构所在地与用人单位注册登记的地址不一致的，用人单位的住所地是用人单位的实际营业地或办事机构所在地。

（2）调解协议履行地是指当事人履行调解协议约定义务的地点，履行地点约定不明确的，按以下原则确定：给付货币的，为接受货币一方所在地；交付不动产的，为不动产所在地；其他标的，为履行义务一方所在地。

（3）两个以上仲裁委员会都有管辖权的，当事人可以向其中一个仲裁委员会申请仲裁，当事人分别向两个以上有管辖权的仲裁委员会申请仲裁的，由调解协议履行地的仲裁委员会管辖。

2. 在当事人对管辖仲裁委员会有约定的情况下，应当优先适用约定管辖。但当事人的约定不得违反法律对专属管辖的规定。

（二）司法确认案件的诉讼管辖

1. 司法确认案件一般情况下由调解委员会所在地的基层人民法院或者它派出的法庭管辖。

2. 人民法院在立案前委派人民调解委员会或委托有关机关或者组织调解并达成调解协议，当事人申请司法确认的，由委派或者委托的人民法院管辖。

九、不履行或者反悔的法律后果

1. 当事人无正当理由不履行协议的，律师应当告知当事人不履行的法律责任和后果，督促当事人履行调解协议。

2. 对于因拖欠劳动报酬、工伤医药费、经济补偿或者赔偿金事项达成的调解协议，如果用人单位在调解协议约定期限内未自觉履行的，包括部分或者全部未履行的，劳动者可以持调解协议向有管辖权的人民法院申请支付令。

3. 人民法院依法作出确认裁定后，一方当事人拒绝履行或者未全部履行的，对方当事人可以向作出确认裁定的人民法院申请强制执行。

4. 对于由企业依法设立的劳动争议调解委员会出具的调解协议，各方当事人可以向

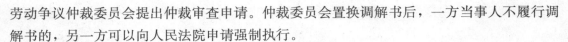

劳动争议仲裁委员会提出仲裁审查申请。仲裁委员会置换调解书后，一方当事人不履行调解书的，另一方可以向人民法院申请强制执行。

5. 经公证机关公证，依法赋予强制执行效力的调解协议，义务方不履行时，权利方可以向义务方住所地或者义务方的财产所在地人民法院申请执行。办理公证的具体要求是：

（1）协议内容必须是可执行的实际给付义务，不可执行的内容，不能申请办理强制执行公证。

（2）调解协议各方当事人共同向公证机关提出申请，单方申请的，公证机关不予办理公证。

（3）公证机关审查的内容包括协议真实性、协议主体资格、协议内容合法性等。

（4）公证书的内容不仅包含对调解协议真实性的公证，更必须包含对调解协议强制执行效力的确认。

6. 当事人不履行调解协议或者达成协议后又反悔的，人民调解委员会应当按下列情形分别处理：

（1）当事人无正当理由不履行协议的，应当做好当事人的工作，督促其履行。

（2）当事人提出协议内容不当，或者人民调解委员会发现协议内容不当的，应当在征得双方当事人同意后，经再次调解变更原协议内容；或者撤销原协议，达成新的调解协议。

（3）对经督促仍不履行人民调解协议的，应当告知当事人可以申请仲裁；属于因拖欠劳动报酬、工伤医疗费、经济补偿或者赔偿金达成的调解协议，可以向人民法院申请支付令。

十、依据调解协议申请支付令

（一）申请支付令的条件

1. 申请支付令只能是作为债权人的劳动者，用人单位不能成为申请支付令的主体。

2. 劳动者申请支付令必须同时符合以下条件：

（1）争议经过人民调解委员会调解，并在调解组织的主持下达成调解协议；

（2）调解协议已经送达双方当事人，发生法律效力；

（3）协议内容明确、合法；

（4）协议内容仅限于拖欠劳动报酬、工伤医疗费、经济补偿或者赔偿金的特定案件达成的调解协议；

（5）劳动者与用人单位没有其他债务纠纷；

（6）用人单位未按调解协议约定期限履行金钱给付义务；

（7）支付令能够送达债务人。

3. 劳动者应当在调解协议期限届满之日起一年内申请支付令。如果用人单位在期限届满后有过部分履行的行为，时效重新计算。

（二）申请支付令的管辖

用人单位与劳动者就劳动报酬、工伤医疗费、经济补偿或者赔偿金达成调解协议后，用人单位在约定期限内不履行的，劳动者可以向用人单位所在地或者劳动合同履行地的基层人民法院申请支付令。

（三）人民法院发出支付令

1. 人民法院发出支付令后，用人单位应当自收到支付令之日起十五日内清偿债务，或者向人民法院提出书面异议。

2. 用人单位在收到法院支付令的十五日内未提出书面异议，应当按照支付令的要求向劳动者支付拖欠劳动报酬、工伤医疗费、经济补偿或者赔偿金，用人单位逾期不提出书面异议，也不履行的，劳动者可以申请强制执行。

3. 用人单位提出书面异议后，人民法院经审查异议成立的，应裁定终结督促程序，支付令自行失效。案件转入诉讼程序，但劳动者明确表示不同意起诉的除外。

（四）支付令失效的法律后果

案件转入诉讼程序，由受理支付令申请的人民法院管辖。

十一、调解组织调解、仲裁调解、诉讼调解的区别

常见的劳动争议调解分为调解组织调解、仲裁调解、诉讼调解三种情况。在代理劳动争议案件时，应对上述三种形式的调解程序加以区分。

1. 调解机构不同。调解组织调解由企业劳动争议调解委员会、基层调解组织以及乡镇、街道设立的具有劳动争议调解职能的组织进行。仲裁调解由劳动争议仲裁委员会主持，在审理案件过程中进行。诉讼调解由人民法院主持并在审理案件过程中进行。

2. 法律依据不同。调解组织调解主要适用《调解法》、《人民调解工作若干规定》及其相关规定，也适用《劳动争议调解仲裁法》。仲裁机构调解主要适用《劳动争议调解仲裁法》及其相关规定。诉讼程序调解主要适用《民事诉讼法》及其相关规定。

3. 调解程序不同。调解组织调解可以是依据当事人申请，也可以主动进行调解。仲裁调解和诉讼调解是必经程序，无须当事人申请，由劳动争议仲裁委员会和人民法院依职权主动进行调解。

4. 法律效力不同。除经劳动争议仲裁委员会确认或人民法院司法确认效力，经公证机关赋予强制执行效力，或者劳动者申请支付令、用人单位未提出异议或者异议不成立等情形外，调解组织调解协议对双方当事人具有合同约束力，但并不具有法律上的强制执行

效力，其履行主要依靠当事人的自觉遵守。与调解组织调解协议不同，当事人在劳动争议仲裁委员会和人民法院主持下达成调解协议，制作的调解书具有强制执行的法律效力。

附录 1：调解申请书示例

劳动争议调解申请书

申请人：张三，男，汉族，1980 年 1 月 1 日出生，身份证号：××××××19800101××××，住北京市海淀区××路××号××小区 1 号楼 1 单元 101，联系电话：××××××××。

被申请人：北京市某科技有限公司（用人单位），住所地：北京市海淀区××路××号××大厦甲座 10 层，法定代表人：李某，职务：总经理，联系电话：××××××××。

申请事项：

1. 要求被申请人支付未签订劳动合同的双倍工资差额人民币 15 000 元；

2. 要求被申请人支付违法解除劳动合同赔偿金人民币 25 000 元及 25％经济补偿金人民币 6 250 元；

3. 要求被申请人支付未提前 30 天通知的代通知金人民币 5 000 元；

4. 要求被申请人支付 2012 年度年终奖金人民币 5 000 元及 25％经济补偿金人民币 1 250 元；

5. 要求被申请人支付 2011 年度和 2012 年度未休年休假工资人民币 4 597 元及 25％经济补偿金人民币 1 149 元；

6. 要求被申请人支付 2011 年度和 2012 年度法定节假日的加班费人民币 6 906 元。

事实和理由：

申请人于 2011 年 1 月 1 日入职，在被申请人处任行政主管，工作地点为北京市海淀区××大厦甲座 10 层，约定的月工资标准为人民币 5 000 元。然而，被申请人未及时与申请人签订书面劳动合同，直至 2011 年 4 月 30 日才与申请人签订了期限为 2011 年 1 月 1 日至 2013 年 12 月 31 日的劳动合同。2013 年 1 月 10 日，申请人在未得到任何事先通知的情况下，突然收到被申请人发出的《解除劳动合同通知书》，被申请人认为申请人在为其采购办公用品过程中存在虚开发票等欺骗行为，严重违反了规章制度，决定于 2013 年 1 月 10 日解除与申请人的劳动合同。

申请人认为，被申请人未在与申请人建立劳动关系的一个月内签订劳动合同，违反了《劳动合同法》第十条第二款的规定，应当支付 2011 年 2 月 1 日至 2011 年 4 月 30 日期间的未签劳动合同双倍工资差额人民币 15 000 元（5 000 元×3 个月）；申请人在职期间，工作认真勤勉，并且经手的每一笔采购均能做到票物一致，不存在任何严重违反规章制度的行为，被申请人解除劳动合同的行为明显是违法的，何况也没有提前一个月通知申请人，应当支付违法解除劳动合同赔偿金人民币 25 000 元（5 000 元×2.5 个月×2）及 25％经济补偿金人民币 6 250 元和代通知金人民币 5 000 元；被申请人应于每年的 1 月 31 日前向申请人支付上一年度的年终奖金，数额为相当于一个月的基本工资，申请人曾于 2012 年 1 月 15 日收到被申请人支付的 2011 年度年终奖金 5 000 元，但被申请人至今未向申请人支付 2012 年度的年终奖金。申请人自入职至今，从未休过一天年休假，被申请人应当支付两年共 10 天的未休年休假工资人民币 4 597 元及 25％经济补偿金；此外，申请人还被要求在法定节假日加班，自入职至今已有 10 天，但被申请人从未向申请人支付过加班费。

为了维护自身的合法权益，申请人特申请进行调解。

此致

北京市海淀区××街道人民调解委员会

申请人：张三（签名）

2013 年 1 月 20 日

附件：1. 录用通知书；

2. 劳动合同；

3. 银行存折；

4. 劳动合同解除通知书；

5. 被安排加班的电子邮件。

附录2：调解协议书示例

××调解委员会调解协议书

××调字（　　）第××号

申请人：姓名、性别、身份证号码、民族、工作单位、住址。

委托代理人：姓名、性别、身份证号码、民族、工作单位、职务、住址（律师代理的只写律师姓名、执业的律师事务所名称）。

被申请人：单位名称、住所地、法定代表人、职务。

委托代理人：姓名、性别、身份证号码、民族、工作单位、职务、住址（律师代理的只写律师姓名、执业的律师事务所名称）。

申请人××与被申请人××公司因××等劳动争议一案，经××劳动争议调解委员会调解，双方自愿达成如下协议：

一、被申请人在本调解书签字生效后五日内向申请人支付××元。

二、双方无其他争议。

申请人：　　　　被申请人：

年　月　日　　　年　月　日

调解员：

××劳动争议调解委员会

年　月　日

附录 3：承诺书示例

承诺书

申请人××与被申请人××因××等劳动争议一案，于××年××月××日经××劳动争议调解委员会调解，双方自愿达成了调解协议［编号为：××调字（　　）第××号］。

承诺人充分理解调解协议的内容，愿意接受因此而产生的后果，并作出如下承诺：

1. 承诺人出于解决纠纷的目的自愿达成协议；
2. 承诺人没有恶意串通、规避法律；
3. 承诺人没有损害国家利益、社会公共利益和案外人的合法权益；
4. 如果调解协议内容给他人造成损害的，承诺人愿意承担相应的法律责任。

承诺人（申请人）：　　　　　承诺人（被申请人）：

年　月　日　　　　　　　　年　月　日

附录 4：调解终结书示例

××调解委员会劳动争议调解终结书

××调字（　　）第××号

申请人：姓名、性别、身份证号码、民族、工作单位、住址。

委托代理人：姓名、性别、身份证号码、民族、工作单位、职务、住址（律师代理的只写律师姓名、执业的律师事务所名称）。

被申请人：单位名称、住所地、法定代表人、职务。

委托代理人：姓名、性别、身份证号码、民族、工作单位、职务、住址（律师代理的只写律师姓名、执业的律师事务所名称）。

申请人××与被申请人××公司因××等劳动争议一案，经××劳动争议调解委员会调解，双方未达成协议，于××××年××月××日调解终结。

调解员：

××劳动争议调解委员会

年　月　日

附录 5：司法确认案件律师告知书示例

劳动争议调解协议司法确认案件律师告知书

用人单位			法定代表人		职务	
住所地				联系方式		
劳动者		性别	身份证号码		联系方式	

续前表

告知内容			用人单位意见	劳动者意见
是否接受调解协议	自愿达成调解协议			
	理解调解协议内容			
	接受调解协议约束			
是否同意共同申请司法确认				
是否了解司法确认的意义				
是否接受法院进行司法确认				

用人单位： 劳动者：

年 月 日 年 月 日

附录6：案例

案例一

刘某1993年4月进入某市甲公司工作，双方未签订劳动合同，甲公司未为刘某缴纳社会保险。2006年甲公司出资设立了乙公司，并将刘某派往乙公司工作。2007年1月，乙公司与刘某签订了为期三年的劳动合同，并开始为刘某缴纳社会保险。2009年12月，刘某的劳动合同到期，乙公司决定不续签，于是通知刘某不续签劳动合同，并向其工资卡内汇入了终止劳动合同的经济补偿金。此后，刘某多次要求回乙公司上班，乙公司均予以拒绝。

2010年11月，刘某向乙公司所在的某市某区街道调解委员会申请调解，要求回乙公司上班并签订无固定期限劳动合同，乙公司提出刘某原岗位已安排他人，也无法为刘某安排其他岗位，后经多次调解仍未能达成调解协议。2010年12月，某市某区街道调解委员会向双方出具了调解终结书。

2011年10月，刘某向乙公司所在的某市某区劳动争议仲裁委员会申请仲裁，要求回乙公司上班并签订无固定期限劳动合同，补发因乙公司阻止其上班期间的正常工资121 000元。开庭时乙公司提出答辩，认为刘某在乙公司连续工作不满十年，不符合签订无固定期限劳动合同的条件，且刘某2009年12月终止劳动合同后未在一年仲裁时效期间内申请仲裁，已经超过仲裁时效。刘某向仲裁委员会提交了甲公司发放工资的工资卡查询明细及甲公司出资设立乙公司的工商查询资料，证明刘某在甲公司的工作年限合并计入乙公司已经远远超过十年，刘某还提交了某市某区街道调解委员会向双方出具的调解终结书，证明其仲裁申请未超过仲裁时效。仲裁委员会经审查后认为，刘某在终止劳动合同一年内向某市某区街道调解委员会申请调解，仲裁时效因此中断，经调解未达成调解协议应从调解期限届满时起重新计算，因此刘某仲裁申请未超过仲裁时效。最终，仲裁委员会裁决乙公司终止刘某的劳动合同违法，支持了刘某的全部仲裁请求。

案例二

某街道调解委员会就接到一宗因员工醉酒摔下床导致离奇死亡的索赔案件。经街道人民调解委员会调解，死者家属收到死者生前所在公司支付的赔偿金6万元。

戴某是某电子公司员工。一天晚上11点多，他在厂区外的一家小饭店与老乡喝完酒后摇摇晃晃回到宿舍，手里还提着一瓶白酒叫宿舍同事和他继续喝，同事都劝他赶紧休息不要喝了。12点左右，同事扶他到床上睡觉。宿舍的床是上下铺，戴某的床在上铺。十多分钟后，戴某从上铺床上摔到地上，两名同事又将他扶到下铺躺好。过了一分钟他又从床上掉下，同事再次把他抬到床上。很快，戴某就打起了呼噜。大家都以为他睡着了，还笑着说他喝得实在太多了。第二天早上十点多，同事叫戴某起床吃饭，却发现情况不对，赶紧通知120急救。戴某被送到医院后，经抢救无效死亡。出事后，戴某的家属认为戴某是在公司宿舍死亡的，要求厂方承担全部责任，提出50万元赔偿要求；而公司则认为，戴某是因为自己喝酒太多从床上掉下摔死的，用人单位没有任何责任，拒不支付任何赔偿款。

纠纷发生后，街道调解委员会在死者家属和公司之间进行了反复沟通，但双方各执己见，均表示决不让步。死者家属还声称如果不予赔偿就不火化尸体，要层层上访，还纠集一些老乡堵住公司大门，给公司的生产经营带来了不利影响。面对这种情况，街道调解委员会经过认真研究，选派了素质高、经验丰富的人民调解员对这起纠纷进行调解。调解员一方面劝导死者家属不要围堵公司大门，承诺会帮助他们通过法律途径解决纠纷，并建议公司给死者家属安排旅店和餐馆，解决好吃住问题；另一方面调解员经过认真分析，认为这起纠纷争议的焦点在于公司对戴某死亡是否负有过错责任。调解员到事发现场查看，找死者同宿舍的人谈话，了解事故发生的真实情况，并到派出所、安全生产委员会办公室查看当天的报案材料和尸检报告。经调查了解：

1. 通过公安部门法医鉴定尸检结果表明：导致戴某死亡的直接原因，系因醉酒后从高处坠落致重度颅内出血、脑疝导致呼吸循环衰竭而死亡。

2. 戴某当晚回到宿舍时确实已经喝了很多酒。同事将他扶上床后，从上铺床上摔下一次，从下铺床摔下一次。

3. 宿舍的上铺床没有设置防护栏。

查明案情后，人民调解员又深入分析了这起纠纷应当适用的法律法规：

首先，戴某和公司之间建立劳动关系，戴某不是因工作遭受的事故伤害，不属于工伤事故，应当按照非因工死亡处理。根据《广东省企业职工假期待遇死亡抚恤待遇暂行规定》，公司应当给予死者家属丧葬补助费、供养直系亲属一次性救济金、一次性抚恤金共计15个月工资，按照深圳市上年度社会月平均工资2 661元计，应为39 915元。

其次，本案具有特殊性，虽然在死者的病理报告中指出，戴某系醉酒后意识模糊引发的意外损伤，并由于饮酒导致胃黏膜出血坏死、胃壁穿孔，这些对其死亡都有着直接的影响，戴某对自己的死亡负有主要责任。但是，厂方在为员工安排的宿舍中，上铺床没有设置安全护栏，也有一定的过错。根据最高人民法院《关于审理人身损害赔偿案件适用法律若干问题的解释》的规定：从事住宿、餐饮、娱乐等经营活动或者其他社会活动的自然人、法人、其他组织，未尽合理限度范围内的安全保障义务致使他人遭受人身损害，赔偿权利人请求其承担相应赔偿责任的，人民法院应予支持。厂方未在上铺床设置防护栏，就是未尽合理限度范围内的安全保障义务，也应当根据过错程度按照人身损害的赔偿标准给予死者家属相应的经济赔偿。

经过人民调解员多次耐心细致地做工作，讲解法律有关规定，劝导双方当事人心平气和，本着互谅互让的原则进行协商。最终双方当事人达成一致意见，签订了如下调解协议：

1. 公司负责死者的安葬费、家属来往出事城市的交通食宿等费用；
2. 公司另行支付给戴某家属赔偿金、抚恤金等6万元。

公司当场履行了协议书中约定的义务，死者家属十分满意。

案例三

员工李某大学毕业后即入职某公司，3个月后的2010年9月，因抑郁症开始休病假，一直休至2012年1月。公司认为，李某在入职时隐瞒了其患有抑郁症的事实，直至其因举动异常而被安排到医院就诊才发现，至今也未曾给公司提供任何有价值的劳动，因此，公司希望能与李某协商解除劳动关系，并同意支付经济补偿、医疗补助费等款项共计15万元。李某的母亲认为，李某是在入职公司后才患上抑郁症的，公司对此负有不可推卸的责任，且由于需要长期服药花费巨大，如果协商解除劳动关系，要求公司支付200万元的药费和精神损失费等费用。由于款项数额差距巨大，双方僵持不下。

公司一方找到某人民调解委员会，希望第三方的介入能够有所帮助。人民调解员了解了事情的始末后，约两方进行面谈，双方各自充分表达自己的立场。李某及其母亲依然坚持之前的主张，要求公司支付200万元，且情绪较为激动，多次以死相逼。而公司也有自己的底线，认为给出的款项已经足够优厚，不愿再多付，如果李某不同意，那么公司将要通过医疗期满来进行单方解除。双方再次陷入僵局。人民调解员通过与双方的接触，认为问题解决的关键在于让李某及其母亲平复情绪，充分了解劳动法的规定。于是，人民调解员对李某及其母亲进行了有针对性的劝解，并为其分析了单方解除与协商解除的利弊。

最终，在人民调解员的耐心劝导下，李某及其母亲同意了公司提出的18万元的补偿方案，双方签署了调解协议。此后，公司也按照调解协议的约定向李某支付了经济补偿、医疗补助费等款项。双方对调解结果均表示满意。

本章思考题

1. 劳动争议调解有哪些种类？

2. 劳动争议调解组织有哪些种类？

3. 劳动争议调解申请书的主要内容有哪些？

4. 劳动争议调解协议的主要内容有哪些？

5. 劳动争议调解组织的调解期限是如何规定的？

6. 劳动争议调解协议的生效条件有哪些？

7. 劳动争议调解协议被赋予强制执行效力的有哪些情形？

8. 劳动争议调解协议申请司法确认的期限、形式及应提交的文件有哪些规定？

9. 人民法院对于调解协议司法确认申请的审查期限、结果有哪些规定？

10. 人民法院裁定驳回当事人的调解协议司法确认申请的情形有哪些？

11. 调解协议司法确认的管辖是如何规定的？

12. 哪些调解协议可以向人民法院申请支付令？

13. 人民法院对于劳动者申请支付令的审查范围有哪些？

14. 用人单位对于人民法院发出的支付令提出异议的，人民法院是否进行实质性审查？如何处理？

15. 仲裁委员会和人民法院主持的调解是否适用调解组织调解的有关规定？

第四章

接受案件委托

通过本章的学习，你应当掌握：

1. 正确审查委托人是否符合法律规定的主体资格

2. 正确确定委托事项是否属于劳动争议案件受理的范围

3. 正确审查委托人的各项仲裁请求是否超过法律规定的仲裁时效

4. 学会如何审查劳动争议仲裁及诉讼所需要的证据

5. 正确判断委托人劳动争议案件涉及的仲裁及诉讼管辖

6. 合法、合规办理委托手续

7. 准确、全面向委托人提示与案件有关的法律风险

8. 了解劳动争议案件的地区差异

9. 依法、合理收取律师代理费用

第一节　接受委托的审查事项

一、委托人的主体资格

（一）用人单位主体资格审核与确定

1. 用人单位分类及组织形式：

（1）依法在工商行政管理部门注册登记的企业、个体工商户和其他经济组织；

（2）依法在民政管理部门注册登记的社会团体、民办非企业单位、基金会及其他形式的非营利性机构；

（3）依法在国家司法管理部门注册登记的法律服务机构；

（4）依法在其他政府管理部门注册登记的用人单位；

（5）与劳动者建立劳动关系的国家机关、事业单位、社会团体；

（6）法律规定的其他组织。

2. 劳动者与起有字号的个体工商户产生的劳动争议，不论劳动仲裁或者民事诉讼，均应当以营业执照上登记的字号为当事人，但应同时注明该字号业主的自然情况。

3. 建筑施工、矿山企业等用人单位将工程（业务）或经营权发包给不具备用工主体资格的组织或自然人，对该组织或自然人招用的劳动者，由具备用工主体资格的发包方承担用工主体责任。

（二）劳动者主体资格审核与确定

1. 与用人单位建立劳动关系的劳动者通常应具有以下条件之一：

（1）年满十八周岁，具有完全民事行为能力，且未达到退休年龄；

（2）年满十六周岁以上不满十八周岁，以自己的劳动收入为主要生活来源，被视为完

全民事行为能力人；

（3）经过政府相关部门批准的从事文艺、体育和特种工艺工作的未满十六周岁的未成年人。

2. 不能与用人单位建立劳动关系的个人：

（1）未满十六周岁的中华人民共和国公民；

（2）虽已年满十八周岁，但正在接受全日制国民教育的在校学生；

（3）已办理退休手续，开始按时享受基本养老保险待遇的。

（三）确定劳动仲裁及诉讼参加人

1. 用人单位、用工单位和劳动者。

2. 自行申请或被劳动争议仲裁机构或法院通知参加仲裁或诉讼的、与劳动争议处理结果有利害关系的第三人。

3. 丧失或者部分丧失民事行为能力劳动者的法定代理人。

4. 无法定代理人的，由劳动争议仲裁机构或法院为其指定代理人。

5. 劳动者死亡的，其近亲属或者代理人。

6. 当事人的委托代理人。

7. 因履行集体合同发生劳动争议的工会或劳动者代表。

8. 劳动者一方在十人以上，并有共同请求的，劳动者推举的代表人。

9. 用人单位被吊销营业执照、责令关闭、撤销以及用人单位决定提前解散、歇业，其清算组、出资人、开办单位或主管部门。

10. 与劳动者发生劳动争议的建筑工程发包方和承包方。

11. 企业发生合并或分立，合并后的用人单位、分立后的实际用人单位。分立后承受劳动权利义务单位不明确的，分立后的全部用人单位。

12. 派遣单位和用工单位。

13. 与劳动争议案件的处理结果有利害关系的第三人。

14. 其他法律法规规定的劳动仲裁或诉讼参加人。

二、审查委托事项是否属于劳动争议案件受理的范围

参见第二章第二节第四目劳动争议案件范围的确定。

三、审查委托人的各项仲裁请求是否超过法律规定的仲裁时效

参见第二章第二节第二目注意仲裁时效和起诉期限。

四、审查委托人的基本证据

参见第二章第二节第一目要求劳动者提供证据。

五、确定委托人劳动争议案件处理机构的地域管辖和级别管辖

(一)劳动争议仲裁管辖

1. 劳动争议仲裁委员会的设置不按照行政区划层层设立,劳动争议仲裁委员会负责管辖本区域内发生的劳动争议。

2. 劳动争议由劳动合同履行地或者用人单位所在地的劳动争议仲裁委员会管辖。

3. 双方当事人分别向劳动合同履行地和用人单位所在地的劳动争议仲裁委员会申请仲裁的,由劳动合同履行地的劳动争议仲裁委员会管辖。

4. 仲裁委员会发现受理的案件不属于本会管辖时,应当移送有管辖权的仲裁委员会。

5. 仲裁委员会之间因管辖权发生争议,由双方协商解决;协商不成时,由共同的上级劳动行政主管部门指定管辖。

(二)劳动争议诉讼管辖

1. 劳动争议诉讼是指劳动争议当事人对仲裁机构的裁决不服,持劳动争议裁决书依法向人民法院进行诉讼。

2. 一审劳动争议案件由用人单位所在地、劳动合同履行地的基层人民法院管辖。

六、受托申请先予执行、财产保全、劳动能力鉴定

在追索劳动报酬、工伤医疗费、经济补偿或者赔偿金案件中,律师可以接受劳动者委托,代为申请先予执行、财产保全、劳动能力鉴定等。

■ 第二节 办理委托手续

一、告知委托人事项

(一)接受当事人委托时应当向委托人告知的内容

1. 劳动争议仲裁和诉讼的受理和审理程序、审理期限。

2. 当事人先前提起过劳动仲裁申请,但在收到书面通知无正当理由拒不到庭或者未

经仲裁庭同意中途退庭的，被劳动争议仲裁机构按撤回仲裁申请处理的，当事人重新申请仲裁的，劳动争议仲裁机构可能会不予受理。

3. 举证责任的分配以及举证不能的法律后果。

4. 申请劳动争议仲裁时若需要对被申请人采取财产保全、证据保全措施的，可通过劳动争议仲裁机构或自行向有管辖权的人民法院提出申请。申请采取财产保全措施时，申请人要提供相应的担保，如确因经济困难不能提供财产担保的，也可以提供保证人担保，但担保方式应当经过人民法院许可。人民法院采取保全措施的，当事人应在劳动争议仲裁机构的裁决书或者在人民法院的裁判文书生效后三个月内申请强制执行；逾期不申请的，人民法院将裁定解除保全措施。

5. 劳动争议案件审理过程中可能存在的风险，特别是对涉及委托人重大利益的事项，应要求其签收风险告知书。

6. 向劳动争议仲裁委员会申请劳动仲裁无须缴费，但因案件审理所需的鉴定费、公证费、翻译费等其他必要费用应由委托人承担。

（二）需对委托人告知的特殊事项

1. 对于劳动争议仲裁机构确有因案件排期等正当理由未能在规定时限内做出受理决定或仲裁裁决，劳动者以此为由向人民法院起诉的，律师应当提示劳动者人民法院一般要求劳动者等待劳动争议仲裁机构的决定或裁决。

2. 律师代理劳动者和工会工作人员因参加工会活动或者履行工会法规定的职责而被解除劳动合同的劳动争议案件，可以请求裁判用人单位恢复其工作，并补发被解除劳动合同期间应得的报酬，或者给予本人年收入二倍的赔偿，并请求给予解除劳动合同的经济补偿。

3. 因劳动者死亡而引起的工伤待遇、非因工死亡抚恤等劳动争议案中，死亡职工的近亲属或法定代理人作为申请人提起仲裁的，律师应当提示委托人，劳动争议仲裁机构可能要求以死亡职工的继承人作为申请人。

4. 涉及档案争议的案件因相关法律、法规、司法解释不完善，各法院对于职工档案迟延转移以及档案遗失纠纷的处理可能出现不同结果。实践中，劳动者要求用人单位承担因档案全部灭失、部分灭失或档案迟延转移所造成的经济损失，律师应当向其提示，该种请求可能不被劳动争议仲裁机构受理。

二、签署委托代理文件

1. 当事人确定委托律师为其提供法律服务以后，律师事务所决定接受劳动争议案件委托的，委托人为劳动者的，应本人签署委托代理合同、授权委托书；委托人为用人单位的，应在委托代理合同、授权委托书上加盖公章予以确认。

2. 律师事务所接受委托，应当在法律服务合同或者在委托代理合同中载明收费条款，包括收费项目、收费标准、收费方式、收费数额、付款和结算方式、争议解决方式等内容。律师事务所与委托人签订合同后，不得单方变更收费项目或者提高收费数额。确需变更的，律师事务所必须事先征得委托人的书面同意。

3. 委托人按照合同向律师事务所支付律师费后，律师事务所应当向委托人出具合法票据。

三、集体劳动争议案件的委托

1. 属于集体劳动争议仲裁的，应当要求全体委托人在授权委托书上分别签名确认，并对授权权限进行明确的约定，而不应仅由劳动者代表在授权委托书上代表全体委托人签名。

2. 接受委托时，按照律师行业管理要求，应当向司法行政管理机关、律师协会和其他有关机关报告。

四、律师代理劳动争议案件的特殊收费规定

律师代理劳动人事争议案件应当遵守当地有关部门制定、发布的律师服务收费办法。律师代理劳动者承办以下类型的劳动人事争议案件，不得实行风险收费：

1. 请求给予社会保险待遇或者最低生活保障待遇的；

2. 请求给付抚恤金、救济金、工伤赔偿的；

3. 请求支付劳动报酬的；

4. 群体性案件；

5. 其他按规定不得采取风险收费的劳动人事争议案件。

律师办理除上述类型之外的劳动人事争议案件时，在委托人被告知政府指导价后仍要求实行风险代理的，律师事务所可以实行风险代理收费，但最高收费金额不得高于收费合同约定标的额的30％。

本章思考题

1. 律师接受委托应注意审查哪些事项？

2. 代理律师应当向委托人提示哪些法律风险？

3. 律师在接受委托后应如何办理委托手续？

第五章

参与劳动仲裁

通过本章的学习，你应当掌握：

1. 正确起草仲裁申请书的基本技能

2. 熟知申请劳动争议仲裁立案的常见程序以及应提交的相关材料

3. 正确起草答辩书或反申请书

4. 正确起草管辖异议申请书，熟悉提出管辖异议的基本技能要求

5. 掌握正确、熟练的方法收集证据

6. 熟知仲裁庭审流程及参加庭审活动的基本要求

7. 熟知一裁终局裁决后劳动者申请强制执行的基本流程

第一节　立案

一、熟悉办案规则

（一）熟知劳动人事争议仲裁委员会的受理范围

参见第二章第二节第四目劳动争议案件范围的确定。

（二）劳动人事争议仲裁的管辖规定

参见第四章第一节第五目。

（三）申请和受理程序

1. 申请的提出

（1）劳动争议仲裁应由劳动争议当事人一方提出申请并只能提交给有管辖权的劳动争议仲裁委员会，而不能直接向人民法院提交。

（2）发生劳动争议的劳动者和用人单位为劳动争议仲裁案件的双方当事人；劳务派遣单位或者用工单位与劳动者发生劳动争议的，劳务派遣单位和用工单位为共同当事人。

（3）因劳动者死亡而引起的工伤待遇、非因工死亡抚恤等劳动争议案中，死亡职工的近亲属或法定代理人作为申请人提起仲裁的，律师应当提示委托人劳动争议仲裁机构可能要求以死亡职工的继承人作为申请人。

（4）发生争议的劳动者一方在十人以上并有共同请求的，律师可以指导劳动者推举三至五名代表人参加仲裁活动。

2. 仲裁立案时需要提交的材料

（1）律师需要注意按照被申请人人数提交仲裁申请书的副本。申请书应用蓝黑或者黑色钢笔或签字笔书写或者打印，均须由申请人本人签名（申请人是用人单位的，应加盖公章），并落有申请日期。

（2）申请人是劳动者的，应携带本人身份证明原件并提交复印件，律师作为委托代理人代为立案的，需提交《授权委托书》、律师证原件及复印件、律师事务所所函。申请人是用人单位的，应携带单位营业执照副本，并提交复印件（A4型纸）以及本单位法定代表人身份证明书，同时提交授权委托书、委托代理人身份证明等。申请人在申请仲裁时，仲裁委根据立案审查的需要，要求申请人提交能够证明被申请人身份的有关材料的，申请人应尽可能提交。

（3）劳动合同（或聘用合同）、解除或终止劳动合同（或聘用合同）证明、工资发放情况证明、社会保险缴费证明、工作证、出入证等材料及相应复印件和证据清单。证据及证据清单除提交正本外，还应按被申请人的人数提交副本。

（4）申请人为劳动者、被申请人为企业的，一般还需要提交用人单位的企业基本信息，即用人单位工商注册登记相关情况的证明（包括单位名称、法定代表人、住所地、经营地等）用人单位的企业信息可以在所在地的工商行政管理局查询、打印。

（5）劳动人事仲裁委员会要求提交的其他材料。

3. 仲裁委员会受理或不予受理

（1）仲裁委员会自收到申请书之日起五日内，作出受理或不予受理的决定，并通知申请人。决定受理的案件，申请人应当及时到仲裁委员会办理有关手续；决定不予受理的，仲裁委员会向申请人送达《不予受理通知书》。

（2）对劳动人事争议仲裁机构不予受理或者逾期未作出决定的，律师可代理申请人就该劳动人事争议事项直接向有管辖权的基层人民法院提起诉讼。但是，对于劳动争议仲裁机构确有正当理由未能在规定时限内作出受理决定或仲裁裁决，劳动者以此为由向人民法院起诉的，律师应当提示劳动者人民法院一般要求劳动者等待劳动争议仲裁机构的决定或裁决。

（3）申请劳动争议仲裁包括的主要流程参见下页图5—1。

二、促成和解与调解

（一）和解的达成

1. 即使发生劳动争议且提交到仲裁委员会，一方当事人仍可以通过与另一方当事人约见、面谈等方式协商解决，争议双方可以要求所在企业工会参与或者协助进行协商。

2. 劳动争议当事方协商达成一致，应当签订书面和解协议。申请人撤销仲裁申请。和解协议对双方当事人具有约束力，当事人应当履行。

3. 双方当事人也可以自和解协议签署后请求仲裁委员会制作调解书。

（二）下达调解书

1. 仲裁委员会主持调解，如果双方当事人接受调解，仲裁委员会制作调解书。送达后立即生效。

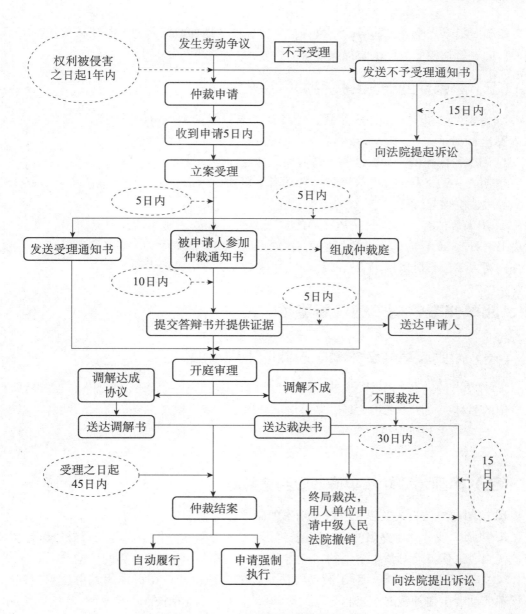

图 5—1 申请劳动争议仲裁流程

2. 仲裁委员会主持调解，如果双方当事人无法达成一致意见，则调解失败，仲裁委员会将进行裁决。

三、强制仲裁

（一）有争议的纠纷应先申请仲裁

对于是否属于劳动争议、是否需要经过先裁后审程序，存在法律上的争议或不确定性时，律师应提示当事人先向劳动争议仲裁机构提请劳动仲裁。若劳动争议仲裁机构不予受理，再向有管辖权的人民法院提起诉讼。

（二）有条件的一裁终局劳动争议案件

1. 追索劳动报酬、工伤医疗费、经济补偿或者赔偿金，不超过当地月最低工资标准12个月金额的争议。

2. 因执行国家的劳动标准在工作时间、休息休假、社会保险等方面发生的争议。

3. 对于一裁终局劳动争议案件，劳动者不服的，可以自收到仲裁裁决书之日起15日内向人民法院提起诉讼。

4. 用人单位有证据证明一裁终局的仲裁裁决具有法定撤销情形时，可以自收到仲裁裁决书之日起30日内向劳动争议仲裁委员会所在地的中级人民法院申请撤销裁决。除此之外，用人单位不可以以不服一裁终局的仲裁裁决书为由提起诉讼。

四、起草仲裁申请书的注意事项

（一）律师起草仲裁申请书应载明下列事项

1. 劳动者的姓名、性别、年龄、职业、工作单位、住所、通信地址和联系电话，用人单位的名称、住所、通信地址、联系电话和法定代表人或者主要负责人的姓名、职务。

2. 仲裁请求和所根据的事实、理由。

3. 证据和证据来源，证人姓名和住所。

（二）律师起草仲裁申请书应当注意

1. 按照被申请人人数提交仲裁申请书的副本和证据。

2. 律师代理劳动者提出仲裁申请的，涉及经济补偿或赔偿金、劳动报酬、医疗费用、死亡抚恤、工伤待遇等请求事项的，应当列出计算清单并注明其计算的依据、标准等。

3. 如根据地方性规定，对于劳动者所承担的合理律师费用可由用人单位承担的，律师代理劳动者申请仲裁时应当将合理的律师费用列入仲裁请求的内容。

4. 律师代为起草仲裁申请书后，应当交由委托人签字或盖章后再递交给劳动争议仲裁机构立案。

5. 授权委托书必须由委托人亲自签署；律师应尽量避免代替委托人签署仲裁申请书、起诉状、上诉状等法律文书。

五、仲裁申请书内容

（一）首部

1. 标题：劳动争议仲裁申请书。

2. 争议当事人：劳动者的姓名、性别、出生日期、经常居住地、户口所在地、户口性质、现工作单位、职业、是否签订劳动合同、身份证件类型及号码、联系方式，用人单位的名称、企业性质、境外合资方名称、中方主管机关、法定代表人或者主要负责人的姓名、性别、职务、住所地、办公地或经营地、法人代码、联系方式。此外，当事人如果有委托代理人的，还应写明代理人的姓名、工作单位等情况。写明当事人的基本情况，有助于仲裁委员会审核、认定双方当事人的主体资格，便于案件查明基本事实情况，亦便于仲裁委员会与当事人进行联络。

（二）正文

1. 仲裁请求事项：指申请仲裁要达到的目的和要求。请求事项要具体明确。仲裁申请书中的仲裁请求是申请人想通过仲裁程序达到的目的，是仲裁活动中的重要内容，也是仲裁申请书中必须记明的法定事项。因此应当写明申请人通过劳动争议仲裁委员会向被申请人提出的具体实体权利请求，即要求劳动争议仲裁委员会裁决被申请人履行什么义务，以及通过仲裁所要达到的目的。仲裁请求应力求明确具体，切忌含糊不清，模棱两可。

2. 事实和理由：在提出仲裁请求的同时，应当阐明提出仲裁请求的客观基础，以充分的事实、理由来支持仲裁请求，这样才能使受案的劳动争议仲裁委员会明确其提起仲裁的事实依据和具体原因，并在此基础上对案件进行依法审理和裁决。仲裁请求所根据的事实和理由包括：当事人之间纠纷形成的事实、双方当事人争执的焦点、请求的依据和理由等。这部分内容作为仲裁申请书的核心内容，所述事实理由应当实事求是，简明概括。

3. 证据和证据来源、证人姓名和住所：应说明证人姓名、住址、物证、书证的来源。申请人提出仲裁申请应有事实根据，而申请人对自己主张的事实有责任提供证据加以证明，因此，在仲裁中，申请人提出的仲裁请求是否合理，所根据的事实是否存在，应当有证据加以证明，如书证、物证等。申请人在提出证据的同时，应当提供证据的来源，以便劳动争议仲裁委员会核实。如提供的是证人的，要写明证人的姓名和住所或工作单位，以便于仲裁委员会及时核实和调查这些证据，确定能否作为定案的证据，从而及时、公正地作出裁决。可以另写一份证据清单附后。

（三）尾部

尾部应包括申请书呈送的仲裁机构名称、申请人姓名或名称（签章）、申请时间（年月日）。同时写明提交的副本份数（按被申请人人数提交），物证、书证件数。

六、劳动争议仲裁案件的第三人

1. 一般来说，劳动争议必须有两方当事人，申请人和被申请人，但在个别情况下，也可能出现第三人参加劳动争议仲裁活动。如根据《劳动合同法》第 91 条的规定，用人单位招用与其他用人单位尚未解除或者终止劳动合同的劳动者，给其他用人单位造成损失的，应当承担连带赔偿责任。在这种情形下，原用人单位与劳动者因劳动争议申请仲裁的，可以列新用人单位为第三人。

2. 与劳动争议案件的处理结果有利害关系的第三人，可以申请参加仲裁活动或者由劳动争议仲裁机构通知其参加仲裁活动。劳动争议仲裁中的第三人是指与劳动争议案件的处理结果有法律上的利害关系，仲裁程序开始后参加进来以维护自己的合法权益的人。第三人参加仲裁活动，可以由自己主动申请参加，也可由仲裁委员会通知其参加。

七、直接起诉的情形

1. 对劳动争议仲裁委员会不予受理或者逾期未作出决定的，申请人可以就该劳动争议事项向人民法院提起诉讼。

2. 下列劳动争议案件，律师可以代理劳动者直接起诉，无须通过劳动争议仲裁程序：

（1）人民法院受理破产申请后，劳动者对管理人列出的工资、医疗、伤残补助、抚恤费用、基本养老保险、基本医疗费用以及法律、行政法规规定应当支付给职工的补偿金等劳动债权清单提出异议，管理人不予更正的，劳动者有权直接向受理破产申请的人民法院提起诉讼。

（2）劳动者以用人单位的工资欠条为证据，诉讼请求不涉及劳动关系其他争议。最高人民法院《关于审理劳动争议案件适用法律若干问题的解释（二）》第3条规定：劳动者以用人单位的工资欠条为证据直接向人民法院起诉，诉讼请求不涉及劳动关系及其他争议的，视为拖欠劳动报酬争议，按照普通民事纠纷受理。按照上述司法解释的规定，劳动者以工资欠条为证据直接向人民法院起诉，要求支付工资，人民法院可以直接受理，不适用劳动争议处理程序中仲裁前置的规定。

（3）当事人在劳动争议调解委员会主持下仅就劳动报酬争议达成调解协议，用人单位不履行调解协议确定的给付义务，劳动者直接向人民法院起诉的，人民法院按照普通民事纠纷受理。

（4）船员劳务合同纠纷，可以直接向海事法院起诉。

（5）对于劳动争议仲裁机构确有正当理由未能在规定时限内作出受理决定或仲裁裁决，委托人以此为由向人民法院起诉的，律师应当提示委托人，人民法院一般要求当事人等待劳动争议仲裁机构的决定或裁决。

八、仲裁阶段的财产保全

1. 律师接受劳动者的委托，如果用人单位存在转移财产、逃避债务或其他行为，可能影响到将来生效法律文书执行的，律师应当提示劳动者及时向财产所在地的基层法院提出财产保全申请。

2. 在国内仲裁过程中，当事人申请财产保全的，经仲裁机构提交人民法院，由被申请人住所地或者被申请保全财产所在地的基层人民法院裁定并执行。

3. 当事人申请财产保全应当具备以下条件：

（1）案件必须具有给付内容。

（2）在诉前或诉中提出申请。诉中提出申请的前提是，可能因当事人一方的行为或者其他原因，使判决不能执行或者难以执行；诉前提出申请的前提是，因情况紧急，不立即申请财产保全将会使其合法权益受到难以弥补的损害。

（3）申请财产保全的，法院可以责令申请人提供担保，不提供担保的，驳回申请。诉前申请财产保全的，申请人应当提供担保，不提供担保的，驳回申请。

4. 申请财产保全应当提交的材料

（1）申请书。申请书应当载明：当事人及其基本情况；申请财产保全的具体数额；申请采取财产保全措施的方式；申请理由。

（2）被申请人的明确地址或住所地，以及被申请人的开户银行及账号等财产线索。

（3）有效的担保手续。

5. 申请财产保全的注意事项

（1）采用现金担保的，应当提供与请求范围价值相当的保证金。

（2）采用实物担保的，应当提供与请求范围价值相当的动产或不动产。担保人应提交用作担保的实物的购买发票、产权证等证明该实物所有权的材料。在担保期间，用作担保的实物仍可由担保人继续使用，但担保人必须书面向人民法院保证，在保全期间，对用作担保的实物，不转移、变卖、毁损、丢失，否则承担相应的法律责任。

（3）采用保证人担保的，应当向人民法院提交担保书、保证人营业执照副本复印件、资产负债表、损益表，并加盖保证人的单位公章。担保书中应明确担保事项和担保金额。

6. 申请财产保全的程序

（1）诉前财产保全申请，由利害关系人在起诉或申请仲裁之前向有管辖权的人民法院提出申请。人民法院接受当事人诉前保全申请后须在48小时内作出裁定，裁定一旦作出即发生法律效力，当事人不服不得上诉，可申请复议一次，复议期间不停止对裁定的执行。

（2）诉中财产保全可以在起诉或申请仲裁的同时提出申请，也可以在起诉以后或仲裁受理后提出申请。

（3）财产保全裁定的效力至生效法律文书执行完毕时终止。在此之前，作出保全裁定的法院可根据情况作出解除保全裁定，如财产保全的原因和条件发生变化，不需要保全的；被申请人提供相应担保的；诉前保全的申请人在30日内未提起诉讼或申请仲裁的等情况。

（4）如果当事人申请财产保全有错误，被申请人因财产被保全而遭受损失的，申请人应当承担赔偿责任。

九、申请先予执行

1. 仲裁庭对追索劳动报酬、工伤医疗费、经济补偿或者赔偿金的案件，根据当事人的申请，可以裁决先予执行，移送人民法院执行。

2. 仲裁庭裁决先予执行的，应当符合下列条件：

（1）当事人之间权利义务关系明确；

（2）不先予执行将严重影响申请人的生活。

3. 劳动者申请先予执行的，可以不提供担保。

4. 注意事项：

（1）当事人双方既包括劳动者，也包括用人单位。当事人可以申请先予执行，但是申请先予执行可以不提供担保的主体只能是劳动者。

（2）在劳动争议案件中，当事人申请先予执行只限于特定的劳动争议案件，对于追索劳动报酬、工伤医疗费、经济补偿或者赔偿金的案件，仲裁庭可以裁决先予执行。其他类型的劳动争议案件不适用先予执行。

（3）先予执行应由劳动争议当事人申请提出。只有当事人提出申请，仲裁庭才能作出先予执行的裁决，仲裁庭不能主动作出先予执行裁决。

（4）先予执行带有强制性，仲裁庭不能直接采取先予执行措施，所以仲裁庭作出的先予执行裁决，最终要移送人民法院执行。

▌第二节 应当注意和审查的事项

一、劳动合同解除

（一）协商解除劳动合同

协商解除劳动合同，法律风险最小，劳资双方对抗程度最小，在公司内部可能引起的负面影响也最小，特别是当公司试图单方解除劳动合同，而证据又不充分时，应当优先考虑协商解除劳动合同。

（二）严重违纪解除劳动合同

1. 严重违纪解除的条件

（1）用人单位有规章制度且经过了民主公示程序（2008年1月1日之前制定的规章制度，无须经过民主程序，但仍需告知劳动者）。

（2）有证据证明劳动者严重违反了规章制度。

（3）解除的通知送达给劳动者。

2. 特别提示

用人单位因劳动者严重违纪与其解除劳动合同是劳资关系最为对抗的情况，劳动者通常会对用人单位的解除合同决定提出仲裁申请，如果不服裁决或判决，通常会起诉或上诉。如果对终审判决不服，甚至提出再审申请。而且，对用人单位作出的决定是否合法有效，司法审查也是比较严格的。无论是事实、依据方面，还是程序方面，只要证据不充分，用人单位的解除决定往往得不到法律上的支持，面临败诉的风险。

（三）试用期不符合录用条件解除

1. 因试用期不符合录用条件，用人单位与劳动者解除劳动合同的条件

（1）用人单位有录用条件；

（2）劳动者知晓录用条件；

（3）有证据证明劳动者不符合录用条件；

（4）解除劳动合同的决定在试用期内作出；

（5）解除劳动合同的通知送达给劳动者。

2. 特别提示

用人单位适用《劳动合同法》第 39 条与劳动者解除劳动合同时，一定要满足上述五个条件。五个条件为并重关系，缺一不可。律师在应诉此类案件时，也应围绕五个条件是否完全具备进行举证或抗辩。

根据《劳动法》和《劳动合同法》的规定，用人单位对不符合录用条件的劳动者可以解除劳动合同。但是用人单位在此类解除劳动合同的争议中，败诉率很高。究其原因主要是：公司没有健全的录用制度，或者录用制度不具有操作性，或者没有将录用制度送达员工，或者没有充分的证据证明劳动者不符合录用条件，或者解除劳动合同的决定在试用期满后才作出，或者作出解除决定后没有将决定送达给劳动者。律师应当注意，上述条件中，有任何一项没有做到位，都会导致用人单位败诉。

（四）不胜任工作解除劳动合同

1. 用人单位依法对不胜任工作的劳动者解除劳动合同的条件

（1）用人单位有劳动者胜任工作的标准；

（2）用人单位将上述标准告知劳动者；

（3）有证据证明劳动者不胜任工作；

（4）有证据证明已对劳动者进行了培训或者调岗；

（5）有证据证明劳动者培训或者调岗后依然不胜任工作；

（6）解除劳动合同通知送达给劳动者。

2. 特别提示

用人单位适用《劳动合同法》第 40 条第 2 项与劳动者解除劳动合同，上述六个条件

一定要同时具备，缺一不可。律师在代理此类案件时，亦应按照上述六条逐一举证或抗辩。

（五）客观情况发生重大变化导致的解除合同

1. 客观情况发生变化的确认

根据《劳动合同法》第 40 条第 3 项的规定，劳动合同订立时所依据的客观情况发生重大变化，致使劳动合同无法履行，经用人单位与劳动者协商，未能就变更劳动合同内容达成协议的，用人单位可以提前 30 天书面通知劳动者与其解除劳动合同，并依法支付经济补偿金。

2. 特别提示

律师在代理这类案件中，要围绕用人单位与劳动者解除劳动合同时，用人单位情况是否发生了变化、该变化是否构成重大变化、该变化是否因客观原因所致、这个变化是否导致原劳动合同无法继续履行，以及用人单位是否就此与劳动者进行过协商变更劳动合同等环节逐一举证或抗辩。

3. 行政规章的规定

原劳动部办公厅关于印发《关于〈劳动法〉若干条文的说明》（劳办发〔1994〕289号）的通知中，明确规定"客观情况"系指，发生不可抗力或出现致使劳动合同全部或部分条款无法履行的其他情况，如企业迁移、被兼并、企业资产转移等，并且排除《劳动法》第 26 条所列的客观情况。

（六）减发工资发生的争议

1. 用人单位减发劳动者的工资应当注意的事项

（1）是否有损害事实；

（2）是否有证据证明损害是由劳动者造成；

（3）减发工资是否有合法的依据；

（4）减发数额标准；

2. 特别提示

（1）律师应当注意，工资具有刚性属性，属于劳动法律法规规定的用人单位不可逾越的红线之一，它是劳动者的基本生活来源，直接影响劳动者及其家庭的基本生活，甚至关乎社会稳定。法律对劳动者获得劳动报酬的保护力度是相当大的。但是在实践中，有些公司，把扣减工资作为了管理的手段，比如，迟到、早退，扣发工资；旷工，扣发工资；损害公司的财物不仅照价赔偿，还要扣发工资，甚至一个月下来，劳动者的工资有可能为负数，这导致劳动者的基本生活无法得到保障。这样扣发工资是受到严格限制的。

（2）在人力资源管理中，引导、激励员工的方法很多，而扣发工资是一种比较简单、粗放的方法，且稍有不慎，就会产生法律风险。《北京市工资支付规定》规定，用人单位

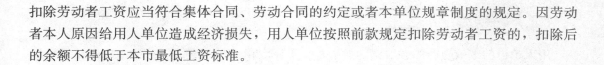

扣除劳动者工资应当符合集体合同、劳动合同的约定或者本单位规章制度的规定。因劳动者本人原因给用人单位造成经济损失，用人单位按照前款规定扣除劳动者工资的，扣除后的余额不得低于本市最低工资标准。

二、经济补偿金计算

参见第二章第一节第三目第（六）项。

三、加班工资的争议

（一）对于加班工资的劳动争议应当审查的内容

一般包括：是否经劳动行政部门批准实行特殊工时制度；用人单位是否有加班审批规定；用人单位的考勤记录；工作时间之外的工作邮件；加班打车票等报销凭证；加班工资的计算基数；已发的工资中是否包含加班费；等等。

（二）特别提示

律师还应当注意，劳动者主张加班费的，应当就加班事实的存在承担举证责任。但劳动者有证据证明用人单位掌握加班事实存在的证据，如劳动者提交的《员工手册》中规定，考勤记录由人力资源部负责保留。用人单位不提供的，由用人单位承担不利后果。此外，还应当注意，在很多地方的司法实践中，用人单位通常承担二年期间内的举证责任。

四、提成工资的争议

对于有关提成工资的劳动争议的举证或抗辩一般包括：劳动合同的约定；用人单位提成工资的制度；劳动者的销售业绩；货款回收情况；提成工资规定中的其他情况；提成工资已经发放的情况；等等。

五、绩效奖金的争议

（一）对于与绩效奖金相关的劳动争议的举证或抗辩

一般包括：劳动合同的约定；公司是否有绩效考核等相关制度；绩效奖金制度的合法性；绩效考核制度是否告知劳动者；是否有证据证明劳动者达到或者未达到绩效考核标准；根据绩效考核规定，劳动者不应享受绩效奖金或应当享受奖金以及应当享受多少；已经支付绩效奖金的凭证；等等。

（二）特别提示

用人单位的绩效奖金的领取条件如果与公平原则相违背，有可能被劳动争议仲裁委员会和人民法院确认无效。

六、社会保险待遇的争议

代理与社会保险待遇相关的劳动争议案件应当核实的内容一般包括：劳动者上年度的月平均工资；已实际发生的医药费、治疗费、生育费、住院费等凭证；上述费用必须是已经实际发生的费用；等等。

七、培训费的争议

（一）对于与培训费相关的劳动争议应当重点把握的内容

1. 关于培训费的争议的举证或抗辩

一般包括：培训协议；培训内容是否为专项技术培训；是否有培训费相关票据；等等。

2. 特别提示

培训费用的范围，具体包括有凭证的培训费用、培训期间的差旅费用以及因培训产生的用于该劳动者的其他直接费用。比如，有些公司为培训而支付的酒店洗衣费、探亲费、陪读费、日常生活消费等均可以纳入培训费统计的范畴。

（二）违约金

1. 依据《劳动合同法》的规定，可以要求劳动者支付违约金的情形

（1）劳动者违反服务期约定。

（2）劳动者违反竞业限制约定。

2. 特别提示

劳动者违反服务期约定的违约金数额法律有明确规定；而在竞业限制协议中，关于竞业限制的违约金属于双方约定的内容。但在司法实践中，仲裁和法院审查违约金的合理性可能成为一种趋势。如果作为用人单位的代理人，要求违反服务期约定的劳动者支付违约金的，应当提供为劳动者提供专项技术培训的证据，如学费发票、飞机票、火车票、租房发票等。

八、应予以注意并审查的其他事项

分公司可以作为被申请人；分支机构依法取得营业执照或者登记证书的，也可以作为

被申请人；未取得营业执照或者登记证书，但经用人单位授权与劳动者签订劳动合同的，可以作为被申请人；公司解散的，由清算组作为被申请人；用人单位与其他单位合并的，合并前发生的劳动争议，由合并后的单位作为当事人；用人单位分立为若干单位的，其分立前发生的劳动争议，由分立后的实际用人单位作为当事人，用人单位分立为若干单位后，对承受劳动权利义务的单位不明确的，分立后的单位均为当事人。

第三节 答辩和举证

一、书面答辩

1. 仲裁委员会受理仲裁申请后，应当在五日内将仲裁申请书副本送达被申请人。被申请人收到仲裁申请书副本后，应当在十日内向仲裁委员会提交答辩书。仲裁委员会收到答辩书后，应当在五日内将答辩书副本送达申请人。

2. 被申请人逾期未提交答辩书的，不影响仲裁程序的进行。

3. 虽然有前述规定，但是基于专业、尽职的要求，律师代理被申请人，应当准备书面答辩意见。这不仅可以促使代理律师在开庭之前熟悉案件，形成代理思路，而且方便仲裁庭记录以及仲裁员充分了解本申请人及代理律师的答辩意见。

二、反申请

1. 被申请人可以在答辩期间提出反申请，因此，律师可以在授权范围内代理被申请人在答辩期内提出反申请。仲裁委员会应当自收到被申请人反申请之日起五日内决定是否受理并通知被申请人。决定受理的，仲裁委员会可以将反申请和申请合并处理。

2. 该反申请如果是应当另行申请仲裁的争议，仲裁委员会应当书面告知被申请人另行申请仲裁；该反申请如果是不属于本应当受理的争议，仲裁委员会应当向被申请人出具不予受理通知书。

3. 被申请人在答辩期满后对申请人提出反申请的，应当告知其另行提起仲裁申请，另案处理。

三、常见证据

参见第二章第二节第一目。

四、举证责任

参见第二章第二节第一目。

五、确有客观原因不能在劳动争议仲裁机构规定的举证期限内完成 举证的，律师应当提出延期举证的书面申请

（内容略）

六、申请收集证据

1. 对于可能因证据灭失等情况而影响案件审理的，或当事人及其代理人无法调取的案件相关证据，律师应当及时依法向劳动争议仲裁机构提交收集证据申请书。

2. 当事人因客观原因不能自行收集的证据，仲裁委员会可以根据当事人的申请，予以收集；仲裁委员会认为有必要的，也可以决定予以收集。仲裁委员会依法调查取证时，有关组织和个人应当协助配合。

七、申请证人作证

1. 知悉案件客观情况的人可以作为证人。不能正确表达意志的人，不能作为证人。待证事实与其年龄、智力状况或者精神健康状况相适应的无民事行为能力人和限制民事行为能力人，可以作为证人。

2. 证人应当出庭作证，接受当事人的质询。证人在仲裁庭组织双方当事人交换证据时出席陈述证言的，可视为出庭作证。

3. 证人确有困难不能出庭，经仲裁庭许可，证人可以提交书面证言或者视听资料或者通过双向视听传输技术手段作证。

4. 如需要申请证人到庭作证，律师应在劳动争议仲裁机构确定的举证期限内以书面申请形式，将证人的姓名、身份、工作单位或住所、联系电话以及与本案的关系等情况告知劳动争议仲裁机构，仲裁机构应于庭前通知证人出庭如实作证，具体包括：告知证人的庭审规则、伪证或故意虚假陈述之法律责任、明确要作证的内容、告知开庭时间和场所、提示携带身份证件等。

5. 如果证人旁听了庭审活动，就会受到各方当事人陈述的不当干扰，从而丧失其证人的客观性与中立性，最终丧失证人作证资格，因此，律师应提示证人不得旁听仲裁庭庭审活动。

八、审查证人证言

1. 出庭作证的证人应当客观陈述其亲身感知的事实。证人为聋哑人的，可以其他表达方式作证。

2. 证人作证时，不得使用猜测、推断或者评论性的语言。

3. 律师代理劳动者办理劳动争议案件时，对于劳动者提供的其他劳动者证言，应当注意审查证人与用人单位存在劳动关系的证明。

九、客观分析证据效力

1. 律师应当依照法定程序，全面、客观地审核证据，依据法律的规定，遵循职业道德，运用逻辑推理和日常生活经验，对证据有无证明力和证明力大小独立进行判断。

2. 律师对单一证据可以从下列方面进行审核认定：

（1）证据是否为原件、原物，复印件、复制品与原件、原物是否相符；

（2）证据与本案事实是否相关；

（3）证据的形式、来源是否符合法律规定；

（4）证据的内容是否真实；

（5）证人或者提供证据的人，与当事人有无利害关系。

3. 律师对案件的全部证据，应当从各证据与案件事实的关联程度、各证据之间的联系等方面进行综合审查判断。

十、以侵害他人合法权益或者违反法律禁止性规定的方法取得的证据，不能作为认定案件事实的依据

（内容略）

十一、下列证据不能单独作为认定案件事实的依据

1. 未成年人所作的与其年龄和智力状况不相当的证言。

2. 与一方当事人或者其代理人有利害关系的证人出具的证言。

3. 存有疑点的视听资料。

4. 无法与原件、原物核对的复印件、复制品。

5. 无正当理由未出庭作证的证人证言。

十二、就数个证据对同一事实的证明力，可以依照下列原则认定

1. 国家机关、社会团体依职权制作的公文书证的证明力一般大于其他书证。

2. 物证、档案、鉴定结论、勘验笔录或者经过公证、登记的书证，其证明力一般大于其他书证、视听资料和证人证言。

3. 原始证据的证明力一般大于传来证据。

4. 直接证据的证明力一般大于间接证据。

5. 证人提供的对与其有亲属或者其他密切关系的当事人有利的证言，其证明力一般

小于其他证人证言。

十三、增加或者变更仲裁请求

1. 申请人在举证期限届满前可以提出增加或者变更仲裁请求；仲裁庭对申请人增加或者变更的仲裁请求审查后认为应当受理的，应当通知被申请人并给予答辩期，被申请人明确表示放弃答辩期的除外。申请人在举证期限届满后提出增加或变更仲裁请求的，应当另行提出，另案处理。

2. 律师代理申请人的，律师应提示委托人在举证期限届满前可以提出增加或者变更仲裁请求。在此期限后提出增加或变更仲裁请求的，劳动争议仲裁机构一般会要求其另行提出，另案处理，但有的地区允许在开庭前或者庭审调查结束前增加或变更仲裁请求，建议律师与劳动争议仲裁机构就此进行确认。

3. 律师代理被申请人的，劳动争议仲裁机构受理申请人增加或者变更的仲裁请求的，律师有权代表委托人要求另行给予答辩期。

■ 第四节 开庭和裁决

一、庭前准备

1. 本着对委托人负责的原则，律师在开庭之前应当对全案材料吃透，进行深入分析，做好提前准备，不得仓促上阵。对于案件审理过程中可能出现的问题，应当事先做好准备，想好各种应对的预案。特别是开庭之前，应当注意备齐案件证据材料的原件，以供开庭质证证据时核对使用。

2. 律师代理劳动争议案件，应在开庭前做好充分准备，熟悉仲裁申请书和证据内容，准备答辩意见或者熟悉被申请人提交的答辩状，仔细研究证据的真实性、合法性、关联性，研究庭审的辩论焦点，查找本案涉及的法律、法规、规章、政策，以及案例和论著等。

3. 中国并非判例法国家，但是相关案件的判例，对于仲裁庭而言具有一定的参考作用。特别是最高人民法院公报上刊登的案例，或者最高人民法院颁布的典型案例，以及本仲裁机构先前类似案件的裁决，或者本地区人民法院对于先前类似案件的判例，具有更高的参考价值。至于权威专家的公开发表或者出版的论文和著作，可以作为案件代理观点的引据，具有一定的说服作用。

二、征求调解意向

1. 通过调解解决劳动争议，有利于最大限度地降低当事人双方的对抗性，节省当事人仲裁成本和节约仲裁资源。

2. 当事人申请劳动争议仲裁后，可以自行和解。达成和解协议的，可以撤回仲裁申请。因此，律师在开庭前应征求委托人是否愿意调解，如愿意调解应商讨可以接受的调解方案和调解策略。调解方案应经过委托人确认。

3. 仲裁庭在作出裁决前，应当先行调解。调解达成协议的，仲裁庭应当制作调解书。调解书应当写明仲裁请求和当事人协议的结果。调解书由仲裁员签名，加盖劳动争议仲裁委员会印章，送达双方当事人。调解不成或者调解书送达前，一方当事人反悔的，仲裁庭应当及时作出裁决。调解书经双方当事人签收后，发生法律效力。因此，律师应当告知委托人，劳动争议仲裁机构作出的调解书经各方当事人签收后发生法律效力，不得反悔，不得提起诉讼。

三、一裁终局事项的告知

1. 下列劳动争议仲裁案件，除法律另有规定的外，仲裁裁决为终局裁决，裁决书自作出之日起发生法律效力：（1）追索劳动报酬、工伤医疗费、经济补偿或者赔偿金，不超过当地月最低工资标准 12 个月金额的争议；（2）因执行国家的劳动标准在工作时间、休息休假、社会保险等方面发生的争议。

2. 当事人对实行"一裁终局"案件以外的其他劳动争议案件的仲裁裁决不服的，可以自收到仲裁裁决书之日起 15 日内向人民法院提起诉讼；期满不起诉的，裁决书发生法律效力。

3. 用人单位面临一裁终局案件时，将不能寻求向基层人民法院起诉的救济途径，只能向中级人民法院申请撤销仲裁裁决。但是，申请撤销的难度明显大于起诉的难度。因此，律师代理用人单位的，应当告知当事人该案根据现行的法律规定等是否属于一裁终局的案件及一裁终局案件中的裁决书的生效、撤销、执行等规定。

4. 终局裁决事项和非终局裁决事项

（1）劳动争议仲裁机构作出的同一仲裁裁决同时包含终局裁决事项和非终局裁决事项，当事人不服该仲裁裁决向人民法院提起诉讼的，应当按照非终局裁决处理。

（2）仲裁裁决的类型以仲裁裁决书确定为准。仲裁裁决书未载明该裁决为终局裁决或非终局裁决，用人单位不服该仲裁裁决向基层人民法院提起诉讼的，应当按照以下情形分别处理。

1）经审查认为该仲裁裁决为非终局裁决的，基层人民法院应予受理。

2）经审查认为该仲裁裁决为终局裁决的，基层人民法院不予受理，但应告知用人单位可以自收到不予受理裁定书之日起 30 日内向劳动人事争议仲裁委员会所在地的中级人民法院申请撤销该仲裁裁决；已经受理的，裁定驳回起诉。

四、对部分事项不服起诉的裁决效力

1. 劳动争议仲裁委员会作出仲裁裁决后，当事人对裁决中的部分事项不服，依法向人民法院起诉的，劳动争议仲裁裁决不发生法律效力。

2. 劳动争议仲裁委员会对多个劳动者的劳动争议作出仲裁裁决后，部分劳动者对仲裁裁决不服，依法向人民法院起诉的，仲裁裁决对提出起诉的劳动者不发生法律效力；对未提出起诉的部分劳动者，发生法律效力，如其申请执行的，人民法院应当受理。

五、依法履行裁决义务

1. 终局裁决裁决书自作出之日起发生法律效力。非终局裁决，当事人可以自收到仲裁裁决书之日起 15 日内向人民法院提起诉讼；期满不起诉的，裁决书发生法律效力。

2. 对发生法律效力的仲裁裁决，当事人必须履行。一方当事人不履行的，另一方当事人可以申请人民法院强制执行。

3. 被执行人未按仲裁裁决指定的期间履行给付金钱义务的，应当加倍支付迟延履行期间的债务利息。被执行人未仲裁裁决指定的期间履行其他义务的，应当支付迟延履行金。

六、仲裁裁决的不予执行

当事人申请人民法院执行劳动争议仲裁机构作出的发生法律效力的裁决书，被申请人提出证据证明劳动争议仲裁裁决书有下列情形之一，并经审查核实的，人民法院可以裁定不予执行：

（1）裁决的事项不属于劳动争议仲裁范围，或者劳动争议仲裁机构无权仲裁的。

（2）适用法律确有错误的。

（3）仲裁员仲裁该案时，有徇私舞弊、枉法裁决行为的。

（4）人民法院认定执行该劳动争议仲裁裁决违背社会公共利益的。

七、一裁终局裁决劳动者申请强制执行与用人单位申请撤销并存时的处理

1. 劳动争议仲裁机构作出终局裁决，劳动者向人民法院申请执行，用人单位向劳动争议仲裁机构所在地的中级人民法院申请撤销的，人民法院裁定中止执行。

2. 用人单位撤回撤销终局裁决申请或者其申请被驳回的，人民法院裁定恢复执行。仲裁裁决被撤销的，人民法院裁定终结执行。

3. 用人单位向人民法院申请撤销仲裁裁决被驳回后，又在执行程序中以相同理由提出不予执行抗辩的，人民法院不予支持。

附录1：和解协议示例

劳动争议和解协议

甲方：××通信技术有限公司

乙方：××，身份证号码：××××××××××××××××

依照《中华人民共和国劳动法》、《中华人民共和国劳动合同法》及相关劳动法律法规的规定，甲乙双方本着平等、自愿、互谅互让的原则，经协商一致，就双方因劳动关系解除、未签订劳动合同、加班、社保等所产生的劳动争议达成如下和解协议：

一、甲乙双方协商一致，同意自　年　月　日起解除双方的劳动关系。

二、甲方一次性向乙方支付经济补偿金、未签订劳动合同双倍工资、加班费等与劳动关系有关的所有款项共计人民币　元，其余款项和权利乙方自愿放弃，前述款项甲方于本协议签订之日起　日内支付给乙方，乙方承诺不再要求甲方另行支付其他任何款项。

三、乙方确认：收到本协议第二条约定的款项后，双方劳动争议一次性了结，各类款项全部结清，无其他任何未了的争议和事宜。

四、乙方已清楚了解本协议所有条款的含义，无异议和不明确之处，愿意按协议约定严格执行。

五、本协议自双方签字并加盖甲方公章后生效，协议一式两份，双方各执一份，具有同等法律效力。

甲方（公章）：　　　　　　　　　　乙方（签名捺印）：

代表签字：

年　月　日　　　　　　　　　　　年　月　日

附录2：申请书和答辩状

仲裁申请书示例1——劳动者提出申请

仲裁申请书

申请人				被申请人		
姓　名	张某	性别	女	单位名称		某某电器有限公司
国　籍	中国	民族	汉族	单位性质		外商投资企业
身份证号码	×××××××××××××××××			代表人	姓名	赵某某
出生日期	1981年4月3日				性别	男
工作单位	某某餐饮管理有限公司				职务	法定代表人
住址	某某市某路某号某室			单位注册登记地		某市某区某路某号
电话	×××××			电话		×××××
邮编	×××××			邮编		×××××

请求事项：

1. 请求被申请人办理退工手续；

2. 要求被申请人支付 2008 年春节三天的加班工资 900 元；

3. 要求被申请人支付两个月工资的经济补偿金 4 000 元；

事实和理由：

申请人张某于 2006 年 8 月经招聘进入被申请人某某电器有限公司工作，双方签订了期限自 2006 年 8 月 15 日至 2008 年 8 月 14 日止的劳动合同，约定申请人在被申请人处担任出纳，每月工资 2 000 元，当月工资于下月 5 日发放。被申请人为申请人办理了招工录用手续。工作期间，申请人任劳任怨，有时根据被申请人的安排加班加点，但被申请人从未按照法律规定足额支付申请人加班工资。2008 年 3 月 15 日，被申请人向申请人发出提前解除劳动合同通知书。该通知书上写明，申被双方的劳动关系于 2008 年 4 月 14 日解除，被申请人将支付申请人工资至 2008 年 4 月 14 日。申请人在被申请人处工作至 2008 年 4 月 14 日，但被申请人至今未办理退工手续，也未支付经济补偿金。

申请人认为，根据该市单位招工、退工管理办法，用人单位与全工时制职工终止或解除劳动关系后，应在 7 日内办妥退工登记备案手续。现申被双方劳动关系已于 2008 年 4 月 14 日解除，故要求被申请人办理退工手续。根据《劳动法》相关规定，用人单位安排劳动者法定休假日工作的，支付不低于工资的百分之三百的工资报酬。现被申请人未按照法律规定足额支付申请人加班工资，故要求被申请人补足申请人 2008 年春节期间的加班工资。根据《××市劳动合同条例》，用人单位与劳动者解除劳动关系的，应当根据劳动者在本单位工作年限，每满一年给予劳动者本人一个月工资收入的经济补偿。现申请人在被申请人处工作满一年零八个月，故要求被申请人按 2 000 元/月支付申请人两个月工资的经济补偿金。

综上，申请人向贵委提出申请，要求依法保护劳动者的合法权益。

此致

××市××区劳动争议仲裁委员会

申请人：张某（签名或盖章）

年　月　日

附：

1. 申请书副本＿＿＿份；

2. 证据材料清单及证据＿＿＿份

证据材料清单

编号	材料内容	页数
1	劳动合同	3
2	考勤卡	2
3	加班申请单	5
4	工资单	2

续前表

编号	材料内容	页数
5	加班工资计算表	1
	（以下空白）	

提交人（当事人或代理人）签名：

仲裁机构签收确认：

仲裁申请书示例 2——用人单位提出申请

仲裁申请书

申请人：上海××科技有限公司

住所地：上海市××区××路××号 A 楼 717 室

联系电话：××××××

被申请人：孙××，男，汉族，1987 年 4 月 24 日出生

住址：××省××市××区北大街 619 号

联系电话：××××××

请求事项：

1. 裁决被申请人办理工作交接，返还其在职期间参与项目文件资料并完成遗留工作（附带资源、客户需求、剩余工作量等文件资料，恢复被申请人在职期间所使用的申请人公司电脑全部数据文件资料）；

2. 裁决被申请人赔偿因删除公司电脑资料给申请人造成的损失 616 896.00 元。

事实与理由：

2013 年 3 月 18 日，被申请人提出辞职后，即与申请人解除劳动合同，但被申请人至今拒绝与申请人进行全面工作交接，对其占有的公司项目文件资料拒不返还，且把其所使用的公司电脑上存储的项目文件资料及公司经营、管理数据文件资料全部删除，导致被申请人正在履行的合同无法继续进行及按时验收，给申请人造成了巨大损失。

根据《劳动法》及《劳动合同法》有关规定，劳动者违反规定件解除劳动合同对用人单位造成经济损失的，应当依法承担赔偿责任。被申请人的上述行为已严重违反法律规定，给申请人造成了巨大损失，现提出上述仲裁请求，请求裁如所请！

此致

           ××市××区劳动人事争议仲裁委员会

           申请人：上海××科技有限公司（盖章）

                 年 月 日

劳动仲裁答辩状示例

劳动仲裁答辩状

答辩人：厦门市××集团投资有限公司

地址：厦门市××路××号

法定代表人：××，职务：董事长

答辩人因与武某劳动争议一案（［2011］厦劳仲字第××号），提出答辩如下：

一、关于未签订书面劳动合同的二倍工资问题

1.《劳动合同法》规定未签订书面劳动合同应当支付二倍工资，其立法本意应当在于制裁不与劳动者订立书面劳动合同的用人单位。也就是说，如果用人单位愿意订立书面劳动合同，但是因为劳动者的原因未能订立的，根据过错责任原则，不能适用二倍工资的制裁。本案中，武某入职之后，答辩人就积极主动向其发出订立劳动合同的要约。但是，由于武某本人的原因，对于答辩人提出的合同不断提出修改意见，一直拖延到 2010 年 12 月 3 日双方才达成协议签订合同，对此，答辩人并无过错，不能适用二倍工资制裁。

2. 合同的签订与订立是两个不同的概念。根据合同法基本理论，合同的签订是指签署合同这个动作与结果，而合同的订立是指双方达成协议的过程，包括要约和承诺两个阶段。因此，一方发出要约，就应当视为订立合同的开始。所以，本案中，在武某入职之后，答辩人即向其主动提出签订合同的要约，应当视为已经进入订立合同的阶段，符合《劳动合同法》规定的"自用工之日起一个月内订立书面劳动合同"的要求，故不应适用二倍工资之制裁。

3. 答辩人与武某于 2010 年 12 月 3 日签订了《聘用及股权转赠合同》。从该合同的内容来看，实际涉及双方之间的劳动关系权利与义务，因此，该合同的实质就是书面劳动合同。值得注意的是，该合同第 10 条第 1 款明确载明："本合同就其项下有关事宜的约定，将取代双方在本合同之前任何书面或者口头的约定，但本合同商定的薪酬自二零一零年元月一日起计算。"也就是说，双方已经约定该合同的效力溯及 2010 年 1 月 1 日，因此应当视为双方自 2010 年 1 月 1 日起就签订劳动合同了。对此，国内已有相关司法实践予以确认。比如，2010 年 3 月 9 日深圳市中级人民法院审判委员会第六次会议讨论通过的《深圳市劳动争议仲裁、诉讼实务座谈会纪要》第 7 条规定："双方均将劳动合同的签字日期倒签在法定期限之内或者双方约定的劳动合同期间包含了已经履行的事实劳动关系期间的，应视为双方自始签订了劳动合同，在此情况下，劳动者要求用人单位支付二倍工资的，不予支持。"

4. 根据劳动法，所谓工资，是指用人单位对于劳动者付出劳动应当支付的对价或劳动报酬。对于《劳动合同法》第 82 条所规定的未签订书面劳动合同的二倍工资，从本质上来

看，只有第一倍工资属于劳动报酬意义上的工资，第二倍工资已经是在双方约定的工资范畴之外，不是劳动者的正常出勤劳动报酬，其性质应当认定为属于未签订劳动合同的法定惩罚性赔偿款，是以劳动者一个月的劳动报酬为计算惩罚的标准。这一点，从《劳动合同法》中"二倍工资"的概念出现在第七章"法律责任"可以得到印证。所以，二倍工资的争议，其性质应当确定为赔偿金争议，而非劳动报酬争议。根据《劳动争议调解仲裁法》之规定，该种性质的仲裁时效，不适用第 27 条第 4 款之规定，而应当适用第 27 条第 1 款之规定，即劳动争议申请仲裁的时效期间为一年，仲裁时效期间从当事人知道或者应当知道其权利被侵害之日起计算。因此，即使本案存在不签订书面劳动合同的问题，武某自入职之日起第二个月开始，即自 2009 年 12 月 28 日起就应当知道其权利受到侵犯，其最迟应在 2010 年 12 月 28 日之前提出权利主张。故，武某的该项仲裁请求，已经超过仲裁时效之规定。

二、无固定期限合同的双倍工资问题

1. 根据《劳动合同法》之规定，劳动合同分为固定期限劳动合同、无固定期限劳动合同和以完成一定工作任务为期限的劳动合同。对于劳动合同期限的选择，双方可以平等协商，自由确定。在本案中，武某从未向答辩人提出过订立无固定期限劳动合同的意向或者要求。相反，武某本人在 2010 年 8 月 27 日回复答辩人副总裁的电子邮件附件之《聘用合同》（草稿）中约定的合同期限为 5 年，2010 年 12 月 3 日双方正式签订的《聘用及股权转赠合同》中则约定合同期限为 8 年。不论哪一个版本的合同，双方均明确表达订立固定期限劳动合同的意思表示。因此，武某主张无固定期限合同的双倍工资没有事实依据，应当予以驳回。

2. 退一步说，如果武某是因为"用人单位自用工之日起满一年不与劳动者订立书面劳动合同"而提出所谓无固定期限劳动合同双倍工资问题的，根据《劳动合同法》第 14 条第 3 款之规定，用人单位自用工之日起满一年不与劳动者订立书面劳动合同的，视为用人单位与劳动者已订立无固定期限劳动合同。《劳动合同法实施条例》第 7 条进一步明确规定：用人单位自用工之日起满一年未与劳动者订立书面劳动合同的……视为自用工之日起满一年的当日已经与劳动者订立无固定期限劳动合同。既然法律规定视为已经订立无固定期限劳动合同了，何来双倍工资之说？

三、关于加班费问题

1. 实际上，武某每年均享受法定节假日和休息日之规定，不存在加班之说。这从武某报销的交通费单据中可以得到印证。

2. 武某的职位是总经理，是公司中的行政一把手。对于该职位，所有行业中的惯例均应为不定时工作制。武某提供的证据《考勤管理制度》第 5 条第 1 款，也可以佐证其岗位为不定时工作制。厦门市中级人民法院、厦门市劳动争议仲裁委员会《关于贯彻实施〈中华人民共和国劳动合同法〉、〈中华人民共和国劳动争议调解仲裁法〉的指导意见》第 37 条第 2 款规定："用人单位未经劳动行政主管部门批准，但依有关劳动法律法规、行业规定或行业习惯劳动者所在岗位确可实行不定时工作制与综合工时制，仲裁委员会或人民法院经审查可以认定从事该岗位的劳动者实行不定时工作制与综合工时制。"根据上述规定，武某应当实行不定时工作制，故不存在其所说的加班费问题。

3. 武某与答辩人于 2010 年 12 月 3 日签订的《聘用及股权转赠合同》第 3 条约定武某的薪酬待遇方式为年薪制。所谓年薪制，一般适用于公司高级管理人员，它与一般工资制度的最大区别是其并非根据劳动者付出的劳动时间计算薪酬，而是根据公司的经营管理状况在其年薪总额中予以体现。因此，既然实行年薪制，就不存在加班费。

4. 武某与答辩人于 2010 年 12 月 3 日签订的《聘用及股权转赠合同》第 2 条第 4 款明确约定："虽然有如上约定，但乙方确认：乙方作为公司高级管理人员，为了履行好职责，将可能在正常工作时间外加班加点，乙方不要求甲方对其加班加点另计报酬或安排补休。"该项约定，可以与该岗位按照约定或者惯例应理解为不定时工作制岗位的规定相吻合。同时，该项约定还可以理解为，双方在签订合同约定其年薪制金额之时，实际上已经将加班费考虑在内了。也就是说，答辩人已经支付的劳动报酬已经包含加班费在内了，不应再单独提出另行计算。

5. 退一步说，从举证责任的角度来看，最高人民法院《关于审理劳动争议案件适用法律若干问题的解释（三）》第 9 条明确规定：劳动者主张加班费的，应当就加班事实的存在承担举证责任。但劳动者有证据证明用人单位掌握加班事实存在的证据，用人单位不提供的，由用人单位承担不利后果。在武某提供的证据《考勤管理制度》第 5 条第 1 款规定："公司员工除经理（含）以上干部及经公司准许不要打卡之职员外，都必须准时，亲自打卡。"第 7 款则规定，平时与节假日加班应当报送加班单。因此，本案中答辩人不存在对武某的考勤记录，未持有相关证据。武某应当就其主张的加班费之仲裁请求，提供加班单和其他加班事实存在的相应证据，否则就应当承担举证不能的法律后果。

四、补发 2010 年 1 月至 2011 年 7 月工资 95 000 元问题

2010 年 12 月 3 日签订的《聘用及股权转赠合同》第 3 条第 1 款明确约定，对于武某年薪制中每月固定发放部分的薪酬外，其余部分（6 万元）必须是每服务满一年之后才能在次年春节前足额发放。实际上，在今年（2011 年）春节期间，答辩人的法定代表人已经通过现金红包的方式，向武某直接支付了人民币 8 万元整，故对其该项主张不应予以支持。

五、关于违约金 5 万元问题

1. 答辩人调整武某的工作岗位，是征得武某本人的同意后进行的。实际上，武某本人也接受该岗位调整，并在福建某专用汽车有限公司担任总经理职务。自 2011 年 6 月 23 日调整之后，武某也以该公司总经理身份行使职权，这足以表明武某本人接受了该岗位调整。

2. 退一步说，即使武某本人不同意该岗位调整，其所主张的违约金也是没有法律依据的。违约金包括法定违约金和约定违约金，《劳动合同法》并未规定这种情况下的法定违约金，2010 年 12 月 3 日签订的《聘用及股权转赠合同》也没有相应违约金之约定。故，武某该项仲裁请求没有依据，应当予以驳回。

六、关于经济补偿

1. 武某于 2011 年 7 月 12 日召开会议过程中，擅自离职，不在公司上班，已经构成旷工。后来，其于 2011 年 7 月 15 日以不同意调整岗位为由向公司提出辞职。如上所述，鉴于该岗位调整是征得武某本人同意的，因此其离职原因不成立。

2. 本案中，武某从未以答辩人未足额提供劳动报酬及社保缴交问题向答辩人提出任何权利主张或者提出解除合同。实际上，答辩人并未拖欠武某的劳动报酬，社会保险也按照武某本人的要求按月足额以现金方式向武某支付了。因此，其据此提出的经济补偿之请求依法无据，应当予以驳回。

七、关于补发 2011 年 7 月工资问题

武某于 2011 年 7 月 12 日召开会议过程中，擅自离职，不在公司上班，已经构成旷工。后来，其于 2011 年 7 月 15 日向公司提出辞职。因此，扣除休息日后，武某 2011 年 7 月实际工作天数为 8 天。根据劳社部发［2008］3 号《关于职工全年月平均工作时间和工资折算问题的通知》，每月计薪天数应为 21.75 天。故，2011 年 7 月武某应得工资应为：15 000÷21.75×8＝5 517.24 元。

八、补缴社保问题

武某在入职答辩人处以来，以其个人原因为由拒不配合社保缴交手续，并向公司申请以现金方式向其支付社会保险费。答辩人按照武某本人的要求，每个月在其工资之中以现金方式发放社会保险费用 458 元，由其个人在其家乡自行投保。故，答辩人无须再向其承担补交社会保险费之义务。

此致

厦门市劳动争议仲裁委员会

答辩人：厦门市某集团投资有限公司

2011 年 8 月 23 日

劳动争议仲裁反申请示例

劳动争议仲裁反申请书

（适用用人单位提出仲裁反申请）

		名称				
反申请人（用人单位）		法定代表人/负责人		联系电话		
		住所				
被申请人	第一（自然人）	姓名		性别		民族
		公民身份号码				
		联系电话				
		住所				
	第二（单位）	单位名称				
		法定代表人/负责人		联系电话		
		住所				
第三人	单位	名称				
		法定代表人/负责人		联系电话		
		住所				
	自然人	姓名		性别		民族
		公民身份号码		联系电话		
		住所				

仲裁反请求：

_____

_____

事实理由：

_____

_____

_____

_____

反申请人（盖章）：

日期：　年　月　日

（注：1. 本反申请书应用钢笔或水笔填写清楚完整；2. 反申请人应提交劳动争议仲裁反申请书正本一份，并按被反申请人和第三人人数提交副本；反申请人自行保存副本一份。）

劳动争议仲裁反申请书

（适用劳动者提出仲裁反申请）

反申请人 （劳动者）		姓名		性别		民族	
		公民身份号码		联系电话			
		住所					
被反申请人（单位）	第一	名称					
		法定代表人/负责人		联系电话			
		住所					
	第二	名称					
		法定代表人/负责人		联系电话			
		住所					
第三人	单位	名称					
		法定代表人/负责人		联系电话			
		住所					
	自然人	姓名		性别		民族	
		公民身份号码		联系电话			
		住所					

仲裁反请求：_____

_____

事实理由：_____

_____

_____

_____

反申请人（签名）：

日期：　年　月　日

（注：1. 本反申请书应用钢笔或水笔填写清楚完整；2. 反申请人应提交劳动争议仲裁反申请书正本一份，并按被反申请人和第三人人数提交副本；反申请人自行保存副本一份。）

附录3：第三人文书

示例1——追加第三人申请书

追加第三人申请书

申请人：刘××

住址：广东省番禺市××区××路××号

联系电话：××

被申请人：广东××电子科技有限公司，法定代表人：高××

住所地：广州市××区××路××号

联系电话：××××××

请求事项：

请求追加广东××电子科技有限公司作为本案第三人参加仲裁活动。

事实与理由：

申请人自2007年6月开始在广东××电子科技有限公司工作，签订了劳动合同，并由该公司发放工资，后被派到其下属公司工作，用人单位改为下属公司，但工资支付没有变化。申请人认为，本案件的处理结果与被申请人广东××电子科技有限公司具有法律上的利害关系。根据相关法律之规定，申请人请求贵委将广东××电子科技有限公司追加为本案的第三人，恳请予以准许。

此致

番禺市××区仲裁委员会

申请人（签名）：

年　月　日

示例2——追加第三人通知书

仲裁第三人通知书

×劳人仲字［20］第号

————————：

根据《中华人民共和国劳动争议调解仲裁法》第二十三条的规定，本委决定（根据当事人的申请/依职权）追加你（单位）为劳动人事争议案件的第三人参加仲裁活动，并将有关事项通知如下：

一、请你（单位）在送达回执上签收本通知、申请书副本及有关的仲裁文书。

二、在收到申请书副本之日起十日内，向本委提交答辩书。不按时提交或不提交答辩书的，不影响本案的处理。

三、提交法定代表人（或主要负责人）身份证明书。如需委托代理人，应当提交授权委托书，授权委托书应载明委托事项和权限，并于收到之日起十日内提交本委。

四、有独立请求事项的，应于答辩期内提出，逾期作另案处理。

五、在本案审理期间，你（单位）享有的权利有：委托代理人、申请回避、提供证据、进行辩论、请求调解。同时应当承担的义务有：按时到庭、遵守仲裁庭纪律、服从仲裁庭指挥、如实陈述事实、如实提供证据、尊重对方当事人及其他仲裁活动参加人的权利、履行发生法律效力的裁决书或调解书。

××市××区劳动争议仲裁委员会

年　月　日

附录4：财产保全申请书示例

财产保全申请书

申请人：杨××，女，汉族，1978年4月6日生，住××省××市下关镇万花路××号××栋2单元3楼2号，身份证号码：×××××××××××××××××××××，手机：××××××××××。

被申请人：××有限公司，法定代表人：××

住所地：××××××××××

联系电话：××××××××××

请求事项：申请对被申请人的下列财产进行查询及保全：

1. 定期存单：账户39500×××××××××××，湘潭建行分行开户，存款40 000.00元；

2. 活期账户：账号39500×××××××，湘潭建行分行开户，存款50 000元。

事实和理由：

申请人与被申请人因劳动争议工伤纠纷，已向贵委提起仲裁申请，为防止被申请人转移财产，特向贵院申请保全。

本申请人提供如下担保：家庭共有的房产一套。坐落于××市××路××号，房屋所有权证号2005×××××，建筑面积105.32平方米，市场价值在60万元左右。

特此申请。

此致

××市人民法院

申请人：

年　月　日

附：房屋所有权证复印件一份

附录 5：先予执行申请书示例

先予执行申请书

申请人：××，男，出生年月：1974 年 5 月 8 日。

住址：××市××区朝阳路××号院×号楼×××室。

电话：××××××

被申请人：××有限公司法定代表人：××，职务：董事长。

地址：××市××区××大街 159 号

电话：××××××

请求事项：

申请先予执行被申请人××公司向申请人支付拖欠的工资合共××××元。

事实和理由：

申请人××与被申请人××公司劳动争议纠纷一案，于××××年××月××日向××市××区劳动争议仲裁委员会申请，并已经受理。申请人和被申请人之间劳动法律关系明确，被申请人拖欠申请人工资将近一年，致使申请人及其家人的生活陷入了困难之中，并给申请人及其家人的精神造成了巨大的痛苦及伤害，不先予执行将使申请人的生活受到严重影响，而且被申请人有逃跑拒绝支付工资的情形，不先予执行将导致日后无法执行，严重损害申请人的合法权益。为缓解申请人目前生活的燃眉之急，根据《劳动争议调解仲裁法》第四十四条规定及《中华人民共和国民事诉讼法》第一百零六条的规定，特向贵委申请对被申请人××有限公司强制先予执行。

此致

××市××区劳动争议仲裁委员会

申请人（签字）：

年 月 日

附录 6：案例分析

案例一

孙某系某机械厂员工，2009 年 7 月 7 日，孙某在工作时左手被机器压伤，随即被送往医院住院治疗。出院后，孙某与该机械厂厂长李某签订和解协议：（1）解除劳动关系。（2）李某一次性赔偿孙某损失 3 万元。

2009 年 7 月 27 日，孙某申请工伤认定，经九江市劳动能力鉴定委员会鉴定为七级伤残。随即，孙某向当地劳动争议仲裁委员会申请仲裁。2010 年 7 月 8 日，劳动争议仲裁委员会作出了仲裁裁决书，认定李某在孙某未作劳动能力鉴定之前与孙某自行签订和解赔偿协议，规避了法定的责任和义务，该和解协议无效。机械厂未按法律规定参加工伤保险，应按工伤保险条例的规定支付孙某人各项工伤待遇。裁决机械厂赔偿孙某各项损失 5 万余元。机械厂不服该裁决，向法院提起诉讼。

本案在审理过程中产生了两种不同分歧意见。

第一种意见认为，应当撤销仲裁裁决书，确认赔偿协议书有效。理由是：（1）仲裁委员会认定协议无效，系违反法律规定，超越职权。（2）根据《中华人民共和国劳动争议调解仲裁法》第 4 条规定，发生劳动争议，劳动者可以与用人单位协商，达成和解协议且已履行，该和解协议应为有效。李某不应再承担工伤赔偿责任。故仲裁委员会作了的仲裁裁决书是错误的。

第二种意见认为，在伤残鉴定之前，李某利用其优势地位，与孙某签订了和解协议，解除劳动关系。由于孙某无知，没有经验，而在未进行工伤认定和伤残鉴定前解除了劳动关系，其赔偿额远远低于工伤保险条例的标准，致使双方的权利义务关系显失公平，所以该私了协议无效。

最后，经审理，法院认为，孙某因工受伤致残，依照《工伤保险条例》的规定应该享有工伤待遇权利。机械厂未按法律规定参加工伤保险，应当按《工伤保险条例》规定向李某支付各项工伤待遇。孙某发生工伤后，在未经劳动行政部门认定工伤和评定伤残等级的情况下，与李某私下达成赔偿协议，导致赔偿数额显失公平，符合可撤销的民事法律规定。法院判决认定和解协议无效，并判决机械厂赔偿孙某各项损失 5 万余元。

思考问题：

1. 在什么情况下签署的和解协议是无效的？
2. 要求确认和解协议无效应经过哪些程序？

案例二

老孙是某市纺织厂的职工，于 2013 年 6 月在上班途中不幸发生交通事故。当地劳动保障部门认为，该交通事故因发生在上班途中，故认定老孙为工伤并应按照国家有关法律法规的规定和劳动能力鉴定的结果，由社保经办机构计发有关工伤待遇。

半年后，经与同类情况的其他工伤职工比较，老孙认为社保经办机构对其待遇支付有误，以社保经办机构为被申请人向当地的劳动争议仲裁委员会提起劳动争议仲裁。结果，对老孙的仲裁申请，劳动争议仲裁委员会以该争议不属于劳动争议仲裁的受案范围为由不予受理。

思考问题：

老孙被驳回的原因是什么？如何解决他的问题？

案例三

申请人与被申请人某印刷公司之间存在劳动关系。被申请人注册地在天津，在廊坊市设立办事处，但没有进行相关的工商注册登记。被申请人招用申请人工作地点在廊坊市，但是没有与申请人签订书面劳动合同，没有为申请人缴纳社会保险，但以扣个人所得税为由克扣申请人工资。2010 年 5 月 18 日被申请人突然单方面口头宣布解除与申请人劳动关系并拒绝支付申请人 4 月份的工资。被申请人的行为严重侵害了申请人的合法权益，申请人就此向廊坊市某区劳动争议仲裁委员会申请仲裁。

仲裁审理中，被申请人答辩称：第一，仲裁委员会对本案不具有管辖权。被申请人公司注册地在天津，天津是公司实际工作场所，案件应当移送天津。第二，申请人与被申请人公司之间不具有劳动关系，申请人所述与事实不符，所提供证据不具有证明力，其仲裁请求应予以驳回。

经审理，廊坊市某区仲裁委员会认定申请人与被申请人之间存在事实劳动关系，被申请人没有与申请人签订书面劳动和同。被申请人提出的管辖权异议问题，虽然被申请人公司注册地在天津，但申请人提供的相关证据证明被申请人在廊坊市设有实际的办事机构，因此仲裁委对本案具有管辖权。经审理，申请人的支付 4 月份工资及相应经济补偿金、未签订书面劳动合同的另一倍工资、违法解除劳动关系的经济补偿金、缴纳相应社保的仲裁请求均得到支持。

思考问题：

1. 劳动争议仲裁管辖的基本原则是什么？
2. 判断劳动者与用人单位建立劳动关系的标准是什么？

案例四

2009 年 1 月，某公司与苏某、李某签订了劳动合同。由于苏某、李某二人具有该公司主营业务急需的专业技术，因而公司聘请二人作为专业技术人才担任公司的项目经理。

公司与苏某和李某在劳动合同中约定了双方的权利义务，其中明确约定苏某和李某的薪酬由基本工资加利润分红构成，分红的具体数额根据本人参与项目完成结算后的利润的10％计算。

二人任职后为公司成功策划并运作若干大型项目，公司的业务因此得以稳固并不断拓展。

2009 年 9 月，苏某、李某与公司之间对利润分配产生了争议。二人认为，公司有意隐瞒一个大型项目所获利润，该项目实际获利 450 万元，应付二人利润分成 45 万元。

于是，苏某、李某向本地劳动争议仲裁机构提出仲裁请求，要求公司按照约定比例给付足额的利润分成。公司答辩称此争议是普通民事争议，不属于劳动争议，仲裁机构无权受理。

对于本案所涉争议的属性，律师分析如下：

利润分红在实践中一般有两种情况。

第一种情况是，利润分红属于单位福利或者劳动报酬。如近年来一些企业与工会协商实行的工资加劳动分红机制，就是单位给员工增加福利待遇的具体表现。这种有关福利待遇的许诺往往出现在招聘启事或者单位内部的规章制度中。很多用人单位为吸引高素质劳动者，在工资之外承诺给劳动者优厚的利润分配，或者，用人单位为鼓励劳动者积极工作而以分配利润作为对表现优秀的劳动者的奖励。这些都可以被视为用人单位给劳动者的福利。另外，分红也可能属于特殊的劳动报酬。比如，用人单位为了向发挥关键作用的技术管理人员支付基本工资以外的劳动报酬，约定以一定比例的利润作为支付这种特殊报酬的方式。这一部分特殊的薪资当然应该是劳动报酬。在分红属于单位福利或者劳动报酬的情形下，根据《劳动争议调解仲裁法》第2条，用人单位与劳动者之间关于福利或劳动报酬的争议属于劳动争议，劳动争议仲裁机构应该受理。

第二种情况是，利润分红属于股东因出资所获得的股息。这种情况不由《劳动法》调整而应该由民法调整。按照《公司法》第27条规定，股东可以用货币出资，也可以用实物、知识产权、土地使用权等可以用货币估价并可以依法转让的非货币财产作价出资。如果用人单位和劳动者约定，具有专业技术的劳动者一方以具有知识产权的专有技术形式出资并按照出资比例享有利润，那么这种利润就不属劳动报酬。即使此时有关利润分配的条款写在劳动合同之中，也不等于当事人根据合同享有的利润属于劳动报酬。在劳动合同既约定基本工资也约定技术出资的情形中，劳动合同文本实际上混合了劳动合同和出资合同。技术出资属于出资合同的事项，因技术出资约定的利润分配不属于劳动者和用人单位之间劳动关系的范畴，而属于股东与股东之间的民事合同关系。因此，有关分红的争议不属于《劳动法》调整的范围，也不应该由劳动争议仲裁机构受理。遇到此种情况，当事人应该按照民事法律规定向人民法院起诉。

上述案件中，该公司与苏某、李某在劳动合同中约定的利润分红属于第一种，是用人单位为发挥关键技术能力的劳动者提供的特殊劳动报酬。与此有关的争议，劳动争议仲裁机构应该受理。

案例五

申请人：余某

被申请人：某通信集团分公司

第三人：某商务服务有限公司

申请人诉称：2007年7月13日，申请人到被申请人单位从事市场营销工作，由被申请人为申请人发放的工资表、工作胸卡。被申请人收取申请人500元押金的证据，证明申请人、被申请人双方已形成事实劳动关系。2009年10月1日，申请人与第三人签订《劳务协议》，因签协议的地点是被申请人单位，协议的用人单位当时是空白的，故申请人误认为该协议是与被申请人之间签署的情况下才签的，因此，该协议因系被申请人欺诈而无效。综上所述，故请求判令：（1）被申请人支付经济补偿金9 384.21元，支付未签订书面劳动合同应支付的双倍工资48 826.18元（2008年2月—2008年12月），支付加班费8 140元，支付业务提成款4 000元，返还押金500元。（2）被申请人给申请人出具终止、解除劳动关系证明。

被申请人辩称：（1）申请人曾与被申请人合作，双方签订有业务代办协议，申请人的行为属于民事代理关系，双方之间并不存在劳动关系。（2）2009年10月1日被申请人将代办业务整体外包给第三人，申请人、被申请人之间代理关系自然终止。（3）申请人与第三人签订协议后，申请人、被申请人之间的代理关系终止后，申请人交纳的卡品押金均已转交给第三人。根据上述理由，申请人与被申请人之间不存在劳动关系，申请人的全部请求均不属于劳动争议范围，应驳回申请人的诉请。卡品押金已转交给第三人，应由第三人转交给申请人。

第三人辩称：2009年10月1日我公司与申请人签订劳务代办协议。因双方签订有协议。申请人在我们签订劳务协议后，没有书面和口头的通知，就自动离职，申请人的押金，我们不知道在哪儿。

经审理查明：申请人于2007年7月被被申请人招聘为业务代办员，双方没有签订劳动合同，申请人的报酬主要以个人业务开展情况提取佣金。2009年6月1日，申请人与被申请人签订《移动业务代办协议》，该协议明确约定了双方之间的代办关系和代办内容。2009年5月，被申请人与具有劳务派遣资质的第三人签订《业务外包协议》进行劳务派遣合作，2009年10月1日，申请人与第三人签订了2009年10月1日至2011年4月30日《劳务协议》。由第三人将申请人以劳务派遣形式派遣到被申请人处工作。2009年12月，申请人辞去了被申请人某通信集团公司业务代办员业务，但第三人未与申请人办理解除合同的相关手续，申请人进单位时交有押金500元。

另查明：庭审中，申请人提供了工资卡和工资明细表、上岗证、押金收据、荣誉证书、证人的证人证言、话费单据、考勤表、催要押金短信、同为业务代办员的工资组成明细表等证据，证明申请人、被申请人双方系劳动关系，申请人的工资也是由基本工资（直销员）加奖金组成的。对此，被申请人并不认可，称工资卡和工资明细表并不能证明双方就是劳动关系，而且从工资明细表中看，申请人的工资忽高忽低，相差太大，也证明了双方系代理关系，而非劳动关系。上岗证只是证明申请人能办理业务，而且上岗证也未加盖公司的印章，不能证明系被申请人发放的。押金收据是收取的卡品押金，不是劳动关系的押金，不能证明是劳动关系。荣誉证书是为了嘉奖在代办员中代办业务优秀的人员，与被申请人之间不存在人身依附性，不能证明存在劳动关系。证人的证言与申请人在诉状中的陈述不一致。证人证明情况无法说明申请人要证明的问题。话费单据无加盖公章，不能说明与被申请人的关系，按申请人、被申请人双方的代办协议，被申请人可以为代办人员报销一定的话费。考勤表不能说明来源，对其合法性不认可，上面的签名也是假的，笔迹明显不一致。催要押金短信不能证明什么问题。工资组成明细表不能证明双方系劳动关系，该表中的直销员418.14元，并不是基本工资，而是完成业务后提取的基础奖励代办费。第三人对申请人提供的证据无意见。

仲裁委认为：申请人与被申请人之间未注重劳动过程，强调的只是劳动成果的交换，即按业务量完成的多少来支付佣金，且双方也签订有《移动业务代办协议》，该协议明确约定了双方之间的代办关系和代办内容，因此，双方之间不属于劳动关系，而是委托代理关系。申请人诉称双方属劳动关系，但其提供的证据并不能充分证明双方属劳动关系，且也不能对抗双方签订的《移动业务代办协议》，故对申请人该诉称，因证据不足，不予采信。但被申请人某通信集团公司收取申请人的押金500元，应予返还。

2009年10月1日之后，因申请人与第三人签有《劳务协议》，而第三人是劳务派遣单位，派遣单位对劳动者履行的是用人单位对劳动者的义务，双方是劳动关系，故申请人与第三人签订的《劳务协议》无效，应按劳动关系对待。申请人与第三人之间形成劳动关系，按照《劳动法》规定，用人单位与劳动者存在劳动关系期间，双方均应依法参加社会保险，缴纳养老、失业等社会保险费，虽申请人于2009年12月辞去了工作，但因未与申请人办理解除合同的相关手续，故双方的劳动关系仍然存在。第三人应给申请人缴纳双方存在劳动关系期间的养老、失业等社会保险费。故依照《中华人民共和国劳动法》第七十二条，《中华人民共和国劳动合同法》第五十八条、第五十九条，《中华人民共和国劳动争议调解仲裁法》第二条之规定，裁决如下：

一、第三人于本判决生效后10日内为申请人缴纳2009年10月1日以来的养老、失业、医疗等社会保险费，具体数额以××市或××区社会保险机构核算的为准。

二、被申请人某通信集团分公司于本判决生效后10日内退还申请人余某押金500元。

三、驳回申请人余某的其他诉讼请求。

思考问题：

1. 劳动争议案件追加第三人的依据和原则是什么？

2. 第三人在劳动争议案件中应承担什么法律责任？

附录7：仲裁裁决书示例

厦门市劳动争议仲裁委员会

裁决书

厦劳仲案〔2009〕××号

申请人：厦门XY连锁店有限公司

住所：福建省厦门市×××

法定代表人：×××，职务董事长

委托代理人：郑××，福建厦门××律师事务所律师

第一被申请人：陈××，女，汉族，公民身份号码：35020419×××××××40××，住福建省厦门市×××

委托代理人：庄××，福建××律师事务所律师

第二被申请人：史××，男，汉族，公民身份号码：35020419××××××××20××，住福建省厦门市×××

委托代理人：庄××，福建××律师事务所律师

申请人因损失赔偿与被申请人发生劳动争议，于2009年7月23日向本委申请仲裁；

本委于 2009 年 7 月 27 日立案受理。本委依法指派仲裁员适用简易程序独任仲裁，并于 2009 年 8 月 21 日公开开庭审理本案。申请人的委托代理人和被申请人及其委托代理人到庭参加庭审。经本委开庭调解，各方当事人未能达成协议。本案现已审理终结。

申请人就其仲裁申请述称：两被申请人先后于 2000 年 8 月、2007 年 3 月进入申请人处工作，岗位分别为湖滨南分店的店长和班长。因两被申请人未按照规定将 2008 年 8 月 13、14 日的营业款人民币 13 215.8 元及时存入银行，致使该款项丢失。现申请人提出仲裁请求，请求裁令两被申请人赔偿营业款人民币 13 215.8 元。

被申请人辩称：(1) 申请人的请求缺乏事实依据。公司没有当日将营业款存入银行的规定，被申请人将营业款存入银行的时间符合通常做法。(2) 申请人的请求缺乏法律依据，其申请书没有明确载明法律依据何在。故，请求驳回申请人的请求事项。

经审理查明，双方当事人对下列事实均无异议，本委予以确认：

第一被申请人于 1999 年进入被申请人处工作，并于 2008 年 8 月与申请人签订劳动合同，岗位为厦门区域所有分店店长，合同期限自 2008 年 8 月 1 日起至 2010 年 7 月 31 日止。第二被申请人于 2006 年进入被申请人处工作，并于 2007 年 3 月与申请人签订劳动合同，岗位为营业员，合同期限自 2007 年 3 月 1 日起至 2009 年 2 月 28 日止。申请人湖滨南分店共有三位班长（含店长），第一被申请人实际担任申请人湖滨南分店店长一职，第二被申请人实际担任申请人湖滨南分店班长一职。2008 年 8 月 13、14 日申请人湖滨南分店共收取营业款人民币 13 215.8 元，这两天的当班班长为两被申请人。前述营业款未缴存银行，存放在申请人湖滨南分店店内保险柜内。2008 年 8 月 18 日，第一被申请人发现前述营业款丢失，并于 2008 年 8 月 20 日向厦门市公安局梧村派出所报案。因与申请人就营业款丢失赔偿纠纷，第一被申请人于 2009 年 3 月份离职，第二被申请人于 2009 年 2 月份离职。上述事实，有申请人提交的《劳动合同》、《参保人员缴交社会保险证明》、《商店前台收银当班报表》、《现金交款单》等证据，以及各方当事人签字确认的《开庭笔录》为证。

申请人主张：两被申请人严重违反当日营业款次日缴存的规定，且对该款项保管不善导致营业款丢失，因此应当赔偿该损失。为证明其主张，申请人向本委提交下列证据：(1)《关于商店现金管理条例》，证明两被申请人未依照规定妥善管理并缴存营业款。两被申请人质证认为，该证据是案发之后才做出来的，案发之前其并不知道该规定的存在。(2)《报警回执》，证明营业款丢失情况。两被申请人质证认为，对该证据的真实性没有异议。(3) 申请本委向厦门市公安局梧村派出所调取的《询问笔录》，证明两被申请人未尽谨慎管理职责。两被申请人质证认为，对该证据的真实性没有异议，但两被申请人对营业款的丢失没有过错。

两被申请人主张：申请人财务制度混乱，案发之时并没有所谓的营业款现金管理制度，两被申请人对营业款的丢失没有过错，申请人的索赔没有法律依据。为证明其主张，两被申请人申请本委依法向申请人调取的 2008 年 7 月份《现金交款单》，证明公司对营业款缴交时间没有确切规定，两被申请人对于营业款的保管和缴存不存在过错。申请人质证认为，对该证据的真实性没有异议，但部分营业款没有按时缴交是因为周末等特殊原因。

本委认为：申请人虽然提交了《关于商店现金管理条例》，但两被申请人对其真实性予以否认。申请人未能举证证明该制度是在案发之前制定并告知两被申请人，应当承担举证不能的法律后果。从申请人提供的 2008 年 7 月份《现金交款单》来看，确实存在最长隔五天才缴存营业款的情况。由此可见，申请人所主张的次日向银行缴存营业款是两被申请人缴款期限难以认定。另从申请人申请本委向厦门市公安局梧村派出所调取的第一被申请人《询问笔录》以及本案各方当事人签字确认的《开庭笔录》可以看出，两被申请人在收取了 2008 年 8 月 13、14 日的营业款后，因为周末缘故将营业款存放在店内保险柜内。该保险柜是开业以来一直使用的机械式保险柜，固定使用一把钥匙，其间虽有人员变动钥匙也未更换；保险柜的钥匙有时候是当面交接，有时候是放在办公室抽屉交接；办公室抽屉钥匙由三个班长各自保管一把，但所有员工都能随意出入办公室；该保险柜虽有密码但长期固定在开启状态，这是店里所有员工都知道的情况；案发之前办公室和保险柜没有安装录像监控。由于上述诸多原因，前述营业款在保险柜未被挖撬的情况下遗失。

营业款管理是企业财务制度的重要组成部分，作为用人单位应当严格建章立制并告知劳动者，同时在执行过程中还应当有相应的督察监管制度，发现问题及时纠正，以确保营业款管理的安全。此外，对员工进行必要的培训、教育、监督、管理也是用人单位应尽的义务，以确保员工的行为符合公司管理需要，并保障必要的安全生产秩序。申请人未能举证证明其明确要求班长必须在次日向银行缴存营业款制度的存在，且对于公司在营业款现金交接、保管和缴存管理方面存在的安全隐患长期失察，未能及时纠正各种不利于营业款安全的做法，以及采取其他必要的安全防范措施。被申请人的做法虽然有欠妥当，但主要是沿袭长期以来的未被申请人纠正的惯例所致。因此，本案营业款的丢失，与申请人的管理失职有着重大关系，申请人的过错程度和应负责任明显大于被申请人，其要求被申请人承担营业款丢失之损失赔偿责任，没有充分的事实依据和法律依据，本委不予支持。

综上，依据《中华人民共和国劳动争议调解仲裁法》第二条、第五条、第六条、第二十七条、第三十一条、第三十九条、第四十三条、第五十条，《中华人民共和国劳动法》第四条、第六十八条之规定，现裁决如下：

驳回申请人的仲裁请求。

双方当事人若不服本裁决，可自收到本裁决书之日起十五日内向人民法院提起诉讼；期满均不起诉的，本裁决书发生法律效力。

仲裁员×××

二〇〇九年九月八日

书记员×××

附录8：其他仲裁机构文书示例

一、决定书示例

厦门市劳动争议仲裁委员会
决定书

厦劳仲案［200×］×号

申请人：×××（姓名），×（性别），×族，公民身份号码：××××××××××××××××××，住××省××市××路××号××室

委托代理人×××（姓名），×（性别），×族，公民身份号码：××××××××××××××××××，住××省××市××路××号××室

被申请人：××××有限公司（单位全称）

住所××省××市××路××号×楼

法定代表人×××（姓名），××（职务）

委托代理人×××，××××律师事务所律师

申请人因××××（案由）与被申请人发生劳动争议，于200×年×月×日向本委申请仲裁，并提出仲裁请求：（1）××××××××××××；（2）××××××××××。本委于200×年×月×日立案受理后，依法组成仲裁庭［指派仲裁员独任］仲裁本案。

经审查，申请人［本案被申请人］曾因××××（案由）与被申请人［本案申请人］发生劳动争议，于200×年×月×日向本委提出仲裁申请；本委已于200×年×月×日立案受理，案号为厦劳仲案［200×］×号；而该案与本案具有关联性。依据《中华人民共和国劳动争议调解仲裁法》第二条、第五条、第三十一条之规定，现决定将厦劳仲案［200×］×号案件与本案合并仲裁。［被申请人于该案提出的仲裁申请列为本案的仲裁反申请］。

首席仲裁员×××

仲裁员×××

仲裁员×××

二〇〇×年×月×日

书记员×××

（注：本决定书"［］"中的内容为可选择的表述，"（）"中的内容为注释。本决定书适用本案被并入他案审理。本决定书应载明当事人提出的仲裁请求或仲裁反请求。）

二、审理事项申请书示例

审理事项申请书

××劳动争议仲裁委员会：

本当事人系贵委立案受理的厦劳仲案［××］号劳动争议仲裁案的□申请人/□被申

请人/□第三人。现提出下列第　项申请：

一、申请证人出庭作证。

证人姓名：＿＿＿＿＿，公民身份号码：＿＿＿＿＿＿＿＿＿＿＿，

证明对象：＿＿＿＿＿＿＿＿＿＿。

证人姓名：＿＿＿＿＿，公民身份号码：＿＿＿＿＿＿＿＿＿＿＿，

证明对象：＿＿＿＿＿＿＿＿＿＿。

证人姓名：＿＿＿＿＿，公民身份号码：＿＿＿＿＿＿＿＿＿＿＿，

证明对象：＿＿＿＿＿＿＿＿＿＿。

二、调查收集证据。

证据内容：＿＿＿＿＿＿，

证明对象：＿＿＿＿＿＿，

被调查人（单位）：＿＿＿＿＿＿＿＿＿＿＿＿＿＿＿＿＿＿＿。

三、鉴定。

鉴定对象：＿＿＿＿＿＿，

鉴定目的：＿＿＿＿＿＿。

四、请求鉴定机构派鉴定人参加开庭。

五、延长举证期限至＿＿＿年＿＿＿月＿＿＿日止。

六、□变更开庭时间/□延期开庭。

七、适用□简易程序/□普通程序审理本案。

八、□公开/□不公开审理本案。

九、采取书面方式审理本案。

十、自＿＿＿年＿＿＿月＿＿＿日起□中止/□恢复本案审理。

十一、裁决先予执行。先予执行的□仲裁请求/□仲裁反请求：＿＿＿＿＿＿＿＿＿。

十二、部分先行裁决。先行裁决的□仲裁请求/□仲裁反请求：＿＿＿＿＿＿＿＿＿。

十三、其他：＿＿＿＿＿＿＿＿＿＿＿＿＿＿＿＿＿＿＿＿＿＿＿＿＿＿＿＿＿＿＿。

上述申请的理由如下：＿＿＿＿＿＿＿＿＿＿＿＿＿＿＿＿＿＿＿＿＿＿＿＿＿＿＿。

请予准许。

附：（确需提出上述申请的证明材料）

当事人：

代理人：

日期：××××年××月××日

三、协助调查通知书示例

厦门市劳动争议仲裁委员会
协助调查通知

厦劳仲案 ［××］ 号

被通知人：

依据法律、法规的规定，劳动争议仲裁委员会处理劳动争议过程中，有权向有关单位

查阅与案件有关的档案、资料和其他证明材料，并有权向知情人调查；有关单位和个人不得拒绝。因本委处理当事人与_____的劳动争议仲裁案需要，现通知你（单位）协助本委调查，并将有关事项通知如下，请予配合。

一、收到本通知后，应在送达回证上签名或盖章，并注明收到时间；签收后将送达回证退回本委。

二、你（单位）应于____年__月__日时分到达地点接受本委调查。

三、调查内容：_____。

四、□你应提交身份证件复印件并提交原件核对。/□你单位可委托代理人接受调查；代理人接受调查时应向本委提交由你单位法定代表人或负责人签字或盖章并加盖单位公章的接受协助调查委托书，且应提交身份证件复印件并提交原件核对。

五、接受调查应如实陈述和提供所知道的涉及案件审理的一切客观事实和有关材料；否则，将承担法律责任。

××××年××月××日

仲裁庭（仲裁员）签发：

备考（情况反馈）：

（注：被通知人为自然人，加注公民身份号码；被通知人为单位，填写单位全称。通知第四项应区分被通知人作相应选择。）

四、委托调查函示例

厦门市劳动争议仲裁委员会
委托调查函
厦劳仲案［××］号

××劳动争议仲裁委员会：

本委已受理申请人和被申请人及第三人的劳动争议仲裁案（厦劳仲委［××］号），现因审理本案需要调查，特委托贵委代为调查。

被调查人：_____，住所：_____，联系电话：_____。

调查事项：_____。

本委联系人：_____，联系电话：_____，联系地址：_____。

贵委收到本函后请在收函回执上签收并将收函回执退回本委。贵委调查后亦请将调查的事实和相关材料移送本委。

请予支持为盼。

××××年××月××日

仲裁庭（仲裁员）签发：

备考（情况反馈）：

（注：被调查人为单位，填写单位全称；被调查人为自然人，加注公民身份号码。）

五、证人宣誓暨保证书示例

证人宣誓暨保证书

××劳动争议仲裁委员会：

本人姓名：_____，性别：_____，身份证件和编号：_____，自愿作为贵委立案受理的×劳仲案［××］号的劳动争议案中下列第__项当事人（1. 申请人；2. 被申请人；3. 第三人）的证人出庭作证，接受贵委调查和各方当事人的质询。

本人与该当事人存在关系。

本人宣誓：以本人的人格和良知担保，本人将忠实履行法律规定的作证义务，保证如实陈述，毫无隐瞒。如违誓言，愿接受法律的处罚和道德的谴责。

本人依法自愿作出如下保证：如实提供本人所知道的涉及案件审理的一切客观事实，不作伪证，不提供虚假证词，不隐匿证据；如与上述保证相悖，愿意承担法律责任。

附：

一、本人身份证件复印件。

二、本人联系电话：_____，住址：_____。

三、其他：_____。

证人：
××××年××月××日

本章思考题

1. 申请劳动争议仲裁应提交哪些材料？有哪些注意事项？

2. 如何撰写仲裁申请书？如何提出反申请？

3. 如何撰写答辩书？

4. 收集、提交证据及举证时应注意哪些事项？

5. 仲裁开庭审理的流程是怎样的？

第
六
章

参与劳动诉讼

通过本部分的学习，你应当掌握：

1. 哪些争议属于劳动争议。

2. 哪些请求事项属于人民法院的受案范围。

3. 劳动争议仲裁前置原则的例外情形。

4. 一裁终局的含义和适用范围。

5. 劳动诉讼案件的管辖。

6. 财产保全。

7. 支付令。

第一节 诉讼阶段审查事项

一、审查该争议是否属于劳动争议

具体内容参见第二章第二节第四目。

二、审查诉讼请求是否经过劳动仲裁争议委员会处理

（一）劳动仲裁前置

我国劳动争议的处理机制是一裁二审，仲裁前置是我国劳动争议处理的原则之一。劳动仲裁因此成为劳动争议处理程序中一个非常重要的程序。

（二）劳动仲裁前置之例外（不经劳动仲裁、直接可以向人民法院起诉）

1. 劳动者以用人单位的工资欠条为证据直接向人民法院起诉，诉讼请求不涉及劳动关系其他争议的，视为拖欠劳动报酬争议，按照普通民事纠纷受理。

2. 当事人在劳动争议调解委员会主持下仅就劳动报酬争议达成调解协议，用人单位不履行调解协议确定的给付义务，劳动者直接向人民法院起诉的，人民法院可以按照普通民事纠纷受理。

三、审查请求事项是否属于人民法院受理范围

参见第四章第一节第五目。

四、审查当事人是否具备支持其诉讼请求及陈述事实的证据

参见第二章第二节第一目。

■ 第二节　逾期未处理案件的直接起诉及其例外

一、一般规定

劳动争议仲裁机构逾期未作出受理决定或仲裁裁决的，律师可以代理当事人提交劳动争议仲裁机构出具的受理通知书或者其他已接受仲裁申请的凭证或证明后直接提起诉讼；但申请仲裁的案件存在下列事由的除外：移送管辖的，正在送达或送达延误的，等待另案诉讼结果、鉴定结论的，正在等待劳动争议仲裁机构开庭的，启动鉴定程序或者委托其他部门调查取证的，有其他正当事由的。

二、特别提示

虽然法律赋予当事人直接起诉权是为了防止仲裁逾期不受理或者久裁不决，使劳动争议处于未决状态，从而导致当事人的合法权益受到损害，但是并非所有情形下的逾期不受理和逾期裁决均可以直接起诉。考虑到司法实践中的情况，法律进行了例外规定，这些例外主要是与该劳动争议相关的事项未得到处理从而影响仲裁机构作出受理决定或者裁决的情况。

■ 第三节　不服仲裁裁决的起诉时限

一、起诉时限

劳动者对仲裁裁决不服的，或者用人单位对于非终局性裁决不服的，律师接受当事人委托起诉的，应在劳动争议仲裁裁决书送达之日起十五日内代为起诉。

二、对于裁决书中未载明裁决性质的处理

仲裁裁决书未载明该裁决为终局裁决或非终局裁决，用人单位不服该仲裁裁决向基层人民法院提起诉讼的，应当按照以下情形分别处理：

1. 经审查认为该仲裁裁决为非终局裁决的，基层人民法院应予受理；

2. 经审查认为该仲裁裁决为终局裁决的，基层人民法院不予受理，但应告知用人单位可以自收到不予受理裁定书之日起三十日内向劳动人事争议仲裁委员会所在地的中级人民法院申请撤销该仲裁裁决；已经受理的，裁定驳回起诉。

三、特别提示

劳动争议案件撤诉后在不超过起诉期限的情况下，当事人是否有权再次起诉，在司法实践中存在争议。

根据最高人民法院《关于人民法院对经劳动争议仲裁裁决的纠纷准予撤诉或驳回起诉后劳动争议仲裁裁决从何时起生效的解释》第 1 条的规定，当事人不服劳动争议仲裁裁决向人民法院起诉后又申请撤诉，经人民法院审查准予撤诉的，原仲裁裁决自人民法院裁定送达当事人之日起发生法律效力。也就是说，劳动争议案件法院准予撤诉的，原仲裁裁决自人民法院裁定送达当事人之日起即发生法律效力，当事人无权再行起诉。

■ 第四节　一裁终局裁决劳动者起诉与用人单位申请撤销并存时的处理

1. 法律规定：对于劳动争议仲裁机构作出的终局性裁决，劳动者依法向基层人民法院提起诉讼，用人单位依法向劳动争议仲裁机构所在地的中级人民法院申请撤销仲裁裁决的，中级人民法院不予受理；已经受理的，裁定驳回申请。

法律这一规定是为了保证劳动者的起诉权。因为对于终局性裁决，劳动者有权起诉，而用人单位仅有权申请撤销仲裁裁决，如两权同时行使，必产生冲突。这时法律向劳动者一方倾斜，优先保证劳动者行使起诉权。

2. 被人民法院驳回起诉或者劳动者撤诉的，用人单位可以自收到裁定书之日起三十日内，向劳动争议仲裁机构所在地的中级人民法院申请撤销仲裁裁决。

法院驳回起诉或劳动者撤诉后，劳动者在该案的起诉权已告终结，这时用人单位申请撤销仲裁裁决不会再与劳动者的起诉权相冲突，故用人单位可行使依法申请撤销仲裁裁决的权利。

■ 第五节　用人单位申请撤销仲裁裁决的申请期限及申请法院

一、申请期限

自收到裁定书之日起三十日内用人单位可以提出撤销仲裁裁决的申请。

二、申请法院

撤销仲裁裁决的申请应当向劳动争议仲裁机构所在地的中级人民法院申请。

三、特别提示

律师应当注意，如果接受客户申请撤销仲裁裁决的委托，应当根据《劳动争议调解仲裁法》第49条的内容研究案情，并提交申请撤销裁决的相应证据，如：适用法律法规确有错误，劳动争议仲裁委员会无管辖权，违反法定程序，裁决所根据的证据是伪造的，对方当事人隐瞒了足以影响公正裁决的证据，仲裁员在仲裁该案时有索贿受贿，徇私舞弊、枉法裁决行为等。

■ 第六节　仲裁裁决被撤销或者不予执行时可以起诉

一、一般规定

劳动争议仲裁裁决被人民法院裁定撤销的，律师应当告知当事人可以自收到裁定书之日起十五日内就该劳动争议事项向人民法院提起诉讼。

劳动争议仲裁裁决被人民法院裁定不予执行的，律师应当告知当事人在收到裁定书之次日起三十日内，可以就该劳动争议事项向人民法院提起诉讼。

因仲裁裁决被人民法院裁定不予执行，当事人的劳动争议仍处于未决状态，为保证当事人的权益能得到有效救济，以解决该劳动争议，法律赋予当事人就劳动争议事项起诉的权利。

律师在代理劳动争议案件的过程中，如果发生仲裁裁决被人民法院裁定撤销或不予执行的情形，应当告知当事人有向人民法院起诉的权利。

律师代理委托人提起诉讼时，在起诉前应当要求人民法院开具撤销或者不予执行劳动争议仲裁裁决的裁定书的送达证明，以证明起诉尚在法定期限内。

二、撤销仲裁裁决的情形

根据《劳动争议调解仲裁法》第49条规定，用人单位有证据证明本法第47条规定的仲裁裁决有下列情形之一，可以自收到仲裁裁决书之日起三十日内向劳动争议仲裁委员会所在地的中级人民法院申请撤销裁决：

（1）适用法律、法规确有错误的；

（2）劳动争议仲裁委员会无管辖权的；

（3）违反法定程序的；

（4）裁决所根据的证据是伪造的；

（5）对方当事人隐瞒了足以影响公正裁决的证据的；

（6）仲裁员在仲裁该案时有索贿受贿、徇私舞弊、枉法裁决行为的。

人民法院经组成合议庭审查核实裁决有前款规定情形之一的，应当裁定撤销。

三、裁定不予执行的情形

根据最高人民法院《关于审理劳动争议案件适用法律若干问题的解释》（以下简称《司法解释（一）》）第21条的规定，当事人申请人民法院执行劳动争议仲裁机构作出的发生法律效力的裁决书、调解书，被申请人提出证据证明劳动争议仲裁裁决书、调解书有下列情形之一，并经审查核实的，人民法院可以根据《民事诉讼法》（2012年）第237条规定，裁定不予执行：裁决的事项不属于劳动争议仲裁范围，或者劳动争议仲裁机构无权仲裁的；适用法律确有错误的；仲裁员仲裁该案时，有徇私舞弊、枉法裁决行为的；人民法院认定执行该劳动争议仲裁裁决违背社会公共利益的。

■ 第七节　劳动争议案件不能在诉讼中提起反诉

一、一般规定

《民事诉讼法》第51条规定了反诉的内容，即原告可以放弃或者变更诉讼请求。被告可以承认或者反驳诉讼请求，有权提起反诉。而劳动争议不同于一般的民事诉讼，由于其适用仲裁前置程序，如果在诉讼中允许被告提起反诉，则会导致该反诉未经仲裁裁决而直接进入审判程序，这不符合劳动争议仲裁前置的原则。

二、特别提示

律师应当注意，作为劳动争议仲裁阶段的代理人，在仲裁阶段就应当充分考虑此规定，当事人如有诉求，应在仲裁阶段提出反申请，把工作做到位，避免产生不必要的诉讼成本。

■ 第八节　诉讼阶段增加诉讼请求的处理

一、一般规定

　　劳动争议诉讼请求事项原则上应经过劳动争议仲裁审理，律师可代委托人提出未经劳动争议仲裁裁决的与讼争的劳动争议具有不可分性的诉讼请求。如果诉讼阶段增加在仲裁阶段未提出的独立请求，人民法院通常不会审理，律师应当提示当事人另行申请仲裁或另寻途径处理。

　　不可分的诉讼请求是指增加的诉讼请求与仲裁的事项是基于同一事实而产生的，相互之间具有依附性。例如，对于拖欠工资的劳动争议，当事人要求增加拖欠工资25％的补偿金的，该补偿金基于拖欠工资而产生，与拖欠工资的诉争具有不可分性，人民法院应当合并审理。再如，如果劳动者在仲裁阶段主张 2012 年 3、4 月份的工资，起诉后基于同一事实，增加请求支付 5、6 月份的工资，亦与拖欠工资的诉请具有不可分性，法院亦会合并审理。而如果当事人增加解除劳动合同的经济补偿金或赔偿金的，由于经济补偿金或赔偿金的性质与拖欠工资的性质不同，两者是相互独立的诉请，所以，对于解除劳动合同经济补偿金或赔偿金的诉请，应当首先经劳动仲裁程序。

二、特别提示

　　律师作为劳动争议案件的代理人，在仲裁阶段应当提出全面、完整的申诉请求；如果代理的是一审阶段的劳动争议案件，当事人如果增加诉讼请求的，应当对新增诉讼请求的性质进行分析，看其与仲裁阶段的诉争是否具有不可分性，从而指导当事人增加诉请或者另行申请仲裁。

■ 第九节　诉讼阶段可以追加仲裁阶段遗漏的必须共同参加仲裁的当事人

一、一般规定

　　律师代理当事人不服劳动争议仲裁机构作出的仲裁裁决依法向人民法院提起诉讼的，如果认为劳动争议仲裁裁决遗漏了必须共同参加仲裁的当事人的，可以向人民法院申请依法追加遗漏的人为诉讼当事人，对被追加的当事人应当承担的责任一并处理。

二、可能出现遗漏的当事人的情形

一般包括：用人单位分立为若干单位后，对承受劳动权利义务的单位不明确的，分立后的单位均为当事人。劳动者在用人单位与其他平等主体之间的承包经营期间，与发包方和承包方双方或者一方发生劳动争议，依法向人民法院起诉的，应当将承包方和发包方作为当事人。劳动者因履行劳务派遣合同产生劳动争议而起诉，以派遣单位为被告；争议内容涉及接受单位的，以派遣单位和接受单位为共同被告。用人单位招用尚未解除劳动合同的劳动者，原用人单位与劳动者发生的劳动争议，可以列新的用人单位为第三人；原用人单位以新的用人单位侵权为由向人民法院起诉的，可以列劳动者为第三人。

三、特别提示

律师在代理劳动争议案件过程中，如果在仲裁阶段遗漏了必须共同参加仲裁的当事人的，应当根据具体情形，申请法院追加遗漏的当事人为诉讼当事人，最大限度地维护当事人的合法权益。

■ 第十节　劳动诉讼案件的管辖

一、一般规定

《司法解释（一）》第 8 条规定，劳动争议案件由用人单位所在地或者劳动合同履行地的基层人民法院管辖。劳动合同履行地不明确的，由用人单位所在地的基层人民法院管辖。也就是说，劳动争议的案件的管辖是法定的，当事人只能选择用人单位所在地或者劳动合同履行地法院进行管辖，而不能自行约定其他管辖法院。

二、用人单位所在地

依据《劳动人事争议仲裁办案规则》第 12 条规定，用人单位所在地为用人单位注册、登记地。用人单位未经注册、登记的，其出资人、开办单位或主管部门所在地为用人单位所在地。

三、用人单位实际经营地或主要办事机构所在地

如果用人单位注册、登记地与其实际经营地或者主要办事机构所在地不一致的，根据

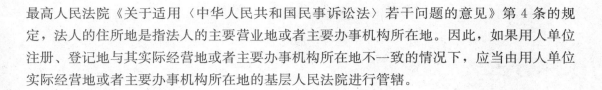

最高人民法院《关于适用〈中华人民共和国民事诉讼法〉若干问题的意见》第 4 条的规定，法人的住所地是指法人的主要营业地或者主要办事机构所在地。因此，如果用人单位注册、登记地与其实际经营地或者主要办事机构所在地不一致的情况下，应当由用人单位实际经营地或者主要办事机构所在地的基层人民法院进行管辖。

四、劳动合同履行地

根据《劳动人事争议仲裁办案规则》第 12 条规定，劳动合同履行地为劳动者实际工作场所地。对于劳动合同履行地的认定，见后附案例。

第十一节　双方均不服仲裁裁决应分别起诉

律师应当注意，尽管一方当事人向人民法院提起诉讼后，原劳动仲裁裁决就不具有法律效力，但有些地方法院会以另一方当事人未向人民法院提起诉讼为由，推定为该方当事人对劳动仲裁裁决结果的认可。所以，当事人双方不服劳动争议仲裁机构作出的同一仲裁裁决，均应依法分别向人民法院提起诉讼。

由于司法实践中存在以另一方当事人未向人民法院起诉而推定该当事人认可劳动仲裁裁决结果的情形，所以，律师作为劳动争议案件的代理人，如果委托人不服仲裁机构的裁决，应当及时告知委托人在法定的期限内向有管辖权的人民法院起诉。

仲裁裁决有若干项的，当事人如果仅对部分裁决内容起诉的，未起诉的部分也会被视为对裁决结果的认可；因此，律师在代理劳动争议案件中，应当对裁决结果全面、仔细分析，以建议委托人就哪些裁决事项提起诉讼。

第十二节　双方均不服裁决而起诉案件的并案审理

一、称谓问题

《司法解释（一）》将此种情形中先起诉的一方列为原告，最高人民法院《关于审理劳动争议案件适用法律若干问题的解释（二）》（以下简称《司法解释（二）》）规定双方当事人互为原被告。

二、一方当事人撤诉的处理

在上述情形下，如果一方当事人撤诉的，人民法院应当根据另一方当事人的诉讼请求继续审理。也就是说，一方当事人的撤诉不影响人民法院对该劳动争议作出判决。

■ 第十三节　提起诉讼

一、诉讼当事人

当事人不服仲裁裁决提起诉讼时，不得将劳动争议仲裁机构列为被告，不得请求变更或撤销仲裁裁决，而应直接写明全部请求事项。劳动争议是用人单位与劳动者之间因劳动关系而产生的纠纷，争议的主体为用人单位和劳动者，权利义务的承担者亦为用人单位和劳动者，劳动争议仲裁机构仅是中立的第三方裁判者，劳动争议仲裁机构裁决的作出并不导致劳动争议双方主体的性质、权利义务、案件事实等发生任何变化，其不是劳动争议的当事人，所以，其不具备民事诉讼法中原告或者被告的地位。

二、诉讼请求

对于不服仲裁裁决的起诉，诉讼请求应当是实体性的内容，且应当全面。

由于劳动仲裁和诉讼毕竟是两个独立的程序，当事人提起诉讼，是启动一个独立的不同于仲裁的程序，所以，对于起诉请求，不能仅仅表述为变更或者撤销仲裁裁决，以此启动诉讼程序，而是应当详细列明请求事项。即使请求事项中有的内容是对仲裁裁决的变更或者撤销，也应当进行相应阐述，这是律师在撰写起诉书中应当予以注意的。

律师代理当事人起诉时，即使仲裁裁决已支持的请求事项，在向人民法院起诉时仍应列明，否则可能会出现人民法院未对该项请求作出处理而致使日后无法申请执行，导致当事人权利受损。

■ 第十四节　诉讼阶段应重新举证

一、重新提交证据

因劳动争议仲裁与一审是各自独立的两个程序，两者之间的关系不同于诉讼程序中一审和二审的关系。虽然一审法院为了了解案情，通常会查阅仲裁裁决，但是毕竟一审法院进行的是全面审理，因此，即使当事人在仲裁阶段提交了相应证据，为了便于法院全面审理，在一审程序中，仍然应当在举证期限内按照对方当事人的人数重新提交全部证据。

二、可以提交新证据

因劳动争议仲裁和诉讼是两个相互独立的程序，其在由仲裁到一审的过程中提交证据的规则不同于从一审到二审提交证据的规则。对于仲裁阶段未提交的证据，在一审阶段是可以重新提交的。律师作为劳动争议案件的代理人，一是要注意在一审阶段提交在仲裁中提交的全部证据；二是对于仲裁未提交或者仲裁结束后新发现的对委托人有利的证据，也应当在一审阶段提交。

三、延期举证

如因特殊原因不能在规定的举证期限内提交全部证据的，可向人民法院申请延期举证。在延期举证期间，如有部分对委托人有利的证据因故未能及时提交而不属于新证据的，律师仍应向人民法院提交，争取让人民法院采纳。

■ 第十五节　申请调取仲裁卷宗

对方当事人在仲裁阶段提交的证据或所作的陈述有利于委托人的，或者对方当事人在仲裁阶段已承认委托人提出的事实或诉讼请求的，律师可在举证期限内向一审人民法院提出调取劳动争议仲裁案卷的申请，也可以自行到劳动争议仲裁委员会取证。

律师应当注意，由于劳动争议仲裁委员会对律师调取证据的处理不一，所以，律师如果到劳动争议仲裁委员会取证的，应当事先和审理该案件的仲裁员沟通，准备好调取证据所需的相应文件。

■ 第十六节　一审终审的劳动争议案件

基层人民法院及其派出法庭审理事实清楚、权利义务关系明确、争议不大的简单的劳动争议案件，标的额为各省、自治区、直辖市上年度就业人员年平均工资30%以下的，实行一审终审。

为了提高审判效率，方便、快捷地解决当事人之间的纠纷，《民事诉讼法》第162条对适用一审终审的劳动争议案件进行了规定，这与《劳动争议调解仲裁法》第47条的规定有异曲同工之妙，都是为了更快捷、更有效地解决争议。律师在代理劳动争议案件中，应当掌握上述一审终审的法定情形，以便更好地指导当事人进行诉讼。

律师应当注意，对于这类案件，应告知客户，建议客户要高度重视应诉工作，要尽最大努力进行举证，否则，判决一旦作出将是生效判决，不允许当事人上诉。

第十七节　诉讼阶段的财产保全

一、劳动争议案件中的财产保全申请

在诉讼过程中，用人单位可能藏匿、转移财产，如果劳动者没有在仲裁阶段办理财产保全的，律师应代理劳动者向人民法院提出保全申请，避免裁决生效后无财产可供执行而给劳动者造成难以弥补的损害。

二、财产保全的定义

财产保全，是指人民法院在诉讼开始后，或者在诉讼开始前，为保证将来判决的顺利执行，面对争议财产或与案件有关的财产，依法采取的各种强制性保护措施的总称。

三、设立财产保全程序的目的

设立财产保全程序是为了保证将来依法作出的生效判决能够全面地、顺利地得到执行，从而维护生效判决的严肃性和权威性，真正地保护胜诉一方当事人的合法权益。在劳动争议案件中，财产保全对于切实维护劳动者的合法权益尤为重要。劳动者要求用人单位支付的多为拖欠的工资、法定的经济补偿金等，这是劳动者最基本生活的保障。如果用人单位存在逃匿、转移财产的情形，则会严重损害劳动者的切身利益，使其基本生活无法得到保障。因此，财产保全制度对于劳动者具有极其重要的作用和意义。

四、财产保全的担保

根据《司法解释（二）》第 14 条的规定，在诉讼过程中，劳动者向人民法院申请采取财产保全措施，人民法院经审查认为申请人经济确有困难，或有证据证明用人单位存在欠薪逃匿可能的，应当减轻或者免除劳动者提供担保的义务，及时采取保全措施。

五、特别提示

律师应当注意，作为劳动者代理人时，如发现劳动者经济困难，准备申请财产保全，事先要做到：帮助收集能够证明劳动者经济困难的证据，如，街道办事处的证明、居委会的证明、派出所的证明、邻居的联名证明等；或者收集用人单位存在欠薪逃匿可能的证

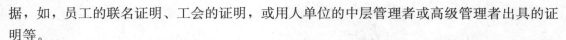

据，如，员工的联名证明、工会的证明，或用人单位的中层管理者或高级管理者出具的证明等。

为劳动者代理集体争议案件时，更需要注意收集劳动者经济困难的证据，发动劳动者密切注意有转移财产迹象的被告，应当及时向法院提出财产保全的申请，最大限度地维护劳动者的合法权益。

第十八节　诉讼请求应附清单

一、一般原则

劳动者一方起诉的，律师应明确劳动者各项诉求的计算标准和计算方法，必要时将相关数据汇制成表格或附相关说明，经劳动者确认后提交给人民法院参考。

由于劳动者可能并不知晓劳动法律法规，对于自己可以提起的诉讼请求及具体数额并不清楚，为了更好地与劳动者进行沟通，使其了解自己的权益，同时也为了法官清楚劳动者的各项诉讼请求，建议作为劳动者一方的代理律师，应当通过表格的方式将劳动者的各项诉讼请求逐一列明，包括计算标准和计算方法，并由劳动者签字确认，这也可以避免日后劳动者因诉讼请求内容、数额等与律师发生争议。

二、特别提示

律师应当注意，在接受劳动者的委托时，还应当做好谈话记录，阐明相关的法律法规及对相关诉讼请求的分析等，并让劳动者本人对谈话记录进行签字确认，该项工作在代理集体争议案件中尤为重要。

如果是劳动者的诉讼（员工）代表与律师联系，一定要注意劳动者对诉讼（员工）代表的授权委托手续必须完备，否则部分劳动者日后会与律师发生争议。还应当要求诉讼（员工）代表对谈话记录进行签字确认。

第十九节　无须仲裁前置程序的案件

一、无须仲裁前置程序案件的定义

无须仲裁前置程序案件是指律师可以代理劳动者直接起诉，无须通过劳动争议仲裁程序的劳动争议案件。

二、无须仲裁前置程序案件的情形

(一)企业破产后的劳动债权异议纠纷

1. 人民法院受理破产申请后,劳动者对管理人列出的工资、医疗、伤残补助、抚恤费用、基本养老保险、基本医疗费用以及法律、行政法规规定应当支付给职工的补偿金等劳动债权清单提出异议,管理人不予更正的,劳动者有权直接向受理破产申请的人民法院提起诉讼。

2. 由于人民法院已经受理破产申请,对于关乎劳动者切身利益的劳动债权,如果再经过劳动仲裁前置程序,则不仅会增加劳动者的诉累,而且会影响破产程序的进行,基于此,法律规定在此种特殊情形下,劳动者可以直接向同一人民法院起诉,便于受理法院整体、全面、尽快处理破产申请。

3. 律师应当注意,律师在为破产企业的劳动者或劳动者的近亲属进行代理时,要将劳动者的诉请制作成表格,将劳动者的自然情况(包括年龄、性别、户籍等),在单位的工作年限,解除或者终止劳动合同前十二个月的平均工资,工伤证号码,伤残级别,生活自理障碍等级,供养亲属的自然情况,经济补偿金、工伤保险待遇等的计算方法、计算结果等情况进行填写,并让劳动者或劳动者的近亲属签字确认。律师还应当收集准备相应的证据材料。

(二)劳动者以工资欠条为证诉请支付拖欠工资且不涉及其他争议的劳动争议

1. 一方面,工资关乎劳动者的基本生活;另一方面,诉讼请求如果仅为拖欠工资,且有对方当事人的欠条,应属债权,且无其他争议,则相对简单,因此,法律给劳动者设置了一个便捷、有效的司法保护程序,赋予了劳动者直接起诉权,使劳动者的合法权益能够快速、有效地得到保障。

2. 律师应当注意,对于涉及其他争议的,如涉及劳动关系的认定、工伤保险待遇的支付等内容的,则劳动者不能直接起诉,而应当首先申请劳动仲裁。

(三)因不履行已达成的调解协议的给付义务,劳动者向法院起诉的劳动争议

1. 设立此规定的目的在于,劳动争议调解协议并不是没有法律拘束力的协议,为了快速解决纠纷,可以设置快速解决纠纷的渠道。对于经过劳动争议调解委员会调解而达成的协议,应当视为具有劳动合同的约束力,可以作为人民法院裁判的依据,而且,其性质属于债权;对于只涉及劳动报酬的调解协议,一方当事人反悔的,另一方当事人可以直接向人民法院起诉。这是对运用调解手段化解劳动争议的一个肯定性规定,对进一步发挥各级劳动争议调解委员会的调解职能,及时化解劳动争议,无疑会起到积极的促进作用。

2. 律师应当注意，适用上述条款，下述条件必须同时具备：首先，必须是由劳动争议调解委员会主持的调解；其次，必须是仅就劳动报酬达成的调解协议，对于何为劳动报酬，应当作广义上的理解，包括工资、加班费、奖金、销售提成、绩效奖金、年底十三薪等；再次，必须是用人单位不履行给付义务。

3. 律师应当注意，为了保障劳动者按时足额领取劳动报酬，法律上给予了劳动者多重保护。

（1）对于在劳动争议调解组织主持下就劳动报酬达成调解协议，用人单位在协议约定期限内不履行的，劳动者有向人民法院申请支付令的权利。

（2）如果用人单位拖欠或者未足额支付劳动报酬的，劳动者可以依法向当地人民法院申请支付令。

（3）劳动者还可以通过向劳动行政监察机关举报进行维权。

可见，法律为了保护劳动者的基本生存权，赋予了劳动者多种救济渠道，加大了维权力度，从而更有利于保护劳动者的基本劳动权益。

（四）船员劳务合同纠纷

1. 对于船员劳务合同的纠纷，《海事诉讼特别程序法》专门进行了规定。根据该法第6条第5项之规定，因海船的船员劳务合同纠纷提起的诉讼，由原告住所地、合同签订地、船员登船港或者离船港所在地、被告住所地海事法院管辖。

2. 根据最高人民法院《关于国内船员劳务合同纠纷案件是否应劳动仲裁前置的请示的复函》，船长、船员和在船上工作的其他在编人员根据劳动法律、行政法规或者劳动合同所产生的工资、其他劳动报酬、船员遣返费用和社会保险费用的给付请求，属于第一顺序的船舶优先权请求。此类案件是极具专业特点的海事案件，应当由海事法院审理。有关船员劳务合同纠纷的案件，当事人向海事法院起诉的，不受必须经过仲裁程序的限制，海事法院应当受理。

3. 对于何为"船员劳务合同纠纷"，上海市高级人民法院对此进行了界定，《上海市高级人民法院关于船员劳务合同纠纷和船员劳动争议案件管辖的若干问题意见》［沪高法（审）(2011) 11号］规定，应由海事法院受理的"船员劳务合同纠纷"是指船员就在船工作或服务，与船舶所有人或船舶经营人之间发生的劳务合同纠纷。上款所称船员，包括船长、船员和在船上工作和服务的其他人员，如随船医生、厨师等。因此，律师在代理该类案件时，应当注意结合当地规定。

4. 律师应当注意，对于不经劳动争议仲裁前置程序直接向人民法院提起诉讼的案件，有的人民法院认为不受劳动争议仲裁时效的约束。

根据《劳动争议调解仲裁法》的规定，劳动争议仲裁的时效为一年。对于法律规定的无须经仲裁程序的劳动争议案件，应按照普通民事程序处理，因此，有的法院认为，此时不受劳动争议仲裁时效的限制，按照《民事诉讼法》关于时效的规定执行。

由于法院对此认定的标准不同，所以，律师在进行此类案件的代理过程中，应当结合当地的规定。

■ 第二十节　支付令

一、督促程序的定义

督促程序是指人民法院根据债权人的申请，以支付令的方式，催促债务人在法定期间内向债权人履行给付金钱和有价证券义务，如果债务人在法定期间内未履行义务又不提出书面异议，债权人可以根据支付令向人民法院申请强制执行的程序。

二、督促程序的作用

司法实践中存在一些债权债务关系明确的给付金钱和有价证券的案件，双方当事人对他们之间的债权债务关系并没有争议，而是债务人不自动履行义务，或者没有能力清偿债务。这些案件如果完全按照通常的诉讼程序来解决的话，会增加诉讼成本，有悖诉讼经济和诉讼效率的原则。人民法院对这类案件适用督促程序进行处理，通过书面审查即可催促债务人履行给付义务，如果债务人在法定期间内不履行债务又没有提出书面异议，债权人可以向人民法院申请强制执行，从而使债务纠纷方便快捷地得到解决。因此，督促程序对方便当事人诉讼和方便法院办案，提高诉讼效率，节约当事人实现债权的成本，及时保护当事人的合法权益，具有重要的意义。

三、督促程序在劳动争议案件的特殊意义

在劳动争议案件中，争议的内容往往都是工资、加班费、社会保险待遇等关乎劳动者切身利益的项目，因此，规定督促程序在劳动法领域更具有现实性和必要性。

四、支付令的定义

人民法院依照《民事诉讼法》规定的督促程序，根据债权人的申请，向债务人发出的限期履行给付金钱或有价证券的法律文书。

五、可以申请支付令的范围

（一）一般规定

用人单位拖欠或者未足额支付劳动报酬、工伤医疗费、经济补偿金、赔偿金的，律师

可以代理劳动者依法向当地人民法院申请支付令。

（二）特别提示

申请支付令的范围仅限于劳动报酬、工伤医疗费、经济补偿金和赔偿金，且根据《劳动争议调解仲裁法》第16条的规定，应当劳动者与用人单位达成调解协议，但用人单位在协议约定期限内不履行的，才可以申请支付令。

1. 劳动报酬应当作广义的理解，包括工资、加班费、奖金、销售提成、绩效奖金等；工伤医疗费是指劳动者因工负伤所花费的治疗费用；经济补偿金是指《劳动合同法》及其相关法律法规规定的用人单位在解除劳动合同时应当向劳动者支付的补偿；赔偿金是指用人单位因存在违法行为，依据《劳动合同法》等法律规定应当向劳动者支付的赔偿，如违法解除劳动合同、无故拖欠工资等。

2. 律师应当提示委托人，申请支付令被人民法院裁定终结督促程序后，可根据申请支付令法律依据的不同提出诉讼或者仲裁申请：

（1）劳动者依据《劳动合同法》第30条第2款规定申请支付令被人民法院裁定终结督促程序后，劳动者不能就劳动争议事项直接向人民法院起诉，而应先向劳动争议仲裁机构申请仲裁；

（2）劳动者依据《劳动争议调解仲裁法》第16条规定申请支付令被人民法院裁定终结督促程序后，劳动者可以依据调解协议直接向人民法院提起诉讼。

■ 第二十一节　一裁终局裁决的撤销

一裁终局制度的设立不仅是对我国长期以来一调一裁两审劳动争议解决机制的一个重大突破，而且体现了立法者面对频发的劳动争议的现实情况，更加务实，更加追求效率的精神。对于一裁终局的适用情形，前面已经介绍。对于一裁终局的裁决，用人单位无权向人民法院起诉，但是具备法定情形的，可以向劳动争议仲裁机构所在地的中级人民法院申请撤销仲裁裁决。

对于一裁终局案件，劳动者拥有起诉权，用人单位仅拥有申请撤销权。如果双方自接到裁决书后分别起诉和申请撤销，势必造成程序混乱，甚至浪费司法资源。所以司法解释规定起诉优先原则，即如果劳动者对一裁终局裁决起诉的，对申请撤销裁决的不予受理，或受理后裁定驳回申请。但是如果劳动者起诉后，被人民法院驳回起诉或者自行撤诉的，裁决书仍然具有法律效力，此时应当赋予用人单位可以向劳动争议仲裁机构所在地的中级人民法院申请撤销仲裁裁决的权利。

劳动争议仲裁机构作出的一裁终局裁决，劳动者在法定期限内没有向人民法院起诉，用人单位有证据证明裁决有法定情形之一的，可以依法自收到裁决书之日起三十日内向劳动争议仲裁机构所在地的中级人民法院申请撤销该仲裁裁决。

一、可以申请撤销一裁终局裁决的情形

1. 适用法律、法规确有错误的；
2. 劳动争议仲裁机构无管辖权的；
3. 违反法定程序的；
4. 裁决所根据的证据是伪造的；
5. 对方当事人隐瞒了足以影响公正裁决的证据的；
6. 仲裁员在仲裁该案时有索贿受贿、徇私舞弊、枉法裁决行为的。

二、申请撤销一裁终局裁决的时限

劳动者依照《劳动争议调解仲裁法》第48条规定对一裁终局裁决向基层人民法院提起诉讼，被人民法院驳回起诉或者劳动者撤诉的，用人单位可以自收到裁定书之日起三十日内，向劳动争议仲裁机构所在地的中级人民法院申请撤销仲裁裁决。

律师应当注意，作为用人单位的代理人，如果其不服一裁终局裁决，应当帮助其在法定期限内向劳动争议仲裁机构所在地的中级人民法院申请撤销裁决。至于劳动者是否起诉，由法院调查核实，并作出相应的处理。如果不按照法律规定的期限申请撤销裁决，则可能因超过申请撤销的期限，而丧失撤销权。

三、法院对申请撤销一裁终局裁决的处理结果

用人单位依照《劳动争议调解仲裁法》第49条规定向中级人民法院申请撤销仲裁裁决，中级人民法院作出的驳回申请或者撤销仲裁裁决的裁定为终审裁定。也就是说，如果人民法院作出驳回申请的裁定的，则原仲裁裁决生效；如果人民法院作出的是撤销仲裁裁决的裁定，则劳动者的仲裁请求没有得到法律上的支持，劳动者有权在规定的期限内向基层法院起诉。

四、申请撤销终局裁决的案件可以调解

调解原则是《民事诉讼法》的一般原则，其贯穿于诉讼程序的始终。

中级人民法院审理用人单位申请撤销终局裁决的案件，可以组织双方当事人调解。达成调解协议的，可以制作调解书。一方当事人逾期不履行调解协议的，另一方可以申请人民法院强制执行。

律师在代理该类案件过程中，应当注意，对于对方不履行已经达成的调解协议的，应当及时向人民法院申请强制执行。

■ 第二十二节　仲裁裁决书未载明该裁决为终局裁决或非终局裁决的救济方式

仲裁裁决书未载明该裁决为终局裁决或非终局裁决，用人单位不服该仲裁裁决的，律师可以建议先向基层人民法院提起诉讼。如果基层人民法院经审查认为该仲裁裁决为终局裁决，因此不予受理的，用人单位可以自收到不予受理裁定书之日起三十日内向劳动争议仲裁机构所在地的中级人民法院申请撤销该仲裁裁决。

律师应当注意，按照司法解释的规定，仲裁的裁决是否为终局裁决，系根据裁决书所载的相应的内容确定。如仲裁裁决中未明确是终局裁决还是非终局裁决，而用人单位又不服仲裁裁决的，作为用人单位的代理人，律师应当帮助其向基层人民法院起诉。如果基层人民法院不予受理的，则应当及时向劳动争议仲裁机构所在地的中级人民法院申请撤销该仲裁裁决。

■ 第二十三节　招用尚未解除劳动合同的劳动者，原用人单位与劳动者发生争议案件的当事人

一、原用人单位与劳动者之间的劳动争议

用人单位招用尚未解除劳动合同的劳动者，原用人单位与劳动者发生的劳动争议，可以列新的用人单位为第三人。这是《司法解释（一）》第11条第1款的规定。因劳动者已经进入新用人单位工作，原用人单位与劳动者发生的劳动争议，很有可能与劳动者入职的新用人单位有关，因此，为了更好地解决争议，查明案情，人民法院可以列新的用人单位为第三人。

二、原用人单位与新用人单位之间的侵权争议

原用人单位以新的用人单位侵权为由向人民法院起诉的，可以列劳动者为第三人。这是《司法解释（一）》第11条第2款的规定。如前所述，如果劳动者已经进入新用人单位工作，原用人单位与新用人单位发生的争议，很有可能与该劳动者有关，因此，为了更有效地查明案情，解决争议，人民法院可以将劳动者列为第三人。

三、原用人单位与新用人单位、劳动者之间的侵权争议

原用人单位以新的用人单位和劳动者共同侵权为由向人民法院起诉的，新的用人单位和劳动者列为共同被告。这是《司法解释（一）》第 11 条第 3 款的规定。如果原用人单位以新用人单位和劳动者共同侵权为由向人民法院起诉的，新的用人单位与劳动者为共同被告。

四、特别提示

律师应当注意，原用人单位认为新用人单位和劳动者共同侵权有两种情形：一是新用人单位招用与其他用人单位尚未解除或终止劳动合同的劳动者，而形成的共同侵权；二是新用人单位招收已经与其他用人单位解除或终止劳动合同的劳动者后形成的共同侵权。对于前者，《劳动法》和《劳动合同法》对因此给原用人单位造成经济损失，劳动者和新用人单位要承担连带赔偿责任均有相应的规定。

原劳动部关于《违反〈劳动法〉有关劳动合同规定的赔偿办法》中也有更加具体的规定，用人单位招用尚未解除劳动合同的劳动者，对原用人单位造成经济损失的，除该劳动者承担直接赔偿责任外，该用人单位应当承担连带赔偿责任。其连带赔偿的份额应不低于对原用人单位造成经济损失总额的 70%。原用人单位可以主张的赔偿损失包括：因共同侵权对本单位生产、经营和工作造成的直接经济损失，以及按照《反不正当竞争法》执行的因新用人单位获取商业秘密而给本单位造成的经济损失。作为原用人单位的代理人需通过一裁二审来维护客户的合法权益。对于后者，则无须经过仲裁，而是直接向法院起诉进行维权。

■ 第二十四节　代理用人单位参加诉讼的一般抗辩理由

律师代理用人单位参加诉讼的，应对劳动者的请求事项逐项审查，区分情况提出抗辩：审查请求的事项是否属于人民法院的受案范围，对不属于人民法院受案范围的，应当提请人民法院不予审理。审查请求的事项是否经过了劳动争议仲裁，对应当经过而未经过仲裁的，应提请人民法院不予受理。审查请求的事项与劳动争议仲裁是否发生了变更，对减少的请求，视为其对权利的放弃或部分放弃；对增加的请求，应当向人民法院提出不予审理。审查请求的事项是否超过了时效，在劳动争议仲裁阶段未提出时效抗辩的，在一审阶段仍有权提出时效抗辩；在一审阶段未提出时效抗辩的，在二审阶段再提出时效抗辩可能得不到人民法院支持。

附录

案例一

某生产型公司加班现象比较严重，而且长期不支付加班费。2011年6月，近百名劳动者提请劳动仲裁，每个人都要求支付从入公司至今的加班费，合计380万余元。经当地劳动争议调解委员会多日耐心、专业的调解，最终劳资双方达成了调解协议。在该协议中，用人单位同意支付总数为180万元加班费，并同意分别于2011年7月15日支付总数50万元、8月15日支付总数60万元、9月15日支付总数70万元。但是2011年7月15日，用人单位未按照协议约定支付第一笔加班费，经交涉未果，劳动者集体于2011年7月20日提起诉讼，请求法院支持其诉讼请求，此时，人民法院应当按照普通民事纠纷受理。

案例二

某M航空公司飞行员孙某受X航空公司相当优厚的待遇所吸引，2005年6月4日向M公司发出书面通知，要求解除劳动合同，并要求公司于2005年7月5日为其办理离职手续。孙某认为自己履行了法律规定的提前30天书面通知解除劳动合同的义务，他与M公司的劳动合同就解除了，这是法律上赋予劳动者的解除权，M公司应该为其办理离职手续。但是M航空公司认为，虽然公司接到孙某的解除通知，但是公司为其成为优秀的飞行员，曾投入巨额培训费用，孙某必须依法返还，否则，公司不同意解除劳动合同。由于孙某拿不到飞行员的驾照，无法加盟X航空公司，故申请劳动仲裁，后又诉至法院，要求确认其与M航空公司之间的劳动合同已经解除，而M航空公司则反诉要求孙某返还培训费。该类争议应当属于人民法院处理劳动争议的受案范围。

案例三

张先生于2011年7月年进入某酒店工作，开始的工资为每月人民币3 500元，2012年8月工资涨到人民币5 000元。2013年2月因酒店拖欠其工资人民币5 000元，其遂于2013年3月4日提出解除劳动合同，并向劳动仲裁提出申请，要求公司依法支付：（1）工资人民币5 000元；（2）解除劳动合同的经济补偿金人民币10 000元；（3）退还工服押金人民币1 000元。仲裁委员会经过审理，最终裁决酒店支付张先生工资人民币5 000元，经济补偿金人民币8 750元，退还押金人民币1 000元。张先生认为经济补偿金裁少了，但由于认为是一裁终局案件，可以很快得到工资和经济补偿金，故未向法院提起诉讼，但是酒店起诉至法院。

本案中，虽然裁决结果中工资和经济补偿金的数额均低于当地最低工资标准的12个月金额，属于一裁终局，但是由于押金返还的诉请不属于一裁终局的法定诉请类型，故本案不属于一裁终局案件。

案例四

童某于 2009 年 3 月入职某公司，担任保安队队长，公司与其签订自 2009 年 3 月 15 日至 2010 年 3 月 14 日为期一年的劳动合同。2010 年 2 月，童某离开某公司。

2010 年 3 月 16 日，童某提出仲裁申请，要求公司支付加班工资及其 25％ 的经济补偿金。2010 年 6 月 23 日，北京市某区劳动争议仲裁委员会作出裁决：某公司支付童某 2009 年 3 月至 2010 年 3 月 6 日周六日加班工资 12 344.83 元及 25％ 的经济补偿金 3 086.21 元。

某公司不服仲裁裁决，向人民法院起诉称：2009 年 3 月，童某入职某公司，工作岗位为搬运工，其工资性质为计件，故不存在支付加班费的问题。公司不同意支付加班费及其 25％ 的经济补偿金。

童某辩称：童某的职务是保安队长，双方签订的劳动合同书中并没有约定工作性质是计件，也没有约定是搬运工。某公司提供的工资表只能证明童某按月领取工资，不能证明其他问题，加班事实存在，因此仲裁委的裁决是正确的，请求法院驳回某公司的诉讼请求。

在一审审理过程中，童某提供以下证据：（1）2009 年 6 月 3 日开户的工资卡，用以证明某公司在 2009 年 6 月给童某办理了工资卡；（2）胸卡，用以证明其到某公司任保安队长；（3）公司通讯录，证明其为保安队长。某公司对证据（1）真实性没有异议，但是不认可是其公司办理的；对证据（2）不能确定是其公司的，不予认可；对证据（3）也不予认可。

某公司提供以下证据：（1）劳动合同书，用以证明童某的工作岗位为搬运工，而并非保安队队长；（2）2009 年 9 月至 2010 年 3 月的工资表，用以证明童某的工资领取情况。童某认为证据（1）中的公章是后盖的，不予认可；证据（2）是复印件，且不是其签名不予认可，但是认可其出勤时间。

一审法院根据童某的调查取证申请，到银行调查，银行证实童某的存折是某公司代为办理的工资折。

一审法院经审理认为：因童某不能提供相应的证据证明其存在加班的事实，只是在某公司提供的工资表显示童某 2009 年 10 月出勤 30 天，11 月出勤 27 天、12 月出勤 26.5 天，某公司应支付童某此期间的周六日加班工资 2 517.41 元及 25％ 的经济补偿金 629.35 元。

据此，判决如下：某公司给付童某自 2009 年 3 月至 2010 年 3 月的周六日加班工资 2 517.41 元及 25％ 的经济补偿金 629.35 元，于本判决生效后十日内履行。

童某不服原审法院判决，提起上诉，主张：原审判决以某公司提供的部分工资表显示的出勤天数来认定某公司应支付童某的周六日加班工资及经济补偿金不合理，请求二审法院依法改判。某公司服从原审判决。

二审法院认为：劳动者主张加班费的，应当就加班事实的存在承担举证责任。但劳动者有证据证明用人单位掌握加班事实存在的证据，用人单位不提供的，由用人单位承担不利后果。根据本案双方当事人提供的证据，可以认定童某于 2009 年 3 月入职某公司担任保安队长。根据某公司提供的工资表显示，童某 2009 年 10 月出勤 30 天，11 月出勤 27 天、12 月出勤 26.5 天，但某公司未提供童某其他月份的考勤记录，某公司应承担举证不能的不利后果。考虑到童某在 2009 年 10 月 15 日之前从事保安工作的性质，本院认定，某公司应支付童某 2009 年 3 月至 2010 年 3 月的周六日加班工资 4 531.34 元及 25% 的经济补偿金 1 132.84 元。

案例五

某保险公司于 2007 年 6 月 2 日与张某签署《保险代理人合同书》、《财务辅助计划协议书》，终止期限为 2010 年 6 月 1 日。合同主要约定：本合同仅为代理协议，不构成劳动关系及佣金的计算方法等。协议书中约定保险公司每月向张某支付人民币一万元的财务辅助津贴，支付期限为一年。2010 年 6 月 1 日合同到期后，公司不同意再续签合同。张某诉至劳动仲裁，要求公司：(1) 补缴三年的社会保险；(2) 支付 2008 年 7 月至 2010 年 6 月的工资（每月一万元）；(3) 三年的第十三个月的工资（每年一万元）。本案终审判决认定，张某与保险公司没有劳动关系，驳回其全部诉讼请求。

本案属于首先要确认争议双方是否存在劳动关系的典型案例。如果确认张某与保险公司存在劳动关系，则作为用人单位的保险公司，按照法律规定，有义务为张某缴纳社会保险、支付工资及每年底的第十三个月工资。如果确认双方没有劳动关系，张某的请求就得不到支持。

判断争议双方是否存在劳动关系，应当按照《关于确立劳动关系有关事项的通知》（劳社部发〔2005〕12 号）的规定的三个方面去分析，即：(1) 用人单位和劳动者符合法律、法规规定的主体资格；(2) 用人单位依法制定的各项劳动规章制度适用于劳动者，劳动者受用人单位的劳动管理，从事用人单位安排的有报酬的劳动；(3) 劳动者提供的劳动是用人单位业务的组成部分。这是关于劳动关系认定的肯定性规定。而北京市高级人民法院、北京市劳动争议仲裁委员会《关于劳动争议案件法律适用问题研讨会会议纪要》对劳动关系进行了否定性规定，即对于以自己的技能、知识或设施为用人单位提供劳动或服务，自行承担经营风险，与用人单位没有身份隶属关系，一般不受用人单位的管理或支配的人员，应认定其与用人单位之间的关系不属于劳动关系。

保险代理人与保险公司之间没有劳动关系，这在业内已经达成共识，如果没有财务辅助津贴，则本案相对比较简单；本案的难点在于每月固定发给张某的一万元，虽然支付周期仅为一年，但是这一万元的性质究竟是什么？是不是工资呢？这对于案件的定性非常重要。司法实践中，如果争议双方没有劳动合同，就要审查双方是否存在事实劳动关系，而事实劳动关系的判断主要看劳动者是否为公司提供劳动、公司是否支付其工资、是否为其缴纳社会保险和住房公积金、劳动者的档案是否存放在公司在存档单位开设的账户中等等。本案要否定劳动关系，主要从上述《关于确立劳动关系有关事项的通知》中规定的三点寻求突破，第一点，双方均具有主体资格，无法突破。第三点，由于张某是为保险公司提供劳动，其劳动肯定是保险公司的业务组成部分，在此亦无法得到突破，只能从第二点上寻求突破。公司的代理律师紧紧围绕着双方不存在劳动关系进行举证、抗辩，充分阐述所谓财务补助津贴并非劳动法意义上的工资，并提出两点代理意见：

其一，保险公司与张某签订的《保险代理人合同书》和《财务辅助计划协议书》均为平等民事主体之间签订的代理合同/协议：

（1）《保险代理人合同书》是民事代理合同。

（2）《财务辅助计划协议书》亦是基于代理关系的民事合同。《财务辅助计划协议书》所约定的财务辅助津贴之基础乃是双方建立的保险代理关系，其目的在于通过向张某提供财务辅助津贴，以辅助张某顺利完成其作为公司保险代理人的前期工作。亦即，为期一年的辅助期届满后，保险公司将不再向张某支付任何财务辅助津贴，而其仅仅根据业绩以及《保险代理人合同书》之约定领取佣金。

（3）《保险代理人合同书》与《财务辅助计划协议书》系主从合同关系。

其二，张某与保险公司之间不存在劳动关系：

（1）保险公司对张某的管理系对保险代理人的管理，并非劳动法意义上的用人单位对劳动者的管理。保险公司对张某不是依据劳动法律法规进行管理，而是依据《保险法》对张某实施管理。这是符合行业常规的。公司对张某的管理与公司对其录用员工的管理是完全不同的。

（2）张某通过自身保险代理技能从事保险代理业务并自行承担经营风险。

（3）张某与保险公司没有身份隶属关系。

案例六

A公司财务人员王某自2000年10月1日起在A公司工作，劳动合同期限为五年，月工资为人民币5 000元，其中基本工资为人民币3 000元。2005年3月，A公司因经营发生严重困难，向王某提出或变更劳动合同，待岗到劳动合同期满，待岗工资为当地最低工资；或与公司协商解除劳动合同，公司将以王某基本工资为计算标准向其支付经济补偿金15 000元。王某同意协商解除劳动合同，并签署协商解除合同协议，公司也依约支付了经济补偿金。

时隔不久，王某申请劳动仲裁，要求公司按照月薪人民币5 000元的标准补足经济补偿金10 000元，并加付50%的额外经济补偿金5 000元。理由是，法律规定应以月薪人民币5 000元作为经济补偿金的计算基数。

就公司而言，协商解除劳动合同时应当全面考虑，努力减少后患。以本案为例，公司协商解除劳动合同协议中要载明王某知悉法律经济补偿金的相关规定，但基于公司财务状况，其同意以基本工资计算经济补偿金。如此，法律风险将会大大降低。

案例七

某公司的业务主要是为开发商设计建筑景观，为了保护公司的知识产权，公司于2008年10月制定了《员工手册》，其中规定，任何员工均不得将公司的景观设计方案（无论是创意、构思、讨论稿、终稿）外传。如果员工违反此规定，公司将与其解除劳动合同。所有员工均签收了《员工手册》。2010 年 8 月，公司发现，员工范某将一份景观资料复制到私人邮箱里，但是没有发出邮件的记录。公司认为，范某违反了《员工手册》的规定，遂作出了解除劳动合同的决定。范某不服，申请劳动仲裁，公司败诉后不服裁决，向人民法院起诉，要求认定公司的解除决定合法有效。庭审中，公司对范某的违纪事实仅提供证据证明其将景观资料复制到邮件的草稿箱里。范某对此辩解道，我放到草稿箱里，就是想晚上再好好研究修改，如果我若想外传，早就发了，发件箱里就会有相应的记录。公司的证据只证明了我将景观资料放到草稿箱里，但并不能证明我实施了外传行为，因此，《员工手册》的解除条款不适用我。

经过审查，法院认定用人单位解除劳动合同的证据不充分，驳回了用人单位的请求。

案例八

2008 年 1 月，史某入职某担保公司工作，并订立了为期三年的劳动合同，职务为担保公司风险控制部主管。2009 年 12 月，该担保公司派史某前往咸阳分公司处理相关事务，并担任咸阳分公司临时负责人。因史某任职期间，该担保公司咸阳分公司有一部分钱款去向不明，公司曾就史某侵占公司财物事宜向公安机关报案，但经审查不符合立案标准，未予刑事立案。2010 年 4 月，该担保公司以史某侵占公司财产为由，停止了史某的工作，并再未发放过工资，史某此后亦未向公司提供任何劳动。2010 年 6 月，该担保公司在陕西报纸上刊登公告，公告告知史某，公司将于 2010 年 8 月 4 日免除史某一切职务并解除劳动关系。

2011 年 1 月 8 日，史某向劳动争议仲裁委员会申请劳动争议仲裁，仲裁经过审理，该劳动争议仲裁委员会作出裁决，裁决某担保公司向史某支付 2010 年 4 月至裁决作出之日的工资人民币 15 万元。某担保公司不服裁决，提起诉讼。

一审法院经审理认为：某担保公司主张因史某侵占公司财产已与史某解除劳动合同。但关于史某侵占公司财产的事实，某担保公司未出示直接证据，某担保公司以史某侵占公司财产为由与史某解除劳动合同，缺乏事实及法律依据，应认定某担保公司解除劳动合同违法。现史某不同意解除劳动合同，并要求继续履行，故双方的劳动合同应继续履行。判决某担保公司支付史某 15 万元，驳回某担保公司的诉讼请求。

一审宣判后，某担保公司不服，提起上诉。

二审法院经审理维持了原判，驳回了某担保公司的上诉请求。

案例九

某公司招聘袁某担任前台工作，签订了为期三年的劳动合同，但公司没有制订担任前台岗位人员的录用条件。劳动合同履行半年后，公司发现袁某工作很不细心，非常不称职，比如，订错航班，复印材料不全，没有及时发出快递而导致耽误工作，有时还在工作时间上网，浏览与工作无关的网页，等等。公司认为，上述情况表明袁某不符合这个岗位的工作要求，遂以不符合录用条件为由与其解除了劳动合同。袁某不服，经与公司沟通未果，申请了劳动仲裁，要求：撤销解除劳动合同决定，继续履行劳动合同。仲裁裁决公司败诉。公司起诉后，经过法院审理，认定公司没有经袁某签字认可的录用制度，不能适用"劳动者试用期不符合录用条件，用人单位可以单方解除劳动合同"的规定，判决驳回公司的请求。

案例十

某公司财务人员张某 2007 年 5 月入职，签有无固定期限劳动合同，2010 年 2 月因个人原因离职。在职期间每月有加班，公司对填写加班审批表的加班均依法支付了加班费，但对于不认可的若干天加班不同意支付加班费，但为其报销了交通费和餐费。后张某诉至劳动仲裁，要求公司对不认可的加班再支付 35 000 元加班费，张某认为公司报销交通费或餐费的证据应当是其加班的证据。

本案中，劳动者就是基于职位的便利，获得并提供了公司为其报销交通费和餐费的证据，用以证明其加班事实，最终获得了法院的支持。

案例十一

于某于 2011 年 7 月 1 日入职 A 公司，担任销售经理职务，公司在与其签订的劳动合同中约定了其岗位职责：尽职尽责，以季度为单位，完成相应的销售任务。于某入职后第一个季度，公司以其未完成公司要求的销售指标、不胜任工作为由单方对其进行了调岗，将其调整至销售专员，工资也进行了相应的调整。于某认为其在第一季度为公司争取到很多订单，并不认可公司对其不胜任工作的评价，遂申请劳动仲裁，要求认定公司调岗违法，并要求公司恢复原岗原职，补足调岗期间的工资差额及其 25% 的经济补偿金。

庭审中，公司提供了公司管理层制定的各个季度的销售指标，的确高于于某所完成的额度。但于某认为，其自入职以来，公司从未告知其销售指标，故不认可公司认为其不胜任工作的决定，公司亦无法提供已经将各季度销售指标告知于某的证据。仲裁裁决公司败诉，支持了于某的申诉请求。

律师应当注意，实践中，因劳动者工作表现不能令用人单位满意，后者经常寻求律师的帮助，意欲与劳动者解除劳动合同。如果律师担任劳动法律顾问，一定要严格审查企业绩效考核制度是否完善；根据考核制度，员工是否获得不胜任的评价；是否有充分的证据予以支持不胜任的评价。如果条件不完全具备，不要急于解除劳动合同。可以考虑依法协商变更工作岗位；或重新履行法定流程，使之未来解除劳动合同符合法律规定；或考虑协商解除劳动合同；对不胜任工作的管理者还可依据公司运营的具体需求，适当考虑暂时安排其待岗，腾出其工作岗位，便于公司安排适当人员接替工作，但降低劳动者的工资标准一定要慎重。

案例十二

胡某于 2012 年 1 月 1 日入职 A 公司，担任生产运营总监。在入职时公司要求其签署了绩效考核制度，制度中规定公司每月月底对其进行绩效考核，根据考核结果于年底统一发放月度绩效工资，如果因胡某原因未工作至年底的，公司将不予发放绩效工资。2012年9月1日，胡某因个人原因，向公司申请辞职，并要求公司支付2012年1月至8月的绩效工资。公司认为，胡某系个人原因在年底前离职，根据公司的绩效考核制度，公司不予支付胡某在职期间的绩效工资。胡某遂申请劳动仲裁。

仲裁委员会认为，虽然胡某签收了绩效考核制度，但是该绩效考核制度规定"月度绩效工资年底统一发放，员工如果在年底前离职的，公司不予发放绩效工资"的内容缺乏合理性。因为绩效考核是按月度进行的，只要员工当月的绩效考核合格，就有权享有当月的绩效工资，不能因为员工未干满一年而不予支付月度绩效工资。故裁决公司根据胡某2012年1月至8月的绩效考核情况，支付其相应的绩效工资。

案例十三

孟某为技术人员，2009年6月受聘于S公司。劳动合同期限为三年，月薪为2.6万元。S公司为了保护公司的商业秘密和在市场的竞争力，按照公司的惯例，在与孟某签订劳动合同的同时，也签订了一份竞业禁止的协议。主要内容是："不论何种原因，孟某离开公司（包括合同到期届满和合同履行期间解除合同），两年内不得以任何方式到与S公司相同或类似的公司谋职。公司在竞业限制期限内每月支付1万元。如劳动者违反此约定，孟某应支付违约金8万元人民币。"2011年5月，孟某离开S公司，加盟了W公司，月薪达到4.2万元。S公司因孟某违反协议于2011年12月申请劳动仲裁，要求孟某支付违约金8万元并继续履行竞业限制业务。S公司最终获得了法院的支持。

本案是一起关于竞业限制的案件，根据法律规定，竞业限制的经济补偿金以及违约金均属于双方协商内容，但应当注意合理性。

案例十四

李某系某公司（注册地为M市）业务部在A、B、C三市的区域销售经理，担任该区域内产品的销售及售后服务工作。该公司并未在A、B、C三市设立任何分支机构或办事处，李某在其A市家中办公，所有办公设备及费用均由李某自行承担。李某的工资由公司转账至其银行卡上，提成的奖金由李某到M市领取现金。现李某因与该公司发生劳动争议，向A市劳动争议仲裁委员会申请仲裁，A市劳动争议仲裁委员会受理后，该公司提出了管辖权异议申请。

争议焦点

本案的争议焦点为双方的劳动合同履行地是A市还是M市？

案例分析

本案中关于能否认定A市为劳动合同履行地，存在两种不同意见：第一种意见认为，依据《劳动人事争议仲裁办案规则》第12条的规定，劳动合同履行地为劳动者实际工作场所地。本案中申请人实际是在其位于 A 市的家中办公，即可认定劳动合同履行地为 A 市。第二种意见认为：虽申请人在位于 A 市的家中办公，但该地点并非被申请人的任何分支机构或办事处所在地，且该场所中的所有设备及费用均并非由被申请人承担，故该地点不应视为劳动者的实际工作场所，即不能因此认定劳动合同履行地为 A 市。本案裁决时采纳了第二种意见。首先，申请人的工资系由被申请人从 M 市转账，提成的奖金也由申请人至 M 市领取，即申请人的工资支付地为 M 市。其次，虽申请人主张其在位于 A 市的家中办公，但该地点并非被申请人的任何分支机构或办事处所在地，且该场所中的所有设备及费用均非由被申请人承担，故该地点不应视为劳动者的实际工作场所。再次，申请人的岗位为"区域经理"，工作职责为负责包括 A 市、B 市、C 市在内的区域内产品的销售及售后服务工作，该工作职责与在 A 市家中办公并无实际联系。故 A 市不应视为劳动合同的履行地，A 市劳动争议仲裁委员会对本案没有管辖权。

律师应当注意，随着经济的发展，用人单位注册地与劳动合同履行地不一致的情形越来越多，出现了新型的居家办公模式，甚至存在大量企业进行异地用工的情况。因此如何帮助当事人确认劳动合同履行地愈显重要。对于劳动者实际工作场所的确定，不仅要看用人单位注册地，还要从劳动者办公地点、劳动者工资发放地、办公地点提供者、场所与岗位职责是否具有密切联系等角度综合考虑。

案例十五

某公司销售员工张某在工作中收受客户的礼金。依据公司《员工手册》的规定，私自收受客户的礼金属于严重违纪行为，一经发现，公司有权立即解除劳动合同且不支付经济补偿金。公司据此于 2012 年 3 月 8 日与张某解除了劳动合同。2012 年 5 月张某申请劳动仲裁，要求公司支付违法解除劳动合同的赔偿金，并支付 3、4、5 月份的工资 2.4 万元和提成奖金 15 万元。公司关于提成奖金的答辩意见是，根据公司提成奖金的规定，张某只可得到 4 万元的提成奖金。仲裁委员会经过审理，裁决认定公司解除劳动合同合法有据，驳回张某赔偿金的请求，但裁决公司支付张某截至 2012 年 3 月 8 日的工资和提成奖金 6 万元。公司对裁决支付 6 万元奖金不服，本欲起诉，得知张某起诉后，认为裁决书没有发生法律效力，故没有在规定的期限内起诉。在诉讼阶段，劳动者仍然主张提成奖金 15 万元，法院经过审查，劳动者应得的提成奖金 5.6 万元，但是由于公司认可 6 万元提成奖金，法院对此不持异议。

本章思考题

1. 劳动争议的范围包括哪些？
2. 人民法院受理的劳动争议案件包括哪些？
3. 无须仲裁前置的案件包括哪些？
4. 劳动争议案件的诉讼管辖原则是什么？

5. 一裁终局的适用情形有哪些，哪些情形下用人单位可以申请撤销仲裁裁决？

6. 诉讼阶段的财产保全的具体条件是什么？

7. 申请支付令的条件是什么？

8. 诉讼阶段增加诉讼请求的，如何处理？

担任劳动法律顾问

通过本章学习，你应当掌握：

1. 担任劳动法律顾问应当注意的事项。

2. 担任劳动者、职工代表大会及工会的劳动法律顾问的工作内容。

3. 担任用人单位劳动法律顾问的工作内容。

4. 担任专项劳动法律顾问的工作内容。

第一节　概述

一、劳动法律顾问服务

（一）担任劳动法律顾问的特点

1. 绝大多数用人单位内部设立了人力资源部或者劳动人事部，这些部门是从事劳动法业务律师的联系对象。

2. 由于劳动者与用人单位的劳动关系存在着时间上的连续性，而在劳动制度改革的进程中，解决劳动问题所适用的法律法规政策可能涉及十几年，甚至几十年。这些问题在改制后的国企中尤为突出。

3. 在制度改革的过程中，我国的法律法规政策尤其是政策浩如烟海，律师查找法律依据和决定用人单位的法律问题，不仅要研究现行的法律，而且要了解新中国成立以来的劳动政策和法律法规。

4. 各地经济发展不平衡，《劳动法》赋予地方的立法机关在劳动领域有一定的立法权，因此中央和地方针对同样的问题却存在不同的规定，这要求劳动法律师在担任用人单位法律顾问时，不仅要研究全国性的规定，更要熟悉和掌握地方规定。

（二）了解用人单位的基本情况

1. 用人单位的情况千差万别，律师应当深刻理解用人单位的行业特点和人力资源政策倾向。

2. 律师应当了解用人单位的存续状况，企业规模、员工总数、雇佣模式，以及所属行业，根据用人单位的要求，提出合理化建议，制定一个既符合用人单位实际又符合法律规定，并且便于用人单位和劳动者执行的劳动合同和内部规章制度。

3. 律师在提供进一步法律咨询前，记录公司登记的名称、法定代表人姓名、单位住所地的地址及联系方式。

4. 律师应当全面了解用人单位是否存在违反法律、法规的行为。

（三）担任新成立用人单位法律顾问

1. 对于刚刚成立的企业，律师应当根据其行业特征和实际需要起草用工协议、劳动合同。

2. 律师应当根据企业当地的劳动法律法规，提示用人单位所在地的工作时间、休息休假、最低工资的标准，设计符合企业性质的规章制度。

3. 完善人力资源管理工具，从合规性、合理性和执行性等方面审查员工手册、劳动规章制度、员工行为守则、工资和福利支付、休假假期、奖惩措施、员工绩效考评、保密、工作场所安全以及员工培训相关文件。

4. 审查用人单位拟向员工作出的解除劳动合同、开除等决定，就其合法性及合理性提供意见，提示法律风险。

（四）担任已经建立人力资源管理体系的用人单位的法律顾问

1. 对于已经建立起一定人力资源体系和制度的公司，对其现有制度和体系进行风险评估，并针对存在的问题提出整改建议。

2. 在律师发现用人单位存在违法行为的情况下，及时向用人单位充分提示可能存在的法律风险。

3. 根据国家有关法规、政策的变化及/或用人单位人力资源政策的调整，对公司现有制度和体系进行合理删减、增加或变更。

4. 审查用人单位拟向员工作出的解除劳动合同、开除等决定，就其合法性及合理性提供意见，提示法律风险。

（五）协助用人单位处理尚未进入仲裁诉讼阶段的劳动纠纷

1. 产生劳动争议时，建议用人单位首先考虑以和解方式解决纠纷，以避免仲裁、诉讼所带来的法律风险，同时提供合理的建议完善用人单位的规章制度，纠正违法行为，依法用工。

2. 参与用人单位劳动争议的相关调解工作，深入理解客户需求，根据《劳动法》相关规定向用人单位提供处理建议，推动争议解决。

3. 结合用人单位的具体情况，综合考虑劳动争议或不合法的内部规定对用人单位可能产生的整体性、连锁性反应，最终向用人单位提出合法、合理、具有操作性的咨询意见及解决方案。

4. 结合纠纷具体情况，在充分了解用人单位需求的前提下代表用人单位进行集体谈判。

二、担任劳动法律顾问应了解的事项

（一）劳动合同

1. 律师应当了解劳动合同订立的情况。用人单位与劳动者建立劳动关系，应当订立书面的劳动合同。事实劳动关系存在的合法性已经被现行法律规定所排除，劳动关系建立的同时，都必须签订书面劳动合同，除非是在非全日制用工情况下，双方可以订立口头协议。

2. 律师应当首先确定劳动合同的主体双方，一方是劳动者，另一方是用人单位。用人单位是在法律关系中依法使用和管理劳动者并给付劳动报酬的组织。非法用工单位，主要是指不具备合法经营资格的用人单位。

3. 律师应当审查劳动合同的必备条款是否全部具备，包括：用人单位名称、住所和法定代表人或者主要负责人；劳动者的姓名、住址和居民身份证或者其他有效身份证件号码；劳动合同期限、工作内容和地点、工作时间和休息休假、劳动报酬、社会保险、劳动保护、劳动条件和执业危害防护；法律法规规定应当纳入劳动合同的其他事项。

4. 律师应当注意审查劳动合同的期限，即为固定期限、无固定期限还是以完成一定工作任务为期限。律师应当提示用人单位在劳动合同中，必须与劳动者明确约定劳动合同期限。

5. 律师在审查完以上内容之后，应当严格依据法律的相关规定，审查有效的劳动合同应当具备的四个要件是否齐全，即主体合法、形式合法、内容合法、程序合法。

6. 存在以下法定情形的劳动合同，律师应当及时指出其为无效劳动合同：

（1）以欺诈、胁迫的手段或者乘人之危，使对方在违背真实意思的情况下订立或者变更劳动合同的；

（2）用人单位免除自己的法定责任、排除劳动者权利的；

（3）违反法律、行政法规强制性规定的。

（二）企业内部规章制度

1. 规章制度是否具备生效要件。根据最高人民法院《关于审理劳动争议案件适用法律若干问题的解释》的规定，一个企业的规章制度要具有法律效力，能有效地约束员工，应当具备三个条件：

（1）规章制度的内容应具有合法性；

（2）制定和通过应经过民主程序；

（3）应向劳动者公示。

2. 律师在担任企业法律顾问起草或审查内部规章制度时，首先应当确认用人单位的规章内容是否符合《劳动法》、《劳动合同法》以及相关的法律法规，不能与法律法规相抵触，如发生抵触，则应当提示，抵触的部分是无效的。

3. 律师应当提示用人单位，《劳动合同法》在"程序合法"方面作出了明确的规定和具体的要求。用人单位在制定、修改或者决定有关劳动报酬、工作时间、休息休假、劳动安全卫生、保险福利、职工培训、劳动纪律以及劳动定额管理等直接涉及劳动者切身利益的规章制度或者重大事项时，应当经职工代表大会或者全体职工讨论，提出方案和意见，与工会或者职工代表平等协商。

4. 用人单位应当将直接涉及劳动者切身利益的规章制度和重大事项决定公示，或者告知劳动者。律师必须提示用人单位，内部规章制度必须对其适用的人公示，未经公示的企业内部规章制度，对员工不具有约束力。

5. 公示的方式和形式在法律上无明文规定。实践中，可用作公示或者告知的手段很多，律师可以建议企业将规章制度张贴在公告栏中进行公示，还可以通过公司内部网络进行公示，或者发送电子邮件。

6. 律师应当提示企业，上述方式虽然简便，但是还存在法律风险。律师应当建议企业首选发放员工手册作为公示手段，让员工签收，并确认已经熟悉规章制度的全部内容且愿意遵守。

（三）律师应当根据企业的不同性质，了解企业对于商业秘密保护和竞业限制的需求

1. 律师应当提示企业根据自身的实际情况建立和完善保密规章制度，并做好相应的公示，确保员工能明确知晓保密信息的内容以及违反保密制度的法律责任。

2. 律师应当提示企业，对与保密工作有密切联系员工的离职，应当注意以下几点：

（1）明确员工离职时工作交接的具体内容，以书面形式确定员工必须交还的资料；

（2）员工个人档案中应保存相应的培训记录，并尽量记录其所接触的保密信息范围；

（3）要求员工离职时承诺，已经根据企业指示交回一切含有商业秘密的资料和文件。

3. 律师应当提示用人单位，与员工签订保密协议，或者在劳动合同中设立保密条款，是企业最常使用的保密措施。

4. 律师可以根据用人单位的性质和行业特点，协助企业确定合理的保密协议内容和范围，明确保密协议双方的权利义务、保密期限和违约责任等约定。

5. 律师可以建议企业与有保密义务的员工签订竞业限制协议，要求他们在离职后一定期限内未经同意不得从事与本单位相同或者相类似的业务，以从根本上阻断泄密渠道。

6. 律师应当提示用人单位，根据《劳动合同法》的规定，竞业限制的人员限于用人单位高级管理人员，高级技术人员和其他负有保密义务的人员。

7. 律师在了解企业性质和特点后，可以协助企业确定生产同类产品或者经营同类业务且有竞争关系或其他利益关系的企业的范围。

8. 律师应当在竞业限制协议中列明，员工不得自行建立与本单位业务范围相同的企业，不得自己生产、经营与本单位有竞争关系的同类产品或业务。

9. 律师应当提示用人单位，竞业限制的期限不得超过二年。

10. 律师应让企业了解，员工承担竞业限制义务的，用人单位在竞业限制期限内必须按月向劳动者支付经济补偿金。

11. 律师在竞业限制协议中应当约定劳动者违反竞业限制义务，应当按照约定向用人单位支付违约金。

12. 律师在代表企业与劳动者协商确定补偿金和违约金数额时，应当提示企业遵循自愿、平等、公平、合理的原则，避免利用强势地位约定不合理的补偿及违约条款，损害劳动者的合法权益。

（四）律师帮助企业起草和制订合理的人才培养计划和协议

1. 律师应当告知用人单位，服务期不能随意约定，必须是用人单位根据法律规定履行了特别义务，即为劳动者提供专项培训费用，对其进行专业技术培训的，才能与员工约定服务期。

2. 实务中，主要有两种情况用人单位需要与劳动者约定服务期：

（1）用人单位委托具有培训和教育资格的第三方单位进行培训，并且有第三方出具的培训证明、用人单位为劳动者参加培训出资的货币支付凭证。

（2）用人单位给员工提供的是义务性培训以外的专业技术培训，目的是提高员工的专业知识和职业技能。

3. 律师应当提示企业，当为劳动者支付了培训成本，根据权利义务对等原则，法律允许用人单位与劳动者约定在本单位工作的最短年限。法律没有对服务期的年限作出具体规定。实务中，律师可以代表企业与劳动者协商确定服务期的长短。

4. 律师应当告知用人单位，《劳动合同法》允许用人单位与劳动者在培训及服务期协议中依法约定违约金，如果劳动者违反服务期约定的，应按约定向用人单位支付违约金。

（1）服务期尚未开始的，违约金的数额不得超过用人单位提供的培训费用。

（2）服务期已经开始的，违约金的数额不得超过服务期尚未履行部分所应分摊的培训费用。

（五）工作时间和休假

律师应当根据企业性质和行业特点，协助用人单位制定涉及每一个员工切身利益的工作时间和休假制度。律师应当提示用人单位，工作时间和休假既是劳动用工管理的重要内容，也是劳动争议和纠纷的高发问题。

（六）劳动合同的变更在复杂的外部环境影响下无法避免

律师应当提示用人单位，劳动合同的变更不是由企业完全控制的，特别是与员工利益密切相关的岗位、薪酬的调整，需要与员工协商确定或者具有法定理由。

1. 根据《劳动合同法》规定，劳动合同变更应当满足两个条件：

（1）必须经过双方协商一致；

（2）必须采取书面形式。

2. 律师应当提示用人单位，调整岗位和薪酬是合同变更的重要内容，用人单位若没有经过协商一致而单方调岗调薪，员工有权拒绝，劳动合同应当按原约定继续履行，除非有法定的理由。

3. 律师应当告知用人单位，虽然协商变更劳动合同是《劳动合同法》的基本原则和规定，同时，法律也赋予用人单位在特定情形下单方解除变更劳动合同的权利，如：(1) 劳动者不能胜任工作；(2) 医疗期满劳动者不能从事原工作。

（七）劳动合同的解除

劳动合同的解除是指劳动合同订立后，尚未全部履行前，由于某种原因导致劳动关系提前消灭。

（八）劳动合同的终止

劳动合同的终止是指劳动合同的法律效力依法消灭，即劳动关系由于一定法律事实的出现而终结，劳动者与用人单位之间原有的权利义务关系不再存在。

三、要求委托人提供相关书面材料

1. 律师协助用人单位制定或审查内部劳动规章制度，应当向用人单位要求提供以下书面材料：

A. 工资制度；

B. 休假制度；

C. 奖惩制度；

D. 保密制度；

E. 保险福利制度；

F. 企业内部民主管理制度。

2. 律师受用人单位聘请，审查内部劳动规则可以要求用人单位提供：

A. 聘任意向书；

B. 劳动合同；

C. 集体合同；

D. 培训合同；

E. 保密和竞业限制合同；

F. 劳动派遣合同。

第二节 担任劳动者、职工代表大会和工会法律顾问

一、律师担任劳动者法律顾问服务内容

（一）律师需要了解与劳动者建立劳动关系的用人单位的性质

（内容略）

（二）律师需要了解劳动者与用人单位订立劳动合同的基本情况

1. 律师需了解用人单位招用劳动者时，是否曾如实告知劳动者工作内容、工作条件、工作地点、职业危害、安全生产状况、劳动报酬，以及劳动者要求了解的其他情况。

2. 律师需了解用人单位招用劳动者时，是否存在扣押劳动者的居民身份证和其他证件的行为，是否曾要求劳动者提供担保或者以其他名义向劳动者收取财物。

3. 律师需了解用人单位招用劳动者时，是否订立书面劳动合同或明确约定劳动报酬。若用人单位未在用工的同时订立书面劳动合同，与劳动者约定的劳动报酬不明确的，律师应告知新招用的劳动者，其劳动报酬按照集体合同规定的标准执行；没有集体合同或者集体合同未规定的，其报酬按同工同酬确定。

（三）律师需要了解劳动者与用人单位订立的劳动合同的类型

1. 用人单位与劳动者约定了劳动合同的终止时间，该劳动合同为固定期限劳动合同。

2. 用人单位与劳动者约定无确定终止时间，该劳动合同为无固定期限劳动合同。若用人单位自用工之日起满一年都没有与劳动者订立书面劳动合同，则视为用人单位与劳动者已订立无固定期限劳动合同。

3. 用人单位与劳动者约定以某项工作的完成为合同期限，该劳动合同为以完成一定工作任务为期限的劳动合同。

4. 律师需了解是否存在下列情形之一，且劳动者提出或者同意续订、订立劳动合同：

（1）劳动者在该用人单位连续工作满十年的；

（2）用人单位初次实行劳动合同制度或者国有企业改制重新订立劳动合同时，劳动者在该用人单位连续工作满十年且距法定退休年龄不足十年的；

（3）连续订立二次固定期限劳动合同，且劳动者没有《劳动合同法》第39条和第40条第1项、第2项规定的情形，续订劳动合同的。

若符合上述条件，除劳动者提出订立固定期限劳动合同外，用人单位应当与劳动者订立无固定期限劳动合同。若用人单位未遵守此规定，属于违反《劳动合同法》的行为，律师应考虑建议劳动者维权，提出维权的具体方案。

（四）律师需要了解用人单位与劳动者订立的劳动合同是否已经生效，且具备必要条款

1. 律师应了解该劳动合同是否已由用人单位与劳动者协商一致。

2. 律师应了解该劳动合同是否已由用人单位与劳动者在劳动合同文本上签字或者盖章。

3. 律师应了解该劳动合同应当具备用人单位的名称、住所和法定代表人或者主要负责人，劳动者的姓名、住址和居民身份证或者其他有效身份证件号码，劳动合同期限，工作内容和工作地点，工作时间和休息休假，劳动报酬，社会保险，劳动保护、劳动条件和职业危害防护等必备条款。

4. 律师应了解该劳动合同是否包含试用期、培训、保守秘密、补充保险和福利待遇等必备条款之外的其他事项。

（五）律师需要了解用人单位与劳动者订立的劳动合同中关于试用期的约定

1. 律师应了解用人单位与劳动者订立的劳动合同中试用期的期限，以及用人单位与劳动者约定试用期的次数。

2. 律师应了解试用期是否包含在劳动合同期内。

3. 律师应了解劳动者在试用期的工资是否低于本单位相同岗位最低档工资或者劳动合同约定工资的 80％，是否低于用人单位所在地的最低工资标准。若低于上述标准，用人单位的行为属于违反《劳动合同法》的行为，律师应考虑建议劳动者维权，提出维权的具体方案。

4. 律师应了解用人单位是否曾在试用期间解除劳动合同；若有，律师应了解用人单位解除劳动合同的理由以及是否曾向劳动者说明。

（六）律师需要了解用人单位与劳动者订立的劳动合同中关于服务期、竞业限制的约定

1. 律师应了解用人单位与劳动者约定服务期的，是否存在用人单位没有提供培训且没有支付培训费用的情形。

2. 劳动合同中存在竞业限制的约定的，律师应了解劳动合同是否约定在解除或者终止劳动合同后，用人单位在竞业限制期限内按月给予劳动者经济补偿。

3. 劳动合同中存在竞业限制的约定的，律师应了解该劳动者是否属于用人单位的高级管理人员、高级技术人员和其他负有保密义务的人员。

4. 劳动合同中存在竞业限制的约定的，律师应了解劳动合同中，竞业限制的期限和违约金。

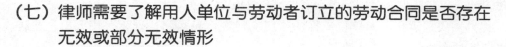

（七）律师需要了解用人单位与劳动者订立的劳动合同是否存在无效或部分无效情形

1. 律师需要了解用人单位与劳动者订立的劳动合同是否存在以欺诈、胁迫的手段或者乘人之危，使对方在违背真实意思的情况下订立或者变更劳动合同的情形。

2. 律师需要了解用人单位与劳动者订立的劳动合同是否存在用人单位免除自己的法定责任、排除劳动者权利的情形。

3. 律师需要了解用人单位与劳动者订立的劳动合同是否存在违反法律、行政法规强制性规定的情形。

（八）律师需要了解用人单位与劳动者订立的劳动合同的履行情况

1. 律师需要了解用人单位是否已按照劳动合同约定和国家规定，向劳动者及时足额支付劳动报酬。若用人单位拖欠或者未足额支付劳动报酬的，律师应建议劳动者与用人单位交涉或者依法维权。

2. 律师需要了解用人单位是否严格执行劳动定额标准，是否曾强迫或者变相强迫劳动者加班。若用人单位安排加班的，律师需要了解其是否曾按照国家有关规定向劳动者支付加班费。

3. 律师需要了解用人单位是否存在违章指挥、强令冒险作业的情况；若存在，律师应告知劳动者有权拒绝。

4. 律师应了解是否存在劳动合同的变更。若存在对劳动合同的变更，律师应告知劳动者采用书面形式。

（九）律师需要了解用人单位与劳动者订立的劳动合同的解除情况

1. 律师需要了解用人单位与劳动者解除劳动合同的情况。

2. 用人单位单方解除劳动合同的，律师需要了解是否存在允许用人单位单方解除的情形。若不存在该情形，律师应考虑建议劳动者维权，提出维权的具体方案。

3. 用人单位无过失性辞退劳动者的，律师需要了解用人单位是否曾提前三十日以书面形式通知劳动者本人或者额外支付劳动者一个月工资。若否，律师应考虑建议劳动者维权，提出维权的具体方案。

4. 律师需要了解是否存在用人单位不得解除劳动合同的情形。若存在该情形而用人单位解除了劳动合同，律师应考虑建议劳动者维权，提出维权的具体方案。

（十）律师需要了解用人单位是否履行了支付经济补偿等义务

1. 律师需要了解在劳动合同终止后，用人单位是否按规定履行了在一定情形下向劳动者支付经济补偿的义务。

2. 律师需要了解用人单位是否在解除或者终止劳动合的同时曾出具解除或者终止劳

动合同的证明，并在十五日内为劳动者办理档案和社会保险关系转移手续。

3. 律师需要了解在用人单位依据法律应支付经济补偿的情况下，用人单位是否在办结工作交接时将经济补偿支付给了劳动者。

二、律师协助职工代表大会行使职权

（一）职工代表大会是企业、事业单位实行民主管理的基本形式，是职工行使民主管理权力的机构

1. 律师可以协助职工代表大会依法落实各项职权，是搞好企事业民主管理，确立职工主人翁地位的重要保证。

2. 律师协助职工代表大会成为企业实行民主管理的基本形式，成为职工行使民主管理权力的机构。

3. 律师协助职工代表大会贯彻执行党和国家的方针、政策，正确处理国家、企业、职工三者利益关系，在法律范围内行使职权，保障职工的主人翁地位，调动职工积极性。

（二）律师应当协助职工代表大会选举主席团主持会议

1. 律师应当告知企业职工代表大会，主席团成员应有工人、技术人员、管理人员和企业的领导。其中工人、技术人员、管理人员应超过半数。

2. 律师应当协助企业职工代表大会至少每半年召开一次会议，并告知企业应有三分之二以上的职工代表出席。

3. 律师应当告知企业有三分之一以上职工代表的提议可召开临时会议。

4. 职工代表大会进行选举和作出决议，必须经全体职工代表过半数通过。

三、除职工代表大会一般职权外，律师还可以协助国有企业和国有控股企业职工代表大会行使职权

（一）国有企业和国有控股企业职工代表大会

1. 国有企业和国有控股企业均建有企业职工代表大会。

2. 国有企业和国有控股企业的企业职工代表大会是企业实行民主管理的基本形式，是职工行使民主管理权力的机构。

3. 国有企业和国有控股企业的企业职工代表大会具有广泛的职权：如审议企业经营方针、中长期发展规划、年度计划、财务预决算等重要事项报告等。

（二）律师在国有企业和国有控股企业职工代表大会中发挥的作用

1. 协助职工代表大会建立表决制度。

2. 为企业职工代表大会审阅各项规章制度，并进行风险提示。

3. 充分维护职工的利益，参与制定企业改制中的员工安置方案、职工奖惩办法及企业中其他涉及职工切身利益的重大事项。

4. 协调企业职工及公司治理层之间的关系。

四、区域（行业）职工代表大会

（一）区域（行业）职工代表大会

1. 职工代表大会也可实行产业和地方相结合的组织原则。

2. 区域职工代表大会，即某一地域内各企业职工组成的代表大会。

3. 行业职工代表大会，即某一行业或者性质相似的几个行业根据需要组成的职工大会。

（二）律师在区域（行业）职工代表大会中发挥的作用

1. 协助区域（行业）职工代表大会建立组织制度，审阅相关制度的合法性。

2. 维护职工代表的选举权、表决权等。

3. 参加区域（行业）职工代表大会的有关活动，认真协助审阅企业的规章制度。

4. 协调区域（行业）职工代表大会与区域（行业）内公司的董事会、监事会和经理层的关系。

五、集团企业职工代表大会

（一）集团企业

1. 集团企业，又称企业集团，是以一个或多个实力强大的大型企业为核心，以若干个在资产、资本、技术上有密切联系的企业形成的一个稳定的多层次经济组织。

2. 集团企业多存在于全民所有制企业中，随着经济的发展，越来越多的企业采用此种形式增强自身的竞争力。

（二）企业职工代表大会

1. 集团企业中的企业职工代表大会是职工依法参与企业民主管理的政治保证和组织保证。

2. 集团企业职工代表大会拥有广泛的权利，在集团企业管理中发挥重要作用。中央企业的职工代表大会拥有审议建议权、审议通过权、监督评议权、民主选举权等。

（三）律师在集团企业职工代表大会中发挥的作用

1. 律师应当协调企业职工代表大会与公司董事会、监事会、经理层等治理结构之间的关系。

2. 律师应当提示建立企业职工代表大会的集团企业，针对特定事项作出法律决定需经企业职工代表大会通过。

3. 律师应当充分维护职工利益。

4. 律师应当协助企业制定企业职工代表大会议事规程，确保符合法律法规规定。

六、律师协助企业工会作为职工代表大会的工作机构履行职责

1. 国有企业职工代表大会是企业实行民主管理的基本形式，是职工行使民主管理权力的机构，律师应当协助职工代表大会依照法律规定行使职权。

（1）职工代表大会选举主席团主持会议。主席团成员应有工人、技术人员、管理人员和企业的领导干部。其中工人、技术人员、管理人员应超过半数。

（2）职工代表大会至少每半年召开一次。每次会议必须有三分之二以上的职工代表出席。

（3）遇有重大事项，经厂长、企业工会或三分之一以上职工代表的提议，可召开临时会议。

（4）职工代表大会进行选举和作出决议，必须经全体职工代表过半数通过。

（5）职工代表大会在其职权范围内决定的事项，非经职工代表大会同意不得修改。

（6）职工代表大会可根据需要，设立若干精干的临时的或经常性的专门小组（或专门委员会），完成职工代表大会交办的有关事项。

2. 国有企业的工会委员会是职工代表大会的工作机构，负责职工代表大会的日常工作，检查、督促职工代表大会决议的执行。律师应当协助企业工会委员会作为职工代表大会的工作机构承担下列工作：

（1）组织职工选举职工代表；

（2）提出职工代表大会议题的建议，主持职工代表大会的筹备工作和会议的组织工作；

（3）主持职工代表团（组）长、专门小组负责人联席会议；

（4）组织专门小组进行调查研究，向职工代表大会提出建议，检查督促大会决议的执行情况，发动职工落实职工代表大会决议；

（5）向职工进行民主管理的宣传教育，组织职工代表学习政策、业务和管理知识，提高职工代表素质；

（6）接受和处理职工代表的申诉和建议，维护职工代表的合法权益；

（7）组织企业民主管理的其他工作。

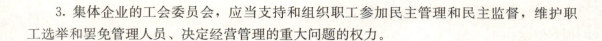

3. 集体企业的工会委员会，应当支持和组织职工参加民主管理和民主监督，维护职工选举和罢免管理人员、决定经营管理的重大问题的权力。

七、律师协助职工代表行使权利

（一）职工代表的条件与产生

按照法律规定享有政治权利的企业职工，均可当选为职工代表。

职工代表的产生，应当以班组或者工段为单位，由职工直接选举。大型企业的职工代表，也可以由分厂或者车间的职工代表相互推选产生。

职工代表中应当有工人、技术人员、管理人员、领导干部和其他方面的职工。其中企业和车间、科室行政领导干部一般为职工代表总数的五分之一。青年职工和女职工应当占适当比例。

为了吸收有经验的技术人员、经营管理人员参加职工代表大会，可以在企业或者车间范围内，经过民主协商，推选一部分代表。

职工代表按分厂、车间、科室（或若干科室）组成代表团（组），推选团（组）长。

职工代表实行常任制，每两年改选一次，可以连选连任。

职工代表对选举单位的职工负责。选举单位的职工有权监督或者撤换本单位的职工代表。

（二）律师应当协助职工代表行使下述权利

1. 在职工代表大会上，有选举权、被选举权和表决权。

2. 有权参加职工代表大会及其工作机构对企业执行职工代表大会决议和提案落实情况的检查，有权参加对企业行政领导人员的质询。

3. 因参加职工代表大会组织的各项活动而占用生产或者工作时间，有权按照正常出勤享受应得的待遇。

4. 对职工代表行使民主权利，任何组织和个人不得压制、阻挠和打击报复。

八、厂务公开事项

（一）厂务公开主要包括下述事项

1. 企业重大决策问题，主要包括企业中长期发展规划，投资和生产经营重大决策方案，企业改革、改制方案，兼并、破产方案，重大技术改造方案，职工裁员、分流、安置方案等重大事项。

2. 企业生产经营管理方面的重要问题，主要包括年度生产经营目标及完成情况，财务预决算，企业担保，大额资金使用，工程建设项目的招投标，大宗物资采购供应，产品销售和盈亏情况，承包租赁合同执行情况，企业内部经济责任制落实情况，重要规章制度的制定等。

3. 涉及职工切身利益方面的问题，主要包括劳动法律法规的执行情况，集体合同、劳动合同的签订和履行，职工提薪晋级、工资奖金分配、奖罚与福利，职工养老、医疗、工伤、失业、生育等社会保障基金缴纳情况，职工招聘，专业技术职称的评聘，评优选先的条件、数量和结果，职工购房、售房的政策和住房公积金管理以及企业公积金和公益金的使用方案，安全生产和劳动保护措施，职工培训计划等。

4. 与企业领导班子建设和党风廉政建设密切相关的问题，主要包括民主评议企业领导人员情况，企业中层领导人员、重要岗位人员的选聘和任用情况，干部廉洁自律规定执行情况，企业业务招待费使用情况，企业领导人员工资（年薪）、奖金、兼职、补贴、住房、用车、通信工具使用情况，以及出国出境费用支出情况等。

（二）律师应当提示厂务公开的内容应根据企业的实际情况有所侧重

关于厂务公开，既要公开有关政策依据和本单位的有关规定，又要公开具体内容、标准和承办部门；既要公开办事结果，又要公开办事程序；既要公开职工的意见和建议，又要公开职工意见和建议的处理情况。厂务公开始终要在职工的广泛参与和监督下进行。

九、职工董事

1. 两个以上的国有企业或者两个以上的其他国有投资主体投资设立的有限责任公司，其董事会成员中应当有公司职工代表；其他有限责任公司董事会成员中可以有公司职工代表。

2. 董事会中的职工代表由公司职工通过职工代表大会、职工大会或者其他形式民主选举产生。

3. 中央企业建立董事会试点的国有独资公司职工董事。

（1）任职条件：

1）经公司职工民主选举产生；

2）具有良好的品行和较好的群众基础；

3）具备相关的法律知识，遵守法律、行政法规和公司章程，保守公司秘密；

4）熟悉本公司经营管理情况，具有相关知识和工作经验，有较强的参与经营决策和协调沟通能力；

5）《公司法》等法律法规规定的其他条件。

（2）下列人员不得担任公司职工董事：

1）公司党委（党组）书记和未兼任工会主席的党委副书记、纪委书记（纪检组组长）；

2）公司总经理、副总经理、总会计师。

（3）职工董事的提名、选举、聘任：

1）职工董事候选人由公司工会提名和职工自荐方式产生，可以是公司工会主要负责人，也可以是公司其他职工代表。

2）候选人确定后由公司职工代表大会、职工大会或其他形式以无记名投票的方式差额选举产生职工董事。公司未建立职工代表大会的，职工董事可以由公司全体职工直接选举产生，也可以由公司总部全体职工和部分子（分）公司的职工代表选举产生。

3）职工董事选举前，公司党委（党组）应征得国资委同意；选举后，选举结果由公司党委（党组）报国资委备案后，由公司聘任。

（4）职工董事的权利、义务、责任：

1）职工董事代表职工参加董事会行使职权，享有与公司其他董事同等权利，承担相应义务。

2）职工董事应当定期参加国资委及其委托机构组织的有关业务培训，不断提高工作能力和知识水平。

3）董事会研究决定公司重大问题，职工董事发表意见时要充分考虑出资人、公司和职工的利益关系。

4）董事会研究决定涉及职工切身利益的问题时，职工董事应当事先听取公司工会和职工的意见，全面准确反映职工意见，维护职工的合法权益。

5）董事会研究决定生产经营的重大问题、制定重要的规章制度时，职工董事应当听取公司工会和职工的意见和建议，并在董事会上予以反映。

6）职工董事应当参加职工代表团（组）长和专门小组（或者专门委员会）负责人联席会议，定期到职工中开展调研，听取职工的意见和建议。职工董事应当定期向职工代表大会或者职工大会报告履行职工董事职责的情况，接受监督、质询和考核。

7）公司应当为职工董事履行董事职责提供必要的条件。职工董事履行职务时的出差、办公等有关待遇参照其他董事执行。

8）职工董事不额外领取董事薪酬或津贴，但因履行董事职责而减少正常收入的，公司应当给予相应补偿。具体补偿办法由公司职工代表大会或职工大会提出，经公司董事会批准后执行。

9）职工董事应当对董事会的决议承担相应的责任。董事会的决议违反法律、行政法规或者公司章程，致使公司遭受严重损失的，参与决议的职工董事应当按照有关法律法规和公司章程的规定，承担赔偿责任。但经证明在表决时曾表明异议并载于会议记录的，可以免除责任。

（5）职工董事的任期、补选、罢免：

1）职工董事的任期每届不超过三年，任期届满，可连选连任。

2）职工董事的劳动合同在董事任期内到期的，自动延长至董事任期结束。

3）职工董事任职期间，公司不得因其履行董事职务的原因降职减薪、解除劳动合同。

4）职工董事因故出缺，按规定补选。职工董事在任期内调离本公司的，其职工董事资格自行终止，缺额另行补选。

5）职工代表大会有权罢免职工董事，公司未建立职工代表大会的，罢免职工董事的权力由职工大会行使。

6）罢免职工董事，须由十分之一以上全体职工或者三分之一以上职工代表大会代表联名提出罢免案，罢免案应当写明罢免理由。

7）公司召开职工代表大会或职工大会，讨论罢免职工董事事项时，职工董事有权在主席团会议和大会全体会议上提出申辩理由或者书面提出申辩意见，由主席团印发给职工代表或全体职工。

8）罢免案经职工代表大会或职工大会审议后，由主席团提请职工代表大会或职工大会表决。罢免职工董事采用无记名投票的表决方式。

9）罢免职工董事，须经职工代表大会过半数的职工代表通过。公司未建立职工代表大会的，须经全体职工过半数同意。

10）职工代表大会罢免决议经公司党委（党组）审核，报国资委备案后，由公司履行解聘手续。

十、职工监事

1. 监事会应当包括股东代表和适当比例的公司职工代表，其中职工代表的比例不得低于三分之一，具体比例由公司章程规定。监事会中的职工代表由公司职工通过职工代表大会、职工大会或者其他形式民主选举产生。

2. 国有重点大型企业职工监事。

（1）企业职工代表担任的监事为兼职，每届任期三年，由企业职工代表大会民主选举产生，报监事会管理机构批准。企业负责人不得担任监事会中的企业职工代表。

（2）任职条件：

1）熟悉并能够贯彻执行国家有关法律、行政法规和规章制度；

2）具有财务、会计、审计或者宏观经济等方面的专业知识，比较熟悉企业经营管理工作；

3）坚持原则，廉洁自持，忠于职守；

4）具有较强的综合分析、判断和文字撰写能力，并具备独立工作能力。

（3）作为监事会成员，职工监事主要履行下述职责：

1）检查企业贯彻执行有关法律、行政法规和规章制度的情况；

2）检查企业财务，查阅企业的财务会计资料及与企业经营管理活动有关的其他资料，验证企业财务会计报告的真实性、合法性；

3）检查企业的经营效益、利润分配、国有资产保值增值、资产运营等情况；

4）检查企业负责人的经营行为，并对其经营管理业绩进行评价，提出奖惩、任免建议。

3. 职工监事与其他监事享有同等权利，承担相应义务，要正确反映职代会和职工代表的意见。

4. 职工监事在董事会会议与监事会会议召开前，在不泄露商业秘密和企业一段时间需要保密的问题的前提下，应就会议有关内容开展调研，充分听取职工代表的意见。

5. 职工监事应定期向职工代表大会就反映职工意见、参与决策与监督、维护职工权益等内容报告履行职责的情况，接受职工代表的监督、质询和考核。

6. 对工作不称职的、群众不满意的职工监事，职工代表大会要通过相应程序予以撤换或罢免。

十一、联席会议

1. 职工代表大会闭会期间，需要临时解决的重要问题，由企业工会委员会召集职工代表团（组）长和专门小组负责人联席会议，就需要临时解决涉及职工切身利益的重要问题，以及对职代会审议通过的方案在实施中发生的个别需要作部分修改或补充的问题进行协商处理，履行民主程序。

2. 联席会议由职代会主席团成员、职工代表团（组）长、职代会专门委员会（小组）负责人、工会委员会成员、职工董事、职工监事组成。联席会议可以根据会议内容邀请本企业党政负责人或其他有关人员参加。

3. 联席会议形成的意见、决议或决定，必须向下次职代会报告，提请确认，职代会对职权范围内的事项具有最终审定权。

十二、上级工会的指导和帮助

1. 基层工会、地方各级总工会、全国或者地方产业工会组织的建立，必须报上一级工会批准。

2. 上级工会可以派员帮助和指导企业职工组建工会，任何单位和个人不得阻挠。

3. 基层工会所在的企业终止或者所在的事业单位、机关被撤销，该工会组织相应撤销，并报告上一级工会。

4. 工会签订集体合同，上级工会应当给予支持和帮助。

5. 企业、事业单位无正当理由拖延或者拒不拨缴工会经费，上级工会可以向当地人民法院申请支付令；拒不执行支付令的，工会可以依法申请人民法院强制执行。

6. 工会工作人员违反法律规定，损害职工或者工会权益的，上级工会可以责令其改正，或者予以处分。

十三、工会的组成及其工作人员的特殊保护

（一）工会的组成及其工作人员

1. 企业、事业单位、机关有会员二十五人以上的，应当建立基层工会委员会。

2. 不足二十五人的，可以单独建立基层工会委员会，也可以由两个以上单位的会员联合建立基层工会委员会，也可以选举组织员一人，组织会员开展活动。

3. 女职工人数较多的，可以建立工会女职工委员会；女职工人数较少的，可以在工会委员会中设女职工委员。

4. 各级工会委员会由会员大会或者会员代表大会民主选举产生。企业主要负责人的近亲属不得作为本企业基层工会委员会成员的人选。

5. 职工二百人以上的企业、事业单位的工会，可以设专职工会主席。

6. 工会专职工作人员的人数由工会与企业、事业单位协商确定。

7. 基层工会委员会每届任期三年或者五年。各级地方总工会委员会和产业工会委员会每届任期五年。

（二）工会工作人员的特殊保护

1. 工会主席、副主席任期未满时，不得随意调动其工作。因工作需要调动时，应当征得本级工会委员会和上一级工会的同意。

2. 罢免工会主席、副主席必须召开会员大会或者会员代表大会讨论，非经会员大会全体会员或者会员代表大会全体代表过半数通过，不得罢免。

3. 基层工会专职主席、副主席或者委员自任职之日起，其劳动合同期限自动延长，延长期限相当于其任职期间；非专职主席、副主席或者委员自任职之日起，其尚未履行的劳动合同期限短于任期的，劳动合同期限自动延长至任期期满。但任职期间个人严重过失或者达到法定退休年龄的除外。

4. 企业、事业单位、机关工会委员会的专职工作人员的工资、奖励、补贴，由所在单位支付。社会保险和其他福利待遇等，享受与本单位职工同工同酬的待遇。

5. 对依法履行职责的工会工作人员无正当理由调动工作岗位，进行打击报复的，由劳动行政部门责令改正、恢复原工作；造成损失的，给予赔偿。

6. 对依法履行职责的工会工作人员进行侮辱、诽谤或者进行人身伤害，构成犯罪的，依法追究刑事责任；尚未构成犯罪的，由公安机关依照《治安管理处罚条例》的规定处罚。

7. 工会工作人员因履行本法规定的职责而被解除劳动合同的，由劳动行政部门责令恢复其工作，并补发被解除劳动合同期间应得的报酬，或者责令给予本人年收入二倍的赔偿。

十四、工会的权利

（一）监督权

企业、事业单位违反职工代表大会制度和其他民主管理制度，工会有权要求纠正，保

障职工依法行使民主管理的权利。

（二）帮助、指导权

1. 帮助、指导职工与企业以及实行企业化管理的事业单位签订劳动合同。

2. 工会代表职工与企业以及实行企业化管理的事业单位进行平等协商，签订集体合同。集体合同草案应当提交职工代表大会或者全体职工讨论通过。

（三）提出意见、建议权

1. 企业、事业单位处分职工，工会认为不适当的，有权提出意见。

2. 企业单方面解除职工劳动合同时，应当事先将理由通知工会，工会认为企业违反法律、法规和有关合同的，有权要求企业纠正，企业应当研究工会的意见，并将处理结果书面通知工会。

3. 在法定情形下，需要裁减人员二十人以上或者裁减不足二十人但占企业职工总数百分之十以上的，用人单位应提前三十日向工会或者全体职工说明情况，听取工会或者职工的意见。

4. 工会依照国家规定对新建、扩建企业和技术改造工程中的劳动条件和安全卫生设施与主体工程同时设计、同时施工、同时投产使用进行监督。对工会提出的意见，企业或者主管部门应当认真处理，并将处理结果书面通知工会。

5. 工会发现企业违章指挥、强令工人冒险作业，或者生产过程中发现明显重大事故隐患和职业危害，有权提出解决的建议，企业应当及时研究答复；发现危及职工生命安全的情况时，工会有权向企业建议组织职工撤离危险现场，企业必须及时作出处理决定。

6. 国家机关在组织起草或者修改直接涉及职工切身利益的法律、法规、规章时，应当听取工会意见。

7. 县级以上各级人民政府制定国民经济和社会发展计划，对涉及职工利益的重大问题，应当听取同级工会的意见。

8. 县级以上各级人民政府及其有关部门研究制定劳动就业、工资、劳动安全卫生、社会保险等涉及职工切身利益的政策、措施时，应当吸收同级工会参加研究，听取工会意见。

（四）调查处理权

1. 工会有权对企业、事业单位侵犯职工合法权益的问题进行调查，有关单位应当予以协助。

2. 职工因工伤亡事故和其他严重危害职工健康问题的调查处理，必须有工会参加。工会应当向有关部门提出处理意见，并有权要求追究直接负责的主管人员和有关责任人员的责任。对工会提出的意见，应当及时研究，给予答复。

（五）交涉、协商权

1. 企业、事业单位违反劳动法律、法规规定，有下列侵犯职工劳动权益情形的，工会应当代表职工与企业、事业单位交涉，要求企业、事业单位采取措施予以改正；企业、事业单位应当予以研究处理，并向工会作出答复；企业、事业单位拒不改正的，工会可以请求当地人民政府依法作出处理：

（1）克扣职工工资的；

（2）不提供劳动安全卫生条件的；

（3）随意延长劳动时间的；

（4）侵犯女职工和未成年工特殊权益的；

（5）其他严重侵犯职工劳动权益的。

2. 企业、事业单位发生停工、怠工事件，工会应当代表职工同企业、事业单位或者有关方面协商，反映职工的意见和要求并提出解决意见。对于职工的合理要求，企业、事业单位应当予以解决。工会协助企业、事业单位做好工作，尽快恢复生产、工作秩序。

（六）参与劳动纠纷解决权

1. 企业违反集体合同，侵犯职工劳动权益的，工会可以依法要求企业承担责任；因履行集体合同发生争议，经协商解决不成的，工会可以向劳动争议仲裁机构提请仲裁，仲裁机构不予受理或者对仲裁裁决不服的，可以向人民法院提起诉讼。

2. 职工认为企业侵犯其劳动权益而申请劳动争议仲裁或者向人民法院提起诉讼的，工会应当给予支持和帮助。

3. 工会参加企业的劳动争议调解工作。地方劳动争议仲裁组织应当有同级工会代表参加。

（七）其他权利

1. 县级以上各级总工会可以为所属工会和职工提供法律服务。

2. 工会协助企业、事业单位、机关办好职工集体福利事业，做好工资、劳动安全卫生和社会保险工作。

3. 工会会同企业、事业单位教育职工以国家主人翁态度对待劳动，爱护国家和企业的财产，组织职工开展群众性的合理化建议、技术革新活动，进行业余文化技术学习和职工培训，组织职工开展文娱、体育活动。

4. 根据政府委托，工会与有关部门共同做好劳动模范和先进生产（工作）者的评选、表彰、培养和管理工作。

5. 县级以上地方各级人民政府可以召开会议或者采取适当方式，向同级工会通报政府重要的工作部署和与工会工作有关的行政措施，研究解决工会反映的职工群众的意见和要求。

6. 各级人民政府劳动行政部门应当会同同级工会和企业方面代表，建立劳动关系三方协商机制，共同研究解决劳动关系方面的重大问题。

第三节　担任用人单位劳动法律顾问

一、用人单位劳动法律事务顾问服务内容

1. 协助用人单位依法制定、修改、公示规章制度。

2. 对用人单位的用工计划与招聘方案提出法律意见，指导用人单位依法招收聘用员工，避免就业歧视。

3. 制定或审查修改用人单位的劳动合同版本，指导用人单位人力资源管理部门与员工新签、续签、变更劳动合同。

4. 协助用人单位与工会或者劳动者代表协商签订、变更集体合同或者专项协议。

5. 为用人单位裁员提供法律意见，指导用人单位人力资源管理部门与员工依法解除、终止劳动合同。

6. 为用人单位缴纳社会保险、住房公积金、企业年金等问题提供法律意见。

7. 协助用人单位处理工伤事故或突发性群体事件。

8. 为用人单位涉及劳务派遣事项提供法律意见。

9. 为用人单位提供最新的劳动法律法规及劳动政策信息。

10. 为用人单位人力资源管理人员提供劳动法律培训或法律讲座。

11. 为用人单位提供日常人力资源管理方面的咨询服务。

12. 其他用人单位委托的劳动法律事务方面的服务。

二、用工问题梳理及培训

1. 劳动用工管理过程中会涉及大量的规章制度和协议文本，通过对制度文本的梳理，帮助用人单位规范规章制度，确保其程序合法、内容合理；确保协议文本的内容合规，具有法律效力。

2. 结合用工问题的梳理，对用人单位的相关管理人员进行教育培训，帮助其建立劳动用工合规管理的意识和能力。教育培训也可以针对普通员工展开，但是要注意教育内容和方法的针对性和适应性。

三、制定劳动合同范本

1. 律师可以根据用人单位的要求及具体需要，通过代为起草或协助审查修改等形式，

制定既符合法律规定又能满足用人单位需要的劳动合同版本。

2. 律师制定劳动合同的内容，应当遵循合法有据、公平合理、有利管理的原则。

3. 用人单位的劳动合同范本可以根据不同的劳动者群体制作不同的版本，也可以制作统一的基础版本再结合针对不同劳动者群体制作的附加条款。

4. 通常劳动合同范本可以区分为：高级管理人员版、研发技术人员版、营销人员版、普通职员版、生产工人版、派遣员工版、特殊劳动关系版、外籍员工版等。

5. 劳动合同必备条款：

（1）用人单位的名称、住所和法定代表人或者主要负责人；

（2）劳动者的姓名、住址和居民身份证或者其他有效身份证件号码；

（3）劳动合同期限；

（4）工作内容和工作地点；

（5）工作时间和休息休假；

（6）劳动报酬；

（7）社会保险；

（8）劳动保护、劳动条件和职业危害防护；

（9）法律、法规规定应当纳入劳动合同的其他事项。

6. 劳动合同补充约定条款：

（1）劳动者的到岗期限；

（2）劳动者的试用期以及录用条件；

（3）保密和竞业限制的约定及其违约责任；

（4）补充保险和福利待遇；

（5）办理离职交接手续；

（6）通知与送达；

（7）劳动者紧急情况联系人；

（8）律师可以结合用人单位的具体情况，约定其他与劳动合同履行相关的条款。

四、劳务派遣用工

1. 律师应当提示用人单位，劳动合同用工是我国的企业基本用工形式，劳务派遣用工是补充形式，只能在临时性、辅助性或者替代性的工作岗位上实施。

2. 律师应当提示用人单位，用工单位应当严格控制劳务派遣用工数量，不得超过国务院劳动行政部门规定的其用工总量的比例。

3. 临时性工作岗位是指存续时间不超过六个月的岗位；辅助性工作岗位是指为主营业务岗位提供服务的非主营业务岗位；替代性工作岗位是指用工单位的劳动者因脱产学习、休假等原因无法工作的一定期间内，可以由其他劳动者替代工作的岗位。用工单位应当严格控制劳务派遣用工数量，不得超过其用工总量的一定比例，具体比例由国务院劳动

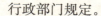

行政部门规定。

4. 劳务派遣合同

（1）对于劳务派遣，律师应提示用人单位与用工单位应在劳务派遣合同中明确约定相互之间的权利义务，特别是在被派遣的劳动者遭受工伤以及其他权利受侵害情形下各自应当承担的责任。

（2）劳务派遣协议应当约定派遣岗位和人员数量、派遣期限、劳动报酬和社会保险费的数额与支付方式以及违反协议的责任。

（3）用工单位应当根据工作岗位的实际需要与劳务派遣单位确定派遣期限，不得将连续用工期限分割，订立数个短期劳务派遣协议。

（4）劳务派遣合同可分为定期合同与不定期合同。定期合同应当注意其期限与派遣员工的派遣期限相吻合。

（5）被派遣劳动者享有与用工单位的劳动者同工同酬的权利。用工单位应当按照同工同酬原则，对被派遣劳动者与本单位同类岗位的劳动者实行相同的劳动报酬分配办法。用工单位无同类岗位劳动者的，参照用工单位所在地相同或者相近岗位劳动者的劳动报酬确定。

（6）劳务派遣单位与被派遣劳动者订立的劳动合同和与用工单位订立的劳务派遣协议，载明或者约定的向被派遣劳动者支付的劳动报酬应当符合前款规定。

五、非全日制用工

1. 非全日制用工，是指以小时计酬为主，劳动者在同一用人单位一般平均每日工作时间不超过四小时，每周工作时间累计不超过二十四小时的用工形式。

2. 非全日制用工双方当事人可以订立口头协议。

3. 从事非全日制用工的劳动者可以与一个或者一个以上用人单位订立劳动合同；但是，后订立的劳动合同不得影响先订立的劳动合同的履行。

4. 对于非全日制用工，虽然法律规定可以不订立书面协议，但是律师应提示用人单位与其签订书面劳动合同并载明用工性质，并在履行过程中注意控制非全日制员工的工作时间和薪资发放周期，以免双方对用工性质发生争议。

5. 应当注意的是，非全日制用工双方建立的也是劳动关系，用人单位对劳动者负有相应的劳动法上的义务，包括社会保险以及工伤等责任。但是由于法律对于非全日制用工的规定并不完善，很多具体的用人单位责任需要律师审慎地加以辨别。

六、职工民主管理权利

1. 劳动者有权依法参加和组织工会。工会代表和维护劳动者的合法权益，依法独立自主地开展活动。

2. 劳动者依照法律规定，通过职工大会、职工代表大会或者其他形式，参与民主管理或者就保护劳动者合法权益与用人单位进行平等协商。

3. 两个以上的国有企业或者两个以上的其他国有投资主体投资设立的有限责任公司，其董事会成员中应当有公司职工代表；其他有限责任公司董事会成员中可以有公司职工代表。董事会中的职工代表由公司职工通过职工代表大会、职工大会或者其他形式民主选举产生。

4. 用人单位应当尊重和保障职工依法享有的知情权、参与权、表达权和监督权等民主权利，支持职工参加企业管理活动。

5. 律师应当区分和把握工会、职工代表大会、集体协商代表等不同的职工民主管理方式，并结合用人单位的管理文化，提出相关的建议。

七、规章制度与劳动合同的衔接

1. 律师起草劳动合同文本时，应当避免将涉及用人单位规章制度的内容直接照搬在劳动合同中，以避免今后为规章制度的制定与修改埋下冲突隐患。

2. 规章制度与劳动合同的属性不同，其效力也不同。规章制度是企业单方面的管理要求，虽然要求民主程序制定，但并非是双方合意的结果；而劳动合同是劳动者与用人单位的合意，因此，合意的劳动合同的效力高于规章制度的法律效力。

3. 规章制度与劳动合同的生效程序也不同。由于劳动合同是合意，所以，只要双方认可，劳动合同就对特定的对象产生法律效力。而规章制度由于其对象不确定，所以需要通过民主协商和公示的程序来获得法律效力。

八、规章制度的主要内容

（一）岗位制度

1. 岗位设置；
2. 岗位工作内容及职责；
3. 各岗位的管理与被管理关系；
4. 上岗与离岗的条件；
5. 岗位调整等；
6. 岗位设置应当符合用人单位运营的客观需要，对岗位的工作内容和职责有准确的描述；
7. 岗位的设置还应具备一定的灵活性，以适应用人单位发展的不同需要。

（二）劳动合同管理制度

具体包括：

1. 招聘的条件及程序；

2. 试用期管理；

3. 劳动合同期限；

4. 劳动合同解除或终止的条件；

5. 劳动合同续订的条件；

6. 违反劳动合同的责任等；

7. 需要起草的文本包括员工基本信息登记表、劳动合同文本领取签收单、员工签订劳动合同意见书、员工要求签订以完成一定工作任务为期限的劳动合同意见书、合同续签通知书、解除劳动合同通知书、不能胜任工作岗位调岗通知书、劳动合同终止通知书等。

（三）薪酬制度

具体包括：

1. 工资的种类；

2. 工资内容；

3. 工资等级；

4. 工资评定标准；

5. 工资支付方式；

6. 工资支付时间；

7. 工资变更条件及程序；

8. 奖金或者提成制度等。

（四）社会保险及福利待遇制度

具体包括：

1. 用人单位及员工个人参加社会保险的种类、缴费基数、缴费比例。

2. 福利的种类、福利给付条件及范围等。

3. 鉴于社会保险的历史遗留问题在各地差异巨大，随着《社会保险法》的实施以及劳动者维权意识的提高，社会保险问题会随着时间的推移而累积和扩大。律师作为法律顾问，应当充分披露相关风险，帮助用人单位清理历史欠账，确保用人单位的可持续发展。

（五）工作及休假制度

具体包括：

1. 工作时间和休息时间；

2. 休假种类；

3. 请销假条件及程序；

4. 休假期间的工资及福利待遇；

5. 迟到、早退及旷工处理；

6. 加班申请及审核确认、加班工资计算及支付等。

（六）培训制度

具体包括：

1. 培训种类及内容；

2. 培训条件及程序；

3. 培训费用承担；

4. 培训期间的工资及福利待遇；

5. 培训考核；

6. 培训后劳动合同的变更等。

（七）考核制度

具体包括：

1. 考核时间或周期；

2. 考核种类；

3. 考核内容；

4. 考核方式；

5. 考核程序；

6. 考核主体；

7. 考核结果的公示及复议；

8. 考核奖惩措施等。

（八）保密和竞业限制制度

具体包括：

1. 保密范围；

2. 适用对象；

3. 保密方式；

4. 保密措施；

5. 保密资料保管、借阅、复印、泄密责任；

6. 脱密期的岗位调整；

7. 竞业限制期限；

8. 竞业限制补偿费、违约金等。

（九）工作纪律及奖惩制度

具体包括：

1. 工作守则；

2. 禁止行为；

3. 上下班考勤、迟到、早退及缺勤的处理程序；

4. 奖励条件、奖励方式、奖励程序；

5. 处罚方式、处罚事由、处罚程序、处罚异议申诉机制等。

（十）其他制度

在企业内部，根据生产经营的需要，还需要建立与业务开展相关的一系列规章制度，例如，安全生产制度、出差管理制度、文书档案管理制度。

九、制定规章制度的原则和程序要求

1. 律师根据用人单位要求协助制定规章制度，应当遵循合法性、合理性、可操作性的原则，条款内容设计应尽量明确、具体、细化，涉及奖惩制度的，应当对违反规章制度的严重程度及重大损失的幅度详细界定。

2. 制定规章制度的程序要求

（1）用人单位在制定、修改或者决定有关劳动报酬、工作时间、休息休假、劳动安全卫生、保险福利、职工培训、劳动纪律以及劳动定额管理等直接涉及劳动者切身利益的规章制度或者重大事项时，应当经职工代表大会或者全体职工讨论，提出方案和意见，与工会或者职工代表平等协商确定。

（2）用人单位应当将直接涉及劳动者切身利益的规章制度和重大事项决定公示，或者告知劳动者。

（3）律师应当提示用人单位保留规章制度制定过程中征求意见、讨论、协商等书面证据。

（4）并非所有规章制度都需要根据上述民主程序制定。律师应当注意辨别"直接涉及劳动者切身利益"的规章制度，以免对用人单位的正常生产经营造成不必要的干扰。

十、招录新员工的法律文件

1. 建立劳动关系，应当订立书面劳动合同。已建立劳动关系，未同时订立书面劳动合同的，应当自用工之日起一个月内订立书面劳动合同。用人单位与劳动者在用工前订立劳动合同的，劳动关系自用工之日起建立。

2. 用人单位招收录用新员工，律师可协助制定包括招聘条件、录用条件确认函、入职申明函、岗位职责表等法律文件，并应当提示用人单位及时签订劳动合同。

十一、招用人员时必须告知劳动者权利并核查其身份

1. 用人单位招用劳动者时，应当如实告知劳动者工作内容、工作条件、工作地点、

职业危害、安全生产状况、劳动报酬，以及劳动者要求了解的其他情况；用人单位有权了解劳动者与劳动合同直接相关的基本情况，劳动者应当如实说明。

2. 用人单位招用劳动者，不得扣押劳动者的居民身份证和其他证件，不得要求劳动者提供担保或者以其他名义向劳动者收取财物。

3. 律师应当提示用人单位，招用人员时必须核查被招用人员的身份证明，妥善保管录用人员的录用登记、核查材料；但是在核查过程中，应当避免采用扣留员工的身份证、职业资格证等证件的方式，以免违法。用人单位可以保留复印件，并由员工本人在复印件上签章确定与原件一致。

4. 针对高级管理人员和关键岗位的员工，用人单位可以对其开展"背景调查"，法律顾问可以受托依法开展调查。但是在调查过程中应当注意个人隐私的保密和调查手段的合法性。

十二、招用退休人员

1. 用人单位与其招用的已经依法享受养老保险待遇或领取退休金的人员发生用工争议，向人民法院提起诉讼的，人民法院应当按劳务关系处理。单位与这些人员可以签署劳务合同，约定劳务报酬、劳务条件、解除合同条件等。单位无须为这些人员缴纳社会保险。

2. 企业停薪留职人员、未达到法定退休年龄的内退人员、下岗待岗人员以及企业经营性停产放长假人员，因与新的用人单位发生用工争议，依法向人民法院提起诉讼的，人民法院应当按劳动关系处理。

十三、雇用涉外人员应当办理就业证

参见第二章第一节第四目。

十四、境外机构不得直接招用中国雇员

1. 外国企业常驻代表机构租用房屋、聘请工作人员，应当委托当地外事服务单位或者中国政府指定的其他单位办理。

2. 律师为外国企业常驻代表机构、港澳台地区企业在大陆代表处提供服务的，应当提示其不得直接招用中国内地雇员，应当通过涉外就业服务单位以劳务派遣的方式雇用劳动者。

3. 外国企业常驻代表机构、港澳台地区企业在大陆代表处招用的劳务派遣工不受临时性、辅助性、替代性以及比例的限制。

十五、关注劳动立法动态

1. 律师应关注劳动法律法规的立法动态，及时为用人单位提供立法信息，提示新法带来的风险并提出建议。

2. 劳动法律具有非常强的历史延续性，而且劳动关系往往历史跨度大，涉及的劳动法律法规和相关政策非常庞杂，劳动法专业律师应当保持对劳动法律法规知识的不断更新。用人单位作为劳动关系的主体一方，也需要不断地了解和掌握最新的劳动法律知识和技能。

3. 律师可以通过资讯速递和培训教育的方式将最新的立法信息和执法动态传递给用人单位，以便于相关管理人员及时调整管理措施，也帮助法律顾问进一步贴近客户的需求。

■ 第四节 担任专项劳动法律顾问

一、专项劳动法律顾问服务

1. 律师可以接受委托，为处理某个劳动法律事务提供非诉讼类专项服务。

2. 专项劳动法律顾问是相对于用人单位法律顾问而言的，但也有内容的相互交叉。因此，双方具体采用什么样的合作方式并不因内容而作限定，而是基于双方的协商。

3. 专项劳动法律事务包括但不限于以下内容：起草或审查劳动合同版本、制定或修改规章制度、劳动纠纷诉前处理、工资协商集体谈判、工伤案件诉前处理、群体性劳动争议调解、企业上市改制兼并关闭下的劳动关系处理、破产案件中的劳动报酬和社会保险费用清算等。

二、起草或审查劳动合同版本

1. 确定劳动合同的适用范围和对象，对客户需求进行分析，选择适当的劳动合同版本，根据客户的情况调整劳动合同版本，与客户讨论版本，重点条款的研究，最终版本讨论确定，最终版本的排版制作。

2. 劳动合同的版本根据适用范围和对象的不同，可以分为高级管理人员版、专业技术人员版、特殊劳动关系人员版、销售人员版、生产人员版等。

3. 律师在审核中，应当特别注意合同目的的匹配性。合同目的首要的是促成交易，平衡双方利益，尤其在劳动合同中，由于用人单位处于相对强势方，制作并提供劳动合同版本，劳动合同的内容和表述不宜过于强调用人单位的利益，以免对签约造成障碍。

三、制定或修改规章制度

1. 确定规章制度的适用范围和对象，确定规章制度的基本内容和框架，行为规范分析，条文撰写，冲突审查，民主协商，最终版本确定，排版校对制作后公示。

2. 通常而言，《员工手册》是一个规章制度的合集，根据需要可以将"奖惩规定"、"福利制度"、"培训制度"、"绩效管理"等内容整合在一起。《员工手册》是员工入职公司时重要的入门读物，将重要的规章制度主要内容纳入《员工手册》可以充分发挥其行为指引作用。

四、劳动纠纷诉前调处

1. 了解纠纷事实，收集分析证据事实，提供咨询意见，参与员工谈判，起草协议文件，参与协议签署。

2. 劳动纠纷诉前调处是劳动法律服务越来越重要的内容，随着劳动争议仲裁、诉讼的成本和风险的日益增加，用人单位越来越倾向于通过诉前调处来解决劳动纠纷，而不是诉诸仲裁庭和法庭。

3. 在参与调处中，除了对事实和依据作出客观的评判，律师还应结合司法实践的风险给用人单位出具审慎的意见。从客观、公信的立场出发，促使双方在诉前达成协议，解决双方的纠纷。律师应当避免在调处中挑动双方仲裁诉讼，而应更多地让双方换位思考，为双方的长远利益着想。

五、工资协商集体谈判

1. 确定谈判代表，审核对方代表资格，确定会议议程和日期，拟定协议草案，谈判素材和策略准备，协商谈判，会议记录整理确认，协议草案修改，协议草案确定，职工代表大会表决，集体合同签署，劳动行政部门备案，集体合同公示。

2. 工资协商集体谈判是企业民主管理的重要方面，随着劳动者集体意识的复苏，工会力量的增强，工资协商集体谈判是横亘在企业管理者面前的重要管理课题，这方面律师将发挥越来越大的作用。

3. 工资协商集体谈判的重点是薪资的调整。无论谈判的目标是加薪、降薪还是保持不变，用人单位方都应当提出相应的事实和依据。譬如企业的经营效益数据、人工成本数据、生产率数据、行业薪酬数据等。但是，谈判的目标并不在于击败对手，而在于取得适当的妥协。因此，在适当的时候作出适当的让步，可以取得集体谈判的双赢。

六、工伤案件诉前调处

1. 协助用人单位处理工伤现场处置，通知安抚家属，草拟工伤报告，协助工伤治疗，安排工伤鉴定、工伤理赔和商业理赔，进行赔偿谈判，起草签订赔偿协议。

2. 用人单位若对工伤认定并无异议，应当尽量避免工伤案件进入仲裁、诉讼程序，因为进入仲裁、诉讼程序并不能减少用人单位的责任，只会增加双方的讼累。因此，律师应当帮助用人单位对工伤责任和赔偿作出准确的判断。

3. 考虑到工伤对劳动者造成的损害是长远的，而赔偿总是不足以弥补其肉体和精神的伤害，因此，律师应当帮助用人单位尽可能采用多种途径筹集赔偿款项；并从风险预防的角度，建议用人单位及早建立工伤风险预防机制，购买相关的商业保险。当然，最重要的是用人单位从工伤事故中发现安全生产的隐患，避免更大的工伤风险。

七、群体性劳动争议调解

1. 需要处理员工紧急安抚，协助产生员工代表，参与员工谈判，起草签署协议。

2. 群体性劳动争议的处理瞬息万变，并无定法，上述工作步骤也仅仅是一种参考，律师不应为了强求程序而忽视了实际情形的变化。

3. 在处理群体性劳动争议中，对劳动者诉求准确的判断是取得化解群体矛盾先机的基础。在群体性劳动争议中，劳动者的真实诉求并不统一，也不完全体现在公开的诉求中。律师应当引导用人单位对劳动者的诉求进行深入了解，真正把握员工的诉求，并在此基础上制定有针对性的化解方案。

4. 我国目前缺乏关于罢工与罢工调停的法律规定。因此在处理群体性劳动争议中，律师应当避免单纯以法律规定作出判断。在当前的法律背景和政治、舆论环境下，群体性劳动争议通常不能通过法律来解决。

5. 在处理群体性劳动争议中，律师应当避免作出具体的判断，可以指导用人单位组建相关工作组，发挥用人单位管理团队的积极作用，重建劳动者与用人单位之间的信任。

八、企业上市改制兼并关闭的劳动关系处理

1. 协助用人单位做好尽职调查，起草方案和实施文件，协助用人单位实施方案。

2. 尽职调查可以分为员工基本状况和劳动争议基本状况等内容，应当根据尽职调查的目的设计调查方案，对调查所得的数据和资料进行整理和分析。在尽职调查中，难点是历史遗留问题的梳理，包括劳动关系的历史沿革、社会保险关系的历史演变、历史的工伤等。

3. 方案起草应当建立在尽职调查的分析基础上，充分考虑用人单位的历史状况、社

会普遍的做法以及员工的心理预期，有针对性地设计相关方案，应当避免"一刀切"或者差别化。

4. 实施文件应当根据方案所确定的情形，分别拟定相应的文本，避免格式化文本在适用中过多的变化，以免工作人员产生不必要的误操作。实施方案是与劳动关系处理方案相配套的实施细则，包括工作团队的组建、分工和具体实施步骤，以及在实施中可能出现的问题的预案和回答。

九、破产案件中的劳动报酬和社会保险费用清算

1. 破产申请

（1）律师代理债务人提出破产申请的，除提交破产申请书和有关证据外，还应当向人民法院提交财产状况说明、债务清册、债权清册、有关财务会计报告、职工安置预案以及职工工资的支付和社会保险费用的缴纳情况。

（2）债权人提出破产申请的，债务人应当自受理裁定书送达之日起十五日内，向人民法院提交财产状况说明、债务清册、债权清册、有关财务会计报告以及职工工资的支付和社会保险费用的缴纳情况。

2. 破产企业职工债权由管理人调查后列出清单并予以公示

（1）债务人所欠职工的工资和医疗、伤残补助、抚恤费用，所欠的应当划入职工个人账户的基本养老保险、基本医疗保险费用，以及法律、行政法规规定应当支付给职工的补偿金，不必申报债权，由管理人调查后列出清单并予以公示。

（2）律师应当提示劳动者对清单记载有异议的，可以要求管理人更正；管理人不予更正的，劳动者可以向人民法院提起诉讼。

3. 职工和工会代表参与债权人会议

（1）债权人会议应当有债务人的职工和工会的代表参加，由他们对有关事项发表意见。

（2）债权人会议决定设立债权人委员会的，债权人委员会应由债权人会议选任的债权人代表和一名债务人的职工代表或者工会代表组成。

4. 涉及职工债权事项的表决

（1）债权人参加讨论重整计划草案的债权人会议，涉及债务人所欠职工的工资和医疗、伤残补助、抚恤费用，所欠的应当划入职工个人账户的基本养老保险、基本医疗保险费用，以及法律、行政法规规定应当支付给职工的补偿金等的，该部分债权应当设定专门表决组单独分组表决。

（2）律师应当注意，重整计划不得规定减免债务人欠缴的前款规定以外的社会保险费用；该项费用的债权人也不参加重整计划草案的表决。

（3）职工债权人表决组未通过重整计划草案的，人民法院强制批准必须以应当优先清偿的职工债权全额清偿为前提。企业继续保持原经营范围的，律师要引导债务人或管理人

在制作企业重整计划草案时，尽可能保证企业原有职工的工作岗位。

5. 破产财产在优先清偿破产费用和共益债务后，依照下列顺序清偿：

（1）破产人所欠职工的工资和医疗、伤残补助、抚恤费用，所欠的应当划入职工个人账户的基本养老保险、基本医疗保险费用，以及法律、行政法规规定应当支付给职工的补偿金；

（2）破产人欠缴的除前项规定以外的社会保险费用和破产人所欠税款；

（3）普通破产债权；

（4）破产财产不足以清偿同一顺序的清偿要求的，按照比例分配。

6. 破产企业的董事、监事和高级管理人员的工资按照该企业职工的平均工资计算。

7. 破产人自《中华人民共和国企业破产法》公布之日前所欠职工的工资和医疗、伤残补助、抚恤费用，所欠的应当划入职工个人账户的基本养老保险、基本医疗保险费用，以及法律、行政法规规定应当支付给职工的补偿金，依照前述规定清偿后不足以清偿的部分，以特定担保财产优先于对该特定财产享有担保权的权利人受偿。

十、专项劳动法律顾问服务的一般要求

1. 律师提供专项劳动法律事务服务，应当根据委托事务的具体内容和要求，依据劳动法律法规及规章，客观发表法律意见，及时提示法律风险，注重法律策划，防范法律纠纷。

2. 专项劳动法律服务项目往往有着明确的商业或者管理上的目标，律师的核心任务是在劳动法律的框架内为企业寻找适应的方法和手段来实现上述目标。因此，在专项劳动法律服务中，律师应该既是合规的审查者，更是创新的建议者。

十一、专项劳动法律顾问服务合同

1. 专项劳动法律事务顾问的委托合同，应当明确约定服务的具体内容、服务完成的标准、合同的终止条件或终止期限。

2. 专项劳动法律服务通常通过竞标的方式选择供应商。因此，在签约前，首先要经历投标过程。投标是了解客户需求、展现自身实力和梳理项目构想的过程。通常会经历邀标、客户需求了解、制作项目建议书、项目说明会、评标、中标、签约等过程。

3. 项目建议书是整个竞标过程中的核心文件，不仅是向客户展示方案思路的载体，也是客户了解律师的重要途径，其制作水准会在很大程度上决定客户的选择意向。项目建议书通常包括项目背景概述、法律分析、法律建议、服务报价、服务团队、机构介绍等。项目建议书建议使用 PPT 制作，提交客户的文件建议使用 PDF 文件格式。

4. 专项劳动法律服务需要紧密的团队合作，因而如何组建适宜的团队，以及如何发挥团队成员的各自优势，实现团队的高效运作，是专项劳动法律服务成功的重要保证。因

此，在服务合同中，需要明确团队的组成，以及团队的负责人和相关分工。若有可能，应将客户的工作团队与律师项目团队进行对接，以便双方较好地协作。

十二、专项劳动法律事务服务应当加强证据意识

1. 律师在提供专项劳动法律事务服务的过程中，应当加强证据意识，从可能发生仲裁、诉讼的角度，起草和准备法律文书，保留相关凭证。

2. 专项劳动法律服务是一项非诉讼的法律服务，通常不需要举证和质证，但是为了避免在之后衍生的仲裁、诉讼中因为证据灭失而被动，应当对专项劳动法律服务过程中的证据做相应的提取和保存，并在方案的设计和实施过程中注意生成和保存相关证据。

附录1：劳动合同示例

劳动合同

甲方（用人单位）：

乙方（员工）：

根据中华人民共和国法律、法规及地方的有关规定，甲乙双方在平等、自愿、协商一致的基础上签订本合同，以资共同遵照执行。

第一条：劳动合同期限

1.1 本合同期限为_____年，其中试用期为____个月，自用工之日起算。甲、乙双方约定用工之日即乙方到岗之日，乙方应于_____年____月____日前到岗。

1.2 试用期内解除本合同，应提前____日书面通知对方。

1.3 本合同期满终止前双方未就续签合同达成一致的，合同到期终止。

第二条：工作内容和工作地点

2.1 乙方接受甲方安排，同意从事_____岗位（工种）工作，经甲、乙双方协商一致，甲方可以依据工作需要调整乙方的工作岗位（工种）。

2.2 乙方应履行甲方制定的岗位职责，按时、按质、按量完成本职工作。

2.3 乙方的工作地为_____，根据甲方的工作需要，经甲、乙双方协商同意，可以变更工作地点。

第三条：劳动纪律及规章制度

3.1 甲方应根据国家有关法律、法规，依法制定各项规章制度并公示。

3.2 乙方应遵守甲方依法制定的规章制度及工作程序；服从上级指令；严格遵守劳动安全卫生操作规程及工作规范；爱护甲方的财产；遵守职业道德；遵守诚信原则；积极参加甲方组织的培训，提高职业技能。

3.3 乙方违反劳动纪律，甲方可依据本单位规章制度，给予纪律处分，直至解除本

合同，详见员工手册和相关的规章制度。

第四条：工作时间和休息休假

4.1 乙方岗位按照劳动法的规定实行标准工作制。如甲方经劳动行政管理部门批准，该岗位实行综合计算工时工作制和不定时工作制的，自批准之日起双方执行相应工作制。

4.2 乙方加班须按照甲方规章制度的相关规定履行审批手续，经甲方批准或由甲方安排的加班，公司按照法律规定安排乙方同等时间补休或支付加班加点工资。

4.3 乙方可以享受国家规定的法定节假日、婚假、生育假等，并可享受甲方提供的其他各种假期及福利，详见员工手册和相关的规章制度。

第五条：劳动保护和劳动条件

5.1 甲方应建立、健全劳动安全卫生制度，严格执行国家劳动安全卫生规程和标准，对乙方进行劳动安全卫生教育，防止劳动过程中的事故，减少职业危害。

5.2 甲方必须为乙方提供符合国家规定的劳动安全卫生条件和必要的劳动防护用品。对从事有职业危害作业的，应当定期进行健康检查。

5.3 甲方可根据工作需要组织乙方参加必要的业务知识培训，乙方要积极参加。

第六条：工作报酬及福利

6.1 乙方月基本工资为人民币（大写：_____）_____元整（税后），员工个人所得税及社会保险费个人应缴纳部分全部由公司承担。

6.2 乙方试用期的基本（固定）工资标准为_____元/月（税后），员工个人所得税及社会保险费个人应缴纳部分全部由公司承担。

6.3 甲方按照国家和××市政府有关规定为乙方缴纳养老、失业、医疗等社会保险和住房公积金。甲方将根据中国法律的规定代为从中扣除个人需缴纳的社会保险、住房公积金和个人所得税。

6.4 乙方患病或非因工负伤的病假工资和医疗期待遇等，按照当地政府及甲方的有关规定执行；乙方患职业病或因工负伤的工资和医疗保险待遇按照国家和当地政府有关规定执行。

第七条：合同的变更、中止和解除

7.1 订立本合同时所依据的法律、法规、规章发生变化，若本合同的约定内容因与新法适用的强行性规定相冲突，则按照新法的规定执行。

7.2 甲、乙双方同意，乙方具备下述情形之一的，甲方可以变更乙方的工作岗位（工种），详见附件一：

1）乙方被证明不能胜任工作的；

2）乙方符合甲方关于"亲属回避制"的规定的；

3）乙方在孕期、产期、哺乳期的；

4）其他法定或双方另行约定的情形。

7.3 劳动合同订立时所依据的客观情况发生了重大变化，或其他原因导致合同履行产生困难的，经双方协商一致可以变更本合同，并以书面方式确认。

7.4　甲、乙双方可以按照国家和地方的劳动法律法规规定解除或终止本合同，并依法支付相应的赔偿。

7.5　甲、乙双方同意，乙方有下述情形之一的，甲方有权立即解除本合同，并且不支付任何补偿：

1）乙方未按照第1.1条约定到岗日到岗的；

2）雇员被依法拘留、强制戒毒或其他依法被限制人身自由的；

3）同时与其他用人单位建立劳动关系的；

4）乙方违反本合同第8条和第9条规定的；

5）其他严重违反法律、法规和公司规章制度的行为。

7.6　乙方解除本合同，应当提前30天以书面形式通知甲方，并按照公司规定办理离职交接，否则甲方有权要求乙方支付一个月的工资作为赔偿，若赔偿金不足以弥补甲方实际损失的，甲方有权要求乙方赔偿实际损失。

第八条：保密条款

8.1　乙方应对在被甲方聘用期间所掌握的所有信息，包括但不限于有关工资、组织机构、制造、管理技术、软件、甲方或与甲方有关的其他企业的市场或财务信息、有关经营习惯、产品、规程、业务、服务以及其他任何甲方或与甲方有关联的其他企业的相关信息，给予最高限度的保密。

8.2　未经甲方事先的书面授权，乙方不得在本协议有效期或本协议终止后一年内以任何方式泄露、转让及转移上述信息给任何第三方，不得（i）自己经营；（ii）工作于；或者（iii）直接或间接地从事，与其在甲方工作期间直接或间接负责的经营业务相竞争的业务，或与其在甲方工作期间控制的或掌握关键知识的经营业务相竞争的业务，也不得在其中拥有任何直接、间接的经济利益或受聘于这种业务。双方另行签订《保密协议》，以约定双方的权利义务。

8.3　本协议终止时，乙方应向甲方交回同甲方的经营相关，属于甲方但由乙方掌握的所有资料，包括一切图表、备忘录、图纸、客户名单、公司财务资料、文件、市场信息、书籍、计划以及其他记录在其他媒体上的信息。如不归还这些属于甲方的资料及物件，甲方将从最终支付给乙方的款项中扣除并保留以法律手段予以追究的权利。

8.4　所有在依据本协议聘用期间以物质方式发明和发展同甲方相关的知识产权，包括但并不限于软件、硬件、产品及技术、标准、报告、手册和有关文件，是并永远属于甲方的财产。乙方将进一步同意签署所有文件并同意履行甲方为执行本条所提出的有关要求。

8.5　乙方特此陈述并保证，其受聘于甲方不会违反其对任何第三方所负的保密义务或竞业禁止义务，亦不会在为甲方工作期间违法使用任何第三方的商业或技术秘密。对于因乙方违反本条陈述与保证导致任何第三方对甲方的索赔、诉讼或造成甲方的任何损失、损害、开支及成本，除本协议规定的其他违约救济以外，乙方应补偿甲方，使其不受损害。

第九条：其他责任

9.1　乙方不应将乙方前任雇主或第三方的商业秘密、保密信息或其他专有信息透露给公司，并使用到工作中去。乙方保证，在履行本劳动合同过程中，不会有意侵权，包括复制任何第三方的知识产权。

9.2　乙方保证其向甲方提供的所有资料都是真实无误的，包括但不限于劳动者的学历、履历、资格或任职证书（明）以及以前劳动关系是否解除或终止等。如果因为乙方谎报或故意隐瞒重要资料导致甲方陷入任何法律上的纠纷，甲方保留对乙方的欺骗行为追究法律责任的权利。

9.3　乙方应保证在全部工作时间内全身心地投入到工作中去。在乙方受雇于甲方期间，不得从事与甲方无关的任何其他业务或活动。如果违反本合同规定义务且给甲方利益造成重大损害的，乙方将被立即解除劳动合同，且甲方不支付任何经济补偿金。

9.4　乙方同意遵守甲方有关利益冲突以及道德规范的内部政策和所有规章制度，并进一步保证在提供服务、保证质量、确保业绩和价格合理的基础上，与用户、转包商、供应商以及销售渠道合作伙伴进行业务合作，保证不收受任何会影响或可能影响交易结果的有价物品或金钱。若有违反，乙方将被立即解除劳动合同，且甲方不支付任何经济补偿金。

9.5　员工未按照本合同第1.1条规定的到岗日上午9时之前到岗的，本合同自动终止，但双方确认延期的除外。由此给甲方造成的损失，应由乙方全额承担。

9.6　凡由甲方出资培训乙方，双方另行签订《培训/服务期协议》，因乙方原因而提前解除劳动合同，乙方应赔偿甲方的培训等费用，具体赔偿标准执行《培训/服务期协议》的约定。

第十条：争议解决

10.1　因履行本合同发生的劳动争议，当事人可以向劳动争议仲裁委员会申请仲裁。对裁决不服的，可以向有管辖权的人民法院提起诉讼。

第十一条：其他

11.1　乙方确认其联系方式真实有效、准确无误，员工确认劳动关系履行过程中的所有文件送达上述地址。如果有变化乙方应自变更之日起_____日内通知公司，否则甲方按照本合同约定地址、E-mail寄送相关文件，视为送达乙方。

11.2　本协议各条款的标题仅为参照方便而设，并不限制或从其他角度影响本协议条款的含义和诠释。

11.3　对本协议条款的修改须经双方协商一致并以书面形式确定。

11.4　本合同的附件包括《岗位变更单》、《保密协议》等双方确认的相关文件以及其他公司制度，这些文件与本合同具有同等法律效力。

11.5　乙方实际工作单位（地点）和劳动关系所在单位（地点）不一致时（视为后者外派到前者进行工作），乙方同时适用实际工作单位（地点）和劳动关系所在单位（地点）

的规章制度和决定，两者有冲突的，优先适用前者。

第十二条：适用法律

12.1 本协议的订立、生效、解释、执行及争议解决适用中华人民共和国法律、法规和地方相关规定。

12.2 本合同未尽事宜或与今后国家、地方有关规定相悖的，按有关规定执行。

第十三条：

13.1 本合同在双方签字或盖章后即生效，对双方具有法律约束力。

13.2 本合同一式四份，双方各执两份。

（以下空白）

签署前，乙方已经认真阅读并理解所有条款，并无异议！

甲方：（签署并盖章）　　　　　　　　　　乙方：（用中文名签名）

附录2：员工手册示例

员工手册（目录）

Employee Handbook（Table of Content）

Ⅰ Welcome

欢迎加入本公司

Who We Are

公司概况

Ⅱ Employment Conditions

雇佣条件

Employee Classification

雇员类别

Employment Contract

聘用合同

Working Hours

工作时间

Probation Appraisal

试用期结束评估

Ⅲ Compensation and Benefits

工资福利待遇

13th Month Pay

部分员工的第十三个月的工资

Annual Performance/Incentive Scheme & Annual Salary

年度表现评估/奖励机制和年度工资回顾

Overtime

加班

Ⅳ　Statutory Benefits Insurance（For Local Chinese Employee）

法定福利和社会保险（中国国内雇员）

Statutory Benefits Insurance

法定的福利和社会保险

Ⅴ　Leaves

假期

Public Holiday

公休假

Annual Leave

年假

Family Reunion Leave

探亲假

Marriage Leave

婚假

Maternity Leave

产假

Funeral Leave

丧假

Ⅵ　Training and Development

人才培训及开发

Ⅶ　Business Travel and Entertainment

因公出差，应酬，个别出差补贴

Business Travel Assignments

一般性因公出差

Business Entertainment

因公应酬

Ⅷ　IT Chart

IT 守则

Ⅸ　Employee Problem Resolution

员工问题解决途径

Ⅹ　Termination and Cancellation of Employment Contract

聘用合同的中止和解除

Termination of Employment Contract

聘用合同的终止

Cancellation of Employment Contract
聘用合同的解除
XI   Emergency Procedures
紧急情况处理程序
XII   Dress Code
着装规定
XIII   Others
其他

附录3：企业劳动管理规章审查意见书示例

企业劳动管理规章审查意见书

_____单位：

你单位送审的《公司员工劳动纪律管理办法》收悉。经研究，提出如下意见，请考虑：

一、关于该管理办法的适用范围

该办法的适用范围是否包括全公司的全体员工，包括与公司签订劳动合同的员工以及劳务派遣员工以及其他形式用工的劳动者，应予以明确。我们建议，任何管理上由公司负责的员工，无论是临时录用的还是长期录用的员工，都应当属于该办法的适用对象。

....

二、关于劳动纪律的具体内容

办法第____条关于严重违反劳动纪律的规定，应当作出详细而具体的说明。可以用列举方式，便于员工遵守。

....

三、关于违反劳动纪律的责任

建议增加不同程度纪律处罚的内容。为保证违纪处罚的相当性，对于不同程度违反劳动纪律的行为，应当给予不同程度相应的处罚。因此建议将违纪处罚分为三级。

....

四、其他方面应当注意的问题

....

以上意见，请予参酌。

律师：（签字）

某某律师事务所（章）

××××年××月××日

附录 4：解除劳动合同通知书示例

解除劳动合同通知书

_____先生/女士（员工编号：_____；身份证号：_____）：

　　××公司（以下简称公司）与你于_____年_____月_____日签订了劳动合同，合同期限为_____年，迄今，你在公司的连续工作年限为_____年，最后岗位是_____。

　　由于你的行为不符合公司的要求，违反了劳动合同约定的劳动义务，根据《劳动合同法》第三十九条的规定，公司特此通知与你于____年__月__日解除劳动合同。

　　请你于____年__月__日之前到公司办理档案、社会保险关系转出、领取离职证明等手续，如果您拟将档案转至户口所在地的街道，请您在上述时间内明确告知公司该意向以及拟转入的户口所在地的街道名称。

　　自您与公司解除劳动关系之日起，如您未按时来办理档案、社会保险关系转出、领取离职证明或未按时办理其他与离职有关的手续，由此导致的不利后果及法律责任均由您本人承担。

××公司

××××年××月××日

附录 5：破产清算报告示例

破产清算书

_____破产清算组关于破产费用开支情况的报告

　　_____人民法院、_____债权人会议：

　　_____破产清算组于_____年____月____日全面接管了破产企业_____，并进行破产清算，现将破产清算中发生的破产费用报告如下：

　　自_____年____月____日至_____年____月____日，清算组在清算期间，共支出破产费用_____元。其中：

（1）支付刻制清算组公章、公告费_____元；

（2）支付水电费、电话费、办公费、管理费、房租费_____元；

（3）支付留守人员工资_____元；

（4）支付评估费、审计费、鉴定费，支付拍卖（或变卖）佣金_____元；

（5）支付破产企业车辆停车费、养路费、维修费等_____元；

（6）支付拍卖破产企业海关监管财产的关税_____元；

（7）支付催收破产企业债权的差旅费_____元；

（8）支付调查破产企业债务人、债权人地址、资产的查询费、邮资等_____元；

（9）支付送达费、打印、复印、印刷等费用_____元；

（10）支付清算组报酬，聘用人员工资_____元；

（11）支付人民法院的诉讼费、保全费、执行费_____元。

…………

以上费用支出，均有凭证和财务记录，请人民法院和债权人会议审查。

专此报告

（清算组印）

组长_____

_____年____月____日

附录6：企业改制书示例

××集团有限公司改制方案

前言

××集团有限公司根据《中华人民共和国公司法》及其他法律、法规的要求，经过反复酝酿和论证，现确定企业改制方案如下：

一、发起人概况

1. 历史沿革

2. 现基本情况（包括名称、住所、法定代表人、经营范围和其他基本情况）

3. 生产经营状况

4. 组织结构

5. 人员情况

二、改制设想

三、改制原则

1. 产权明晰原则

2. 杜绝同业竞争原则

3. 减少关联交易原则

4. 员工稳定原则

…………

四、重组方案

1. 资产重组

2. 债务重组

3. 人员安置

…………

五、重组后的投资结构和组织结构及人员组成

六、关联交易和同业竞争

七、股本结构

八、募股计划

九、募集资金投向（使用计划）

十、存续部分的管理

××集团有限公司（章）

日期：_____

附录 7：案例

案例一

A公司：美资大型食品公司，迄今拥有 140 多年的历史，是世界上首屈一指的食品制造商。其分公司和分支机构遍布全球 200 多个国家和地区，拥有 150 多种全球数一数二的著名品牌，年销售额逾 100 亿美元。

B公司：台资食品公司，专注食品某细分市场，1977 年创立，1992 年开始拓展大陆市场。20 世纪 90 年代在中国大陆曾位居细分市场行业之首。总部在上海，设有上海公司、天津公司、成都公司和广州公司。

2004 年，A公司收购 B公司，并于 2007 年完成全部交易，成为 B公司的"新东家"。B公司的品牌得以保留。

2012 年，基于公司经营战略调整，A公司决定关闭 B公司位于东北、华北、华南地区的两个食品加工厂及数个销售分公司，涉及员工 600 余名。

该工厂的员工构成如下：

1. 直签员工（与天津工厂直接订立劳动合同的员工）368 名，平均工龄 8 年；

2. 派遣员工（由劳务派遣公司派到天津工厂的员工）236 名，平均工龄 1.5 年；

3. 少数实习生、退休人员及下岗协保人员共计 26 名。

公司职工平均工资 2 533 元/月。

研讨问题：

1. 方案应当考虑哪些因素？试分析天津工厂在这些方面所受的影响。

2. 请提供公司三个分流补偿的方案。

3. 请给公司提供三个利弊分析和建议的方案。

案例二

××有限公司劳动合同修订重签项目

案情简介：

2007 年年初，为了迎接《劳动合同法》的实施，公司拟对劳动合同的版本进行修订，并在年末安排公司全体员工重新签订新版本的劳动合同。为了修订及重签劳动合同，A公司拟聘请外部律师提供意见。公司为此成立了由行政副总负责、HR总监与法务经理参与的项目组。

首先，公司就上述服务项目进行竞标，向行业内的一些知名律师事务所发出邀标通知。对有意向的事务所，公司的项目组分别与律师事务所进行沟通，阐述公司的设想和要求，了解事务所在相关领域的经验以及对本项目的初步分析。然后，根据各事务所提交的项目建议书进行评审，邀请入围的三家事务所召开项目说明会。最终根据综合评判，确定由S律师事务所的团队承接这一项目。

在双方确定委托关系，签订《聘用律师合同》后，S律师事务所开始展开项目服务。

第一，S律师事务所对公司的原有劳动合同进行了分析，根据《劳动合同法》的规定，以及公司的管理需要，对劳动合同的条款进行修改和完善。

第二，S律师事务所对公司的劳动合同签订状况进行了调查和分析，对劳动合同重新签订的法律风险以及操作中可能发生的问题提出了建议和意见。

第三，S律师事务所为公司提供了在劳动合同重签过程中的咨询，解答了公司项目组成员在重签劳动合同中遇到的问题，回答员工的疑问，协助公司项目组推进劳动合同的重签工作。

处理结果：

至2007年12月，公司顺利完成劳动合同的修订，并与全体员工重签劳动合同，确保了公司劳动合同管理的合法合规。

研讨问题：

1. 《劳动合同法》对于签订书面劳动合同的义务是怎样分配的？
2. 根据《劳动合同法》，劳动合同的哪些方面内容需要修订？
3. 劳动合同重签如何与未到期的劳动合同衔接？

案例三

刘某诉英某某产品（上海）有限公司清算组的劳动合同终止纠纷案

案情简介：

英某某产品（上海）有限公司（以下简称公司）系英某某（中国）有限公司发起设立的外资企业。2005年7月1日，刘某与公司签订无固定期限劳动合同，约定刘某担任产品工程师。2009年2月，公司告知所属员工，受全球经济环境的影响，英某某总部决定停止上海浦东工厂的生产并将产能整合至其他生产基地，因此公司将会解散。之后，公司在公司网站上发布了中英文版本的员工安置时间表及公司关闭常见问题问答，供员工浏览。2009年7月15日，公司通过电子邮件向刘某发送《员工自愿离职补偿计划细则》，告知英某某浦东基地将于2009年年底停止运营，员工可从两项备选方案中进行选择：方案一为早期自愿离职经济补偿金计划，员工选择提前离职但可享受高于法定标准的加强型补偿金；方案二为自愿离职标准经济补偿金计划，员工于2009年年底公司解散时离职，公司则依照法定标准支付离职补偿金。2009 年 8 月 3 日，刘某签署《员工自愿离职补偿计划同意书》，表示其经过仔细考虑，决定选择第二个方案，同意在 2009 年 12 月 31 日解除与英某某公司的劳动合同，并表示了解一旦签订此同意书，即不能撤销。

2009 年 11 月 10 日，公司股东英某某（中国）有限公司和公司董事会分别作出书面决定，因生产经营需作调整，同意提前解散公司。

2009 年 12 月 29 日，刘某向公司发送电子邮件，表示其签署的《员工自愿离职补偿计划同意书》是在公司的误导下签署的，决定撤销，在公司未办理完毕工商注销手续之前，刘某不同意终止劳动合同。2009 年 12 月 31 日，公司向刘某发出《关于你申请撤销〈员工自愿离职补偿计划同意书〉的确认函》，告知：公司同意刘某已签署的《员工自愿离职补偿计划同意书》不再生效，但公司预计将于 2010 年 1 月 25 日前停止运营，刘某的最后工作日将从 2009 年 12 月 31 日延至 2010 年 1 月 25 日，届时双方的合同将予解除，公司将根据法律的规定支付法定的经济补偿金。

2010 年 1 月 22 日，上海市商务委员会作出沪商外资批〔2010〕216 号《市商务委关于同意英某某产品（上海）有限公司提前终止的批复》，同意公司提前终止公司章程，进行清算。2010 年 2 月 8 日，公司在《解放日报》上刊登清算公告，通知债权人申报债权。2010 年 2 月 26 日，公司董事会作出书面决议，任命了清算组负责人及清算委员会成员。

2010 年 1 月 29 日，公司向刘某发出《有关办理离职手续的通知》，通知双方的劳动合同将自 2010 年 2 月 3 日起解除。2010 年 2 月 3 日，公司向刘某支付经济补偿金 70 045.92 元。2010 年 2 月 5 日，公司为刘某开具《上海市用人单位退工证明》。2010 年 2 月 20 日，公司向刘某足额支付了基本工资、员工津贴、未使用年假补贴、年终奖、津贴等。

另查明，刘某于 2009 年 5 月怀孕，2010 年 2 月 15 日生育一女。公司为其女性员工在中国平安养老保险股份有限公司投有生育保险。刘某生育后，已从中国平安养老保险股份有限公司实际领取生育费用及生育津贴赔付金共计 11 517.93 元。

刘某诉称：由于政府免税期届至，公司才计划关闭浦东工厂，但根据《公司法》的规定，公司在清算期间仍然存续，仍然可以履行与员工之间的劳动合同，公司于 2010 年 2 月 3 日以公司终止运营为由单方解除与刘某的劳动关系于法无据。此外，《劳动法》对劳动合同的解除和终止作有明确区分，公司所发通知及退工单上均明确载明系解除与刘某的劳动合同而非终止，故应认定其行为的性质为解除。刘某当时正处于孕期，根据法律规定，用人单位不得在女职工的孕期、产期和哺乳期（统称"三期"）解除与其的劳动合同，据此而言，公司的解除行为亦属违法，故诉请法院判令公司继续履行与刘某的劳动合同并支付自 2010 年 2 月 3 日至恢复劳动关系之日的工资。

公司辩称：公司提前解散系根据股东大会及董事会的决议作出，且已得到上海市商务委员会的批准，程序合法。由于公司解散，使得其与员工间的劳动合同无法履行，无论刘某是否存在"三期"情况，公司均有权终止劳动合同。虽然公司所发通知字面为"解除"，但其性质实为"终止"，法律并未规定不得终止与"三期"女职工的劳动合同。且公司为体现对这类女职工的特殊保护和关怀，已购买了平安保险公司的商业生育保险，刘某亦已领到定额保险金。因此，公司行为并无违法之处，不同意刘某诉请。

处理结果：

一审法院认为：公司在符合法律规定的情况下，可以自行解散。根据《劳动合同法》之规定，用人单位决定提前解散的，其与劳动者订立的劳动合同终止。公司正式解散后，决定于 2010 年 2 月 3 日终止与劳动者签订的劳动合同，符合法律规定，并无不当。

公司决定解散，符合劳动合同终止的法定事由，且其终止合同的行为亦无违法之处，故一审法院根据《中华人民共和国劳动合同法》第 44 条第 5 项、第 46 条第 6 项之规定，判决驳回原告刘某的诉讼请求。

一审判决后，原被告双方均息讼服判。

研讨问题：

1. 如何确定企业解散时的劳动合同终止时间？
2. 如何确定本案中公司最终是解除还是终止了劳动合同？
3. 刘某怀孕是否属于依法不能终止的情形？

本章思考题

1. 劳动法律顾问工作有哪些基本的规定，要做好哪些准备工作？
2. 法律顾问应从哪几个方面梳理单位用工问题？
3. 制定劳动合同范本时要注意哪些问题？
4. 对于企业使用劳务派遣人员，应当提出哪些法律建议？
5. 在规章制度的制定和运行中该如何体现民主性和公开性？
6. 招聘劳动者时，应当提示哪些用工风险？
7. 如何关注立法动态，并及时提示企业？
8. 如何帮助工会维护员工权利？
9. 破产案件中劳动法律师的工作内容是什么？

劳动刑事案件辩护

通过本章的学习，你应当掌握：

1. 办理劳动刑事案件法律业务的主要范围。

2. 熟悉劳动刑事案件主要罪名的构成及认定。

■ 第一节　劳动刑事案件法律服务

1. 在劳动用工领域，如用人单位及相关人员的行为构成犯罪，就会引发劳动刑事案件。同其他刑事案件一样，律师可以接受劳动刑事案件的犯罪嫌疑人、被告人的委托，为其提供法律帮助和辩护服务。

2. 犯罪嫌疑人涉嫌劳动刑事案件，在侦查阶段，自犯罪嫌疑人被侦查机关第一次讯问或者采取强制措施之日起，律师可以接受犯罪嫌疑人或者他们的监护人、近亲属的委托，或接受法律援助机构的指派，为犯罪嫌疑人提供法律帮助，为其提供法律咨询，代理申诉、控告，为被逮捕的犯罪嫌疑人申请取保候审。

3. 在审查起诉阶段，刑事案件由侦查机关向人民检察院移送审查起诉后，律师可以接受犯罪嫌疑人本人或其亲友的委托担任辩护人。

4. 在劳动刑事案件中，律师还可以接受被害人及其法定代理人或者近亲属，附带民事诉讼、自诉案件的当事人或者其法定代理人、近亲属的委托担任诉讼代理人。

5. 本章重点介绍常见的劳动刑事罪名，分别是：重大责任事故罪，强令违章冒险作业罪，重大劳动安全事故罪，不报、谎报安全事故罪，强迫劳动罪，雇用童工从事危重劳动罪，拒不支付劳动报酬罪。

■ 第二节　重大责任事故罪

一、概念释义

重大责任事故罪是指在生产、作业中违反有关安全管理的规定，因而发生重大伤亡事故或者造成其他严重后果的行为。

二、犯罪构成

（一）主体

在历史上，本罪主体曾为特殊主体，是指工厂、矿山、林场、建筑企业或者其他企业、事业单位的职工。但从我国《刑法》对重大责任事故罪的规定看，《刑法修正案

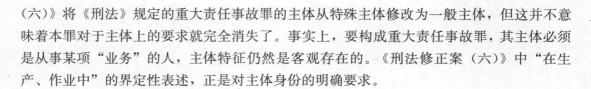

（六）》将《刑法》规定的重大责任事故罪的主体从特殊主体修改为一般主体，但这并不意味着本罪对于主体上的要求就完全消失了。事实上，要构成重大责任事故罪，其主体必须是从事某项"业务"的人，主体特征仍然是客观存在的。《刑法修正案（六）》中"在生产、作业中"的界定性表述，正是对主体身份的明确要求。

（二）主观方面

重大责任事故罪的罪过形式是过失。这里的过失，是指应当预见到自己的行为可能发生重大伤亡事故或者造成其他严重后果，因为疏忽大意而没有预见或者已经预见而轻信能够避免，以致发生这种结果的主观心理状态。

（三）客体

作为重大责任事故罪所侵犯的客体是工厂、矿山、林场、建筑企业或者其他企业、事业单位的生产安全，是公共安全的重要组成部分。危害生产安全，同样表现为能够使不特定的多数人的生命、健康或者公私财产遭受重大的损害，其特点是这些损害发生在生产过程中。

（四）客观方面

本罪在客观方面表现为在生产和作业过程中违反安全管理的有关规章制度，因而发生重大伤亡事故，造成严重后果的行为。主要表现为行为人在生产、作业活动中，不服管理、违反规章制度，因而发生重大伤亡事故或者造成其他严重后果的，即一般职工本人直接违反规章制度，造成严重后果的行为。

1. "不服管理"是指企业、事业单位的职工不服从本单位安全生产的要求或者不服从单位领导有关安全方面的工作安排。

2. "违反规章制度"是指违反有关生产安全方面的操作规程、劳动纪律和劳动保护等规定，其表现方式是多种多样的，既可以表现为作为，如擅自移动有关安全生产方面的标志、开关、信号，在禁火区生产时使用明火作业等；也可以表现为不作为，如值班时外出游玩、睡觉打盹、精神不集中；等等。

（1）行为人必须具有违反规章制度的行为。规章制度不仅指国家发布的各种有关安全生产的法规，以及企业、事业单位及其上级管理机关制定的反映安全生产客观规律并涉及工艺技术、生产操作、技术监督、劳动保护、安全管理等方面的规程、规章、章程、条例、办法和制度等，还包括那些虽无明文规定，却反映了生产、科研、设计、施工中安全操作的客观规律并长期为群众所公认的行之有效的正确的操作习惯与惯例。

（2）违反上述规章制度，是造成事故的直接原因，也是构成重大责任事故罪的前提条件。处于不同岗位的人员，违反规章制度的行为往往具有不同的形式。普通职工违反规章制度，主要表现为不服管理，不听指挥，不遵守操作规程和工艺设计要求，盲目蛮干，或者擅离岗位。技术人员违反规章制度，主要表现为违背科学原理，对设计、配方等应予论证、检验而不进行论证、检验。生产管理人员违反规章制度，主要表现为不遵守劳动保护法规，或者违背客观规律在现场瞎指挥。

（3）行为人违反规章制度的行为发生在生产过程中并与生产有直接联系。只有在生产过程中有违章行为，才可能出现责任事故。就普通职工而言，虽然在生产过程中具有违章行为，引起严重的危害结果，但如果同其生产活动没有直接联系，仍然属于危害公共安全罪中的其他过失犯罪，而不构成重大责任事故罪。就生产管理人员而言，其违章管理、违章指挥行为只有与生产直接联系，才构成重大责任事故罪，否则，仅在一般管理层次上出现漏洞，不贯彻执行有关安全生产的规章制度，引起严重危害结果的，则构成玩忽职守罪，不属于重大责任事故罪。

3. 行为人违反规章制度的行为引起了重大伤亡事故，造成严重后果。虽然有违章行为，但尚未造成重大伤亡事故，造成严重后果的，不构成重大责任事故罪，必要时可予以适当的行政处罚。从造成的结果看，本条规定了"重大伤亡"和"严重后果"两个标准，具备其一便构成犯罪。1989年11月30日最高人民检察院印发的《人民检察院直接受理的侵犯公民民主权利人身权利和渎职案件立案标准的规定》，对重大责任事故罪的这两个立案标准作了量化规定。

（1）重大伤亡是指致人死亡1人以上，或者致人重伤3人以上的；

（2）严重后果是指造成直接经济损失5万元以上的；以及经济损失虽不足规定数额，但情节严重，使生产、工作受到重大损害的。

三、法律后果与处罚

1. 重大责任事故罪的结果是发生重大伤亡事故或者造成其他严重后果。《刑法》第134条第1款规定，犯本罪的，处3年以下有期徒刑或者拘役；情节特别恶劣的，处3年以上7年以下有期徒刑。

2. 从司法实践来看，重大责任事故罪中的"情节特别恶劣"主要是指下列情况：

（1）造成了特别严重的后果，如致多人死亡；或者致人重伤的人数特别多；或者直接经济损失特别巨大。

（2）违章行为特别恶劣，如已因违反规章制度受到批评教育或行政处罚而不改正，再次违反规章制度，造成重大事故；或者屡次违反规章制度；或者明知没有安全保证，甚至已发现事故苗头，仍然不听劝阻、一意孤行，拒不采纳工人和技术人员的意见，用恶劣手段强令工人违章冒险作业等。

（3）事故发生后，行为人表现特别恶劣，如事故发生后，不积极采取抢救措施抢救伤残人员或防止危害后果扩大，只顾个人逃命或抢救个人财物，使危害后果蔓延扩大；或者事故发生后，为逃避罪责，破坏、伪造现场，隐瞒事实真相，嫁祸于人。

■ 第三节 强令违章冒险作业罪

一、概念释义

强令违章冒险作业罪是指企业、工厂、矿山等单位的领导者、指挥者、调度者等在明知确实存在危险或者已经违章，工人的人身安全和国家、企业的财产安全没有保证，继续生产会发生严重后果的情况下，仍然不顾相关法律规定，以解雇、减薪以及其他威胁，强行命令或者胁迫他人违章冒险进行作业，造成重大伤亡事故或者严重财产损失的行为。

二、犯罪构成

（一）主体

本罪的犯罪主体为一般主体，包括具有强令资格的人，通常情况下是作业的领导者、指挥者、调度者，以及负有组织、指挥或者管理职责的负责人、管理人员、实际控制人、投资人等。

（二）主观方面

本罪的主观方面表现为过失。实践中多为过于自信的过失，即负责管理施工、作业等工作的有关人员，明知自己的决定违反安全作业的规章制度，可能会导致安全事故的发生，却心存侥幸，自认为不会出事，从而强令他人违章冒险作业。

（三）客体

本罪侵犯的客体是作业的安全。因为正常的作业安全秩序既是作业人员及现场其他人员的生命、健康安全的保障，也是公共财产安全的保障。实践中发生强令他人违章作业的行为，对正常的作业安全秩序构成破坏，从而发生危害不特定多数人生命、健康和公私财产安全的重大事故，属于危害公共安全的一种犯罪。

（四）客观方面

1. 本罪的客观方面表现为强令他人违章冒险作业，因而发生重大伤亡事故或者造成其他严重后果的行为。"强令他人违章冒险作业"不同于一般的违章指挥，它是指负责管理施工、作业等工作的有关人员，违反安全作业的规章制度，发出令他人必须或者应当执行的违章冒险作业的指示、命令，并产生了使他人违心违章冒险作业的危害后果的行为。本罪是结果犯，对重大伤亡事故或者造成其他严重后果的理解同重大责任事故罪。

2. 强令违章冒险作业罪在客观方面的表现形式是行为人在生产、作业活动中，强令工人违章冒险作业，因而发生重大伤亡事故或者造成其他严重后果的，即有关生产、作业指挥、管理人员利用职权强令职工违章冒险作业。在这种表现形式中，首先是工人不愿听从生产指挥、管理人员的违章冒险作业的命令；其次是生产指挥、管理人员利用自己的职权强迫命令工人在违章的情况下冒险作业，即强迫工人服从其错误的指挥，而工人不得不违章作业。在这种情况下，虽然工人客观上是违章作业，但由于违章作业不是工人本人的意愿，而是被指挥、管理人员强迫去违章作业，因而不能追究被强迫违章作业的工人的刑事责任，而要追究违章指挥人员的刑事责任。

三、法律后果与处罚

《刑法》第 134 条第 2 款规定，强令他人违章冒险作业，因而发生重大伤亡事故或者造成其他严重后果的，处五年以下有期徒刑或者拘役；情节特别恶劣的，处五年以上有期徒刑。

■ 第四节　重大劳动安全事故罪

一、概念释义

重大劳动安全事故罪，是指安全生产设施或者安全生产条件不符合国家规定，因而发生重大伤亡事故或者造成其他严重后果的行为。

二、犯罪构成

（一）主体

1. 本罪的主体为特殊主体，即单位中对造成重大责任事故以及排除事故隐患，防止事故发生负有职责义务的主管人员和其他直接责任人员。

2. 单位范围非常广泛，既包括一切在中华人民共和国境内设立的企业和个体经济组织，也包括其他与劳动者建立了劳动关系的国家机关、事业组织、社会团体、民办非企业单位、基金会以及有关合伙组织等。在司法实践中，重大劳动安全事故罪主要发生在从事生产、经营的企业和个体经济组织中。

3. 对排除事故隐患，防止事故发生负有职责义务的主管人员和其他直接责任人员，通常是指用人单位的法定代表人、厂长、经理、主管劳动安全和劳动卫生的副厂长、副经理，以及直接负责有关劳动安全和劳动卫生工作的安全员、电工，等等。由于国家工作人

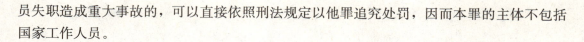

员失职造成重大事故的，可以直接依照刑法规定以他罪追究处罚，因而本罪的主体不包括国家工作人员。

（二）主观方面

本罪在主观方面表现为过失，有关直接责任人员在主观心态上只能表现为过失。所谓过失，是指有关直接责任人员在主观意志上并不希望发生事故。对于单位存在事故隐患，有关直接责任人则是明知或者应该知道的，有的甚至是经劳动行政部门或者其他有关部门多次责令改正而未改正。造成这种情况的原因，有的是片面追求经济效益，不肯在劳动安全和劳动卫生方面进行投入；有的是工作不负责任，疏忽怠惰；有的是心存侥幸。无论属于哪种情况，都不影响构成本罪，但在具体量刑时可以作为酌定情节予以考虑。

（三）客体

本罪侵犯的客体是工厂、矿山、林场、建筑企业或者其他企业、事业单位的劳动安全，即劳动者的生命、健康和重大公私财产的安全。

（四）客观方面

本罪在客观方面表现为企业、事业单位的劳动安全设施不符合国家规定，经有关部门或单位职工提出后，仍不采取措施，因而发生重大伤亡事故或者造成其他严重后果的行为。构成本罪，在客观方面必须具备以下两个相互关联的要件：

1. 企业、事业单位的劳动安全设施不符合国家规定，存在事故隐患。所谓劳动安全设施，是指为了防止和消除生产过程中的伤亡事故，防止生产设备遭到破坏，用以保障劳动者安全的技术设备、设施和各种用品。

（1）劳动安全设施必须符合国家规定，即符合国家立法机关、生产主管部门制定、颁布的一系列保障安全生产、保护劳动者人身安全和合法权益的法律、法规和规章制度中规定的标准。

（2）事故隐患是指由于劳动安全设施不符合国家规定而潜藏着的发生事故的苗头、祸患，仅限于劳动安全设施方面的事故隐患。

2. 发生了重大伤亡事故或者造成了其他严重后果。

（1）重大伤亡事故是指死亡 1 人以上或者重伤 3 人以上的事故。

（2）其他严重后果，是指造成了重大经济损失；或者造成了重大政治影响；或者引起单位职工强烈不满，导致罢工、停产的；等等。

三、法律后果与处罚

1.《刑法》第 135 条规定，安全生产设施或者安全生产条件不符合国家规定，因而发生重大伤亡事故或者造成其他严重后果的，对直接负责的主管人员和其他直接责任人员，处 3 年以下有期徒刑或者拘役；情节特别恶劣的，处 3 年以上 7 年以下有期徒刑。

2. 司法实践中，情节特别恶劣的主要包括以下几种情况：

（1）造成了特别严重后果的。主要是指：1）致多人死亡；2）致多人重伤；3）直接经济损失特别巨大；4）造成了特别恶劣的政治影响。

（2）行为人的犯罪行为特别恶劣的，如经有关部门或单位职工多次提出意见后，对事故隐患仍不采取措施，以致发生重大事故的；已发生过事故仍不重视劳动安全设施，造成多人重伤、死亡或者其他特别严重后果的；等等。

（3）重大安全事故发生后，犯罪行为人的表现特别恶劣的。如重大事故发生后，行为人不是积极采取措施抢救伤残人员或防止危害后果扩大，而是只顾个人逃跑或者抢救个人财物，致使危害结果蔓延扩大的；事故发生后，为逃避罪责而故意破坏、伪造现场或者故意隐瞒事实真相、企图嫁祸于人的；等等。

■ 第五节　不报、谎报安全事故罪

一、概念释义

不报、谎报安全事故罪是指在安全事故发生后，负有报告职责的人员不报或者谎报事故情况，贻误事故抢救，情节严重的行为。

二、犯罪构成

（一）主体

犯罪主体为对安全事故"负有报告职责的人员"。根据有关司法解释，"负有报告职责的人员"，是指企业生产经营单位的负责人、实际控制人、负责生产经营管理的投资人以及其他负有报告职责的人员。

（二）主观方面

本罪的主观方面为故意。安全事故发生后，负有报告职责的人员明知发生了安全事故，却有意不报或者编造假象、隐瞒真相，谎报事故情况，直接导致了贻误事故抢救。

（三）客体

本罪侵犯的客体是安全事故监管制度。本罪主要是针对一些事故单位的负责人和对安全事故负有监管职责的人员在事故发生后弄虚作假，结果贻误事故抢救，造成人员伤亡和财产损失进一步扩大的行为而设置的。

（四）客观方面

本罪的客观方面表现为在安全事故发生后，负有报告职责的人员不报或者谎报事故情况，贻误事故抢救，情节严重的行为。具有下列情形之一的，应认定为刑法规定的"情节严重"：

1. 导致事故后果扩大，增加死亡 1 人以上，或者增加重伤 3 人以上，或增加直接经济损失 100 万元以上的；

2. 实施下列行为之一，致使不能及时有效开展事故抢救的：

（1）决定不报或谎报事故情况或者指使、串通有关人员不报或谎报事故情况的；

（2）在事故抢救期间擅离职守或者逃匿的；

（3）伪造及破坏事故现场，或者转移以及藏匿、毁灭遇难人员尸体，或者转移与藏匿受伤人员的；

（4）毁灭和伪造、隐匿与事故有关的图纸与记录及计算机数据等资料以及其他证据的；

3. 其他严重的情节。

具有下列情形之一的，应当认定为刑法规定的"情节特别严重"：

（1）导致事故后果扩大，增加死亡 3 人以上，或者增加重伤 10 人以上，或者增加直接经济损失 300 万元以上的；

（2）采用暴力、胁迫、命令等方式阻止他人报告事故情况导致事故后果扩大的；

（3）其他特别严重的情节。

三、法律后果与处罚

《刑法》第 139 条之一规定，在安全事故发生后，负有报告职责的人员不报或者谎报事故情况，贻误事故抢救，情节严重的，处三年以下有期徒刑或者拘役；情节特别严重的，处三年以上七年以下有期徒刑。

■ 第六节　强迫劳动罪

一、概念释义

强迫劳动罪是指以暴力、威胁或者限制人身自由的方法强迫他人劳动的，或者明知他人实施强迫劳动，为其招募、运送人员或者有其他协助强迫他人劳动的行为。历史上，该罪名曾为"强迫职工劳动罪"。《刑法修正案（八）》改为"强迫劳动罪"。

二、犯罪构成

(一) 主体

本罪在历史上曾为特殊主体，刑法修正后，现为一般主体，既可以是单位，也可以是自然人。它既包括用人单位自身，也包括用人单位直接负责的主管人员和其他直接责任人员。

(二) 主观方面

本罪在主观方面必须出于直接故意，即明知自己的行为违反劳动管理法规会产生限制他人人身自由的危害后果，但仍以暴力、威胁或者限制人身自由的方法强迫他人劳动。如果不是出于强迫他人劳动，而是为了其他诸如逼迫他人与己结婚、索付债务等目的，即便有限制他人人身自由的行为，亦不能构成本罪。至于其动机，一般是贪利，追求经济利益，但也不排除可以出于其他动机，如报复、惩罚等。动机如何，不会影响本罪成立。

(三) 客体

本罪侵犯的是复杂客体，既侵犯劳动者的人身自由，又侵犯国家劳动管理制度。根据我国《劳动法》规定，劳动关系是劳动者与用人单位基于劳动合同所确立的以权利和义务为内容的一种社会关系，双方地位平等。劳动者作为公民的一个组成部分，其人身自由不受侵犯，这已为我国宪法所明定。强迫他人劳动的行为，侵犯了他人的人身自由权利和休息休假权利。至于劳动是有偿的还是无偿的，不影响本罪成立。

(四) 客观方面

客观方面表现为用人单位违反劳动管理法规，以限制人身自由的方法强迫他人劳动行为。这里的违反劳动管理法规，是指违反我国《劳动法》及相应的法律法规。本罪在认定客观方面应注意以下两点：

1. 有违反劳动管理法规的行为。所谓违反劳动管理法规，是指违反国家调整劳动关系的法律或者其他行政法规的有关规定。如果没有违反劳动管理法规，而是在法定的工作时间内依规不准职工擅自离开劳动、居住区域，不准外出，不准接触他人的，则不能以本罪论处。

2. 采用了限制人身自由的方法强迫他人劳动。所谓限制他人人身自由的方法，是指采取监视、禁止出入等方法而将他人限制在一定的场所、区域内劳动。为了达到限制他人人身自由的目的，可能使用其他暴力、胁迫的方法，如施以伤害或以杀害、伤害进行威胁等，但这必须是为了限制他人人身自由；否则，即使采取了暴力、威胁的行为，但因不是为了限制其人身自由而强迫其劳动，亦不能以本罪论处。还应指出，有的犯罪人甚至是将被害人禁闭在一个较为狭窄的空间内劳动，已超出限制人身自由的范围达到了剥夺人身自由的程度，此时，又触犯了非法拘禁罪，对之应当按照牵连犯的处罚原则，择一重罪处罚。

三、法律后果与处罚

《刑法》第 244 条规定，以暴力、威胁或者限制人身自由的方法强迫他人劳动的，处 3 年以下有期徒刑或者拘役，并处罚金；情节严重的，处 3 年以上 10 年以下有期徒刑，并处罚金。

明知他人实施前款行为，为其招募、运送人员或者有其他协助强迫他人劳动行为的，依照前款的规定处罚。

单位犯前两款罪的，对单位判处罚金，并对其直接负责的主管人员和其他直接责任人员，依照第 1 款的规定处罚。

■ 第七节　雇用童工从事危重劳动罪

一、概念释义

雇用童工从事危重劳动罪，是指违反劳动管理法规，雇用未满 16 周岁的未成年人从事超强度体力劳动，或者从事高空、井下作业的，或者在爆炸性、易燃性、放射性、毒害性等危险环境下从事劳动，情节严重的行为。

二、犯罪构成

（一）主体

本罪的犯罪主体既可以是单位，也可以是自然人。按照法律规定，单位犯该罪，只追究"直接责任人员"（含直接负责的主管人员和其他直接责任人员）的刑事责任。

（二）主观方面

主观方面表现为故意，包括直接故意和间接故意。

（三）客体

本罪的客体是未成年人的身心健康，犯罪对象是童工。"童工"是指未满 16 周岁，受单位或者个人雇用，从事有经济收入的劳动或者从事个体劳动的少年儿童。

（四）客观方面

客观方面表现为违反劳动管理法规，雇用未满 16 周岁的未成年人从事超强度体力劳动，或者从事高空、井下作业，或者在爆炸性、易燃性、放射性、毒害性等危险环境下从事劳动，情节严重的行为。违反劳动管理法规，是指违反《中华人民共和国劳动法》及其他劳动行政法规，这是本罪构成的前提条件。

1. 本罪在客观方面有三种具体表现形式：

（1）雇用童工从事"超强度体力劳动"，是指使童工从事国家禁止的《体力劳动强度分级》国家标准中第四级体力劳动强度的作业。

（2）雇用童工从事"高空、井下作业"，是指使童工从事国家禁止的《高处作业分级》国家标准中第二级以上的高处作业和矿山井下作业。

（3）雇用童工"在爆炸性、易燃性、放射性、毒害性等危险环境下"从事劳动。

行为人只要具有雇用童工从事上述三种形式的危重劳动中的一种，即符合本罪的客观要件。

2. 本罪在客观方面需达到"情节严重"。

按照法律规定，雇用童工从事危重劳动的行为，必须达到情节严重的程度才能构成犯罪。"情节严重"一般是指雇用多名童工或多次非法雇用童工或长时间非法雇用童工从事法律禁止的危重劳动；还指因从事法律禁止的危重劳动造成严重后果，影响未满 16 周岁未成年人的身心健康和正常发育等。由于现实情况非常复杂，非法雇用童工从事上述劳动的，具体危害性可能存在很大的差异。具体情节是否严重，可以结合非法雇用童工的数量，童工所从事的劳动的具体强度，童工的年龄、身体发育状况，劳动安全设施和劳动保护措施的状况，童工从事劳动的环境所具有的危险性的高低等因素，综合衡量。

三、法律后果与处罚

《刑法》第 244 条之一规定，违反劳动管理法规，雇用未满 16 周岁的人从事超强度体力劳动的，或者从事高空、井下作业的，或者在爆炸性、易燃性、放射性、毒害性等危险环境下从事劳动，情节严重的，对直接责任人员，处三年以下有期徒刑或者拘役，并处罚金；情节特别严重的，处三年以上七年以下有期徒刑，并处罚金。

■ 第八节 拒不支付劳动报酬罪

一、概念释义

拒不支付劳动报酬罪，是指以转移财产、逃匿等方法逃避支付劳动者的劳动报酬或者

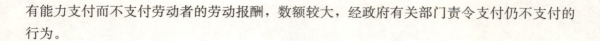

有能力支付而不支付劳动者的劳动报酬，数额较大，经政府有关部门责令支付仍不支付的行为。

二、犯罪构成

（一）主体

本罪的主体是一般主体，即单位或者自然人。

应予注意，本罪的主体与劳动法意义上支付劳动报酬的主体并不完全相同。从劳动法角度来看，向劳动者支付劳动报酬是用人单位作为劳动关系一方当事人的当然义务。因此，在劳动法意义上，无论是"应支付劳动报酬"还是"拒不支付劳动报酬"的主体均应为用人单位。

但是，从刑法角度，本罪的主体并不仅仅指劳动法意义上的"用人单位"，它还包括以下主体：

1. 不具备用工主体资格的单位或者个人，违法用工且拒不支付劳动者的劳动报酬，数额较大，经政府有关部门责令支付仍不支付的，应当以拒不支付劳动报酬罪追究刑事责任。

2. 用人单位的实际控制人实施拒不支付劳动报酬行为，构成犯罪的，应当以拒不支付劳动报酬罪追究刑事责任。

（二）主观方面

本罪在主观方面表现为故意，包括直接故意和间接故意。即主观上明知自己的"不支付劳动者劳动报酬"的这种不作为会产生劳动者不能及时实际得到劳动报酬的社会危害后果，却希望或放任这种后果发生。实践中，应认定为故意的主要有以下几种情况：

1. 明确表示拒不作为的，即明确拒绝支付劳动者劳动报酬的，当然地认定为故意。包括无正当理由拖欠，不论是否以非法占有为目的。

2. 虽表示应支付，但不主动实施"支付"行为，为不支付找借口的，应认定为故意。如无正当理由转移财产，造成无支付能力假象的；用人单位主要负责人或指使发放劳动者劳动报酬的工作人员逃匿，造成无法支付假象的；或非法克扣工资或罚款的。

（三）客体

本罪是双重客体，既侵犯劳动者的财产权，又妨碍正常的劳动用工关系，侵犯了社会主义市场经济秩序。

（四）客观方面

本罪在客观方面表现为，以转移财产、逃匿等方法逃避支付劳动者的劳动报酬或者有能力支付而不支付劳动者的劳动报酬，数额较大，经政府有关部门责令支付仍不支付。其中既有危害行为又有危害结果，且两者间有刑法上的因果关系。

1．"劳动者的劳动报酬"，是指劳动者依照《中华人民共和国劳动法》和《中华人民共和国劳动合同法》等法律的规定应得的劳动报酬，包括工资、奖金、津贴、补贴、延长工作时间的工资报酬及特殊情况下支付的工资等。需要注意的是，该条将"劳动者的劳动报酬"限定为劳动报酬，而非劳务报酬。根据《劳动法》、《劳动合同法》等法律的规定，劳动报酬是基于用人单位和劳动者之间建立劳动关系所产生的工资收入；而劳务报酬并非基于劳动关系而产生的，属于普通民事法律关系调整的范畴。立法规定拒不支付劳动报酬罪，是为了强化对处于相对弱势地位的劳动者的保护，对平等民事主体之间的劳务报酬纠纷，应通过民事程序解决。

2．"以转移财产、逃匿等方法逃避支付劳动者的劳动报酬"，是指以逃避支付劳动者的劳动报酬为目的，实施了转移财产、逃匿等方法逃避支付劳动者的劳动报酬的行为，具体表现为下列情形之一：

（1）隐匿财产、恶意清偿、虚构债务、虚假破产、虚假倒闭或者以其他方法转移、处分财产的；

（2）逃跑、藏匿的；

（3）隐匿、销毁或者篡改账目、职工名册、工资支付记录、考勤记录等与劳动报酬相关的材料的；

（4）以其他方法逃避支付劳动报酬的。

3．"有能力支付而不支付劳动者的劳动报酬"，是指企业的银行存款足够支付劳动者的劳动报酬，而不作为，导致劳动者没有按合同或法定应获得劳动报酬的时限获得报酬。

4．"数额较大"是指：

（1）拒不支付1名劳动者3个月以上的劳动报酬且数额在5 000元至2万元以上的；

（2）拒不支付10名以上劳动者的劳动报酬且数额累计在3万元至10万元以上的。

上述"数额较大"的具体起点金额由各地根据本地情况在以上幅度内确定。

5．"政府有关部门责令支付"，是指经人力资源和社会保障部门或者政府其他有关部门依法以限期整改指令书、行政处理决定书等文书责令支付劳动者的劳动报酬后，在指定的期限内仍不支付的，应当认定为刑法规定的"经政府有关部门责令支付仍不支付"，但有证据证明行为人有正当理由未知悉责令支付或者未及时支付劳动报酬的除外。

三、法律后果与处罚

《刑法》第276条之一规定，以转移财产、逃匿等方法逃避支付劳动者的劳动报酬或者有能力支付而不支付劳动者的劳动报酬，数额较大，经政府有关部门责令支付仍不支付的，处3年以下有期徒刑或者拘役，并处或者单处罚金；造成严重后果的，处3年以上7年以下有期徒刑，并处罚金。

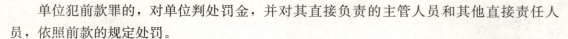

单位犯前款罪的，对单位判处罚金，并对其直接负责的主管人员和其他直接责任人员，依照前款的规定处罚。

有前两款行为，尚未造成严重后果，在提起公诉前支付劳动者的劳动报酬，并依法承担相应赔偿责任的，可以减轻或者免除处罚。

（一）"造成严重后果"的情形

1. 造成劳动者或者其被赡养人、被扶养人、被抚养人的基本生活受到严重影响、重大疾病无法及时医治或者失学的；

2. 对要求支付劳动报酬的劳动者使用暴力或者进行暴力威胁的；

3. 造成其他严重后果的。

（二）"尚未造成严重后果"的情形

1. 拒不支付劳动者的劳动报酬，尚未造成严重后果，在刑事立案前支付劳动者的劳动报酬，并依法承担相应赔偿责任的，可以认定为情节显著轻微危害不大，不认为是犯罪。

2. 在提起公诉前支付劳动者的劳动报酬，并依法承担相应赔偿责任的，可以减轻或者免除刑事处罚。

3. 在一审宣判前支付劳动者的劳动报酬，并依法承担相应赔偿责任的，可以酌情从宽处罚；对于免除刑事处罚的，可以根据案件的不同情况，予以训诫、责令具结悔过或者赔礼道歉。

附录

案例一

被告人聂某系某公司电工，1990 年随某省建筑公司第一建筑公司上海分公司来沪参加浦东建设。1992 年 1 月，被告人聂某在负责敷设上海××学校学生宿舍楼工程施工现场临时动力电线时，严重违章作业，未按敷设地下动力线应选用电缆线和采用封闭金属管并要保护接零的操作规定，将通电为 380 伏交流电的胶合橡胶线穿入未做保护接零的金属保护管内，且未作封闭，直接埋设于仅 7～10 厘米深的地层处。同年 4 月在线路出现故障检修时，被告人聂某又违反电线接头应设在地面上接线盒内的规定，将电线接头仅用一般胶布包扎后直接放入未做密封措施的地下金属保护管内。同年 7 月 2 日 12 时 40 分许，因雨水渗入地下金属保护管内，使胶合线接头漏电，电流通过金属保护套与木工棚金属立柱之间的铁丝构成回路，致使民工孙某在收取晾在该铁丝上的床单时，上肢触及带电铁丝而昏厥，经送医院抢救无效而死亡。

法院判决认为，被告人聂某身为某公司专职电工，在敷设地下动力线时，违章操作留下事故隐患，结果造成他人因触电而死亡，其行为构成重大责任事故罪，应予依法惩处。

案例二

连云港某船舶运输公司所属的起重浮吊船在江阴一码头进行吊装作业时，浮吊船操作人员何某发现需吊装的钢结构回旋筒体超重，于是立即向该运输公司经理孙某汇报，孙某在明知浮吊船的额定负载为 350 吨，而需吊装的钢结构回旋筒体重 380 吨，勉强起吊会有危险的情况下，仍命令何某对该筒体进行吊装作业，且在作业过程中没有严格清场。因超限额起吊，导致浮吊船吊臂倒塌砸中正在修船作业的张家港某船厂工人周某，致周某抢救无效死亡。浮吊船操作人员何某也从浮吊船驾驶室坠落至地面受伤，经法医鉴定，其伤势构成轻伤。事故发生后，孙某主动投案自首，其所在的运输公司赔偿了死者周某家属经济损失 45 万元。

法院经审理后认为，被告人孙某违反安全管理规定，强令他人违章冒险作业，致 1 人死亡、1 人轻伤，其行为确已构成强令违章冒险作业罪，鉴于被告人孙某系自首，被害人经济损失已赔偿，予以酌情从轻处罚，遂判决被告人孙某有期徒刑一年零九个月，缓刑一年零九个月。

案例三

55 岁的李某某是陕西省子长县人，1988 年在当地开办了建设煤矿，有矿工 50 余人。法院经审理查明，2010 年 4 月至 6 月下旬，县煤炭工业局曾多次检查建设煤矿，指出该矿存在安全生产问题，先后发出 3 次整改通知书。随后县煤炭工业局又根据汛期工作，通知建设煤矿采取安全措施，必要时应立即撤离井下所有人员，矿长必须坚守工作岗位。李某某对县煤炭工业局的安检整改及防汛通知未加重视。7 月 4 日凌晨，子长县突降暴雨，李某某未在矿上。矿上正常供电中断，备用发电机电瓶没有充电，副井口塌方，排水渠没有加高加固，井底通讯设备损坏，当时地面人员又未采取其他补救措施，致使泥石流涌入矿井，9 名矿工被困在井下。经有关方面组织抢救，9 名矿工在 8 天后方获救。事故发生后，李某某不但没有积极配合组织抢救，反而潜逃到外地藏匿，7 月 20 日在安徽被公安机关抓获。

法院认为，被告人李某某无视煤矿安全生产规定，在特大暴雨中造成 9 名矿工被困井下长达 8 天之久，且在事故发生后不积极配合组织抢救，反而外出躲藏，情节恶劣，后果严重，影响很坏，其行为构成重大劳动安全事故罪。法院一审判处李某某有期徒刑四年。判决后李某某没有上诉。

案例四

2010 年 1 月 8 日，河北武安市普阳钢铁公司煤气泄漏事故调查组透露，至 8 日凌晨，该企业瞒报事故被查实，经核实死亡人数为 21 人，伤 9 人。1 月 4 日 11 时 45 分，河北普阳钢铁公司因江苏省南京三叶公用安装公司承建的煤气管道工程发生煤气泄漏事故，次日 8 时 40 分，该公司报告事故死亡 7 人、伤 9 人。事故发生后，邯郸市政府立即成立了由安监局局长为组长，市公安局、市监察局、市总工会、市建设局和武安市政府参加的事故调查组，并把核实伤亡人数及有无瞒报作为调查组工作重点，及时控制了相关人员，迅速开展工作。

公安部门已依法将普阳钢铁公司主管安全的副总经理张某某予以刑事拘留，对普阳钢铁公司安全部部长刘某某、公司南坪分厂安环科科长裴某某等二人实施监视居住。武安市委、市政府研究决定，对安全监管不力及在这起瞒报事故中负有失察责任的武安市安监局副局长武某某、阳邑镇镇长王某某、副镇长李某某等三人先行予以免职，待事故原因查清后再作严肃处理。对造成事故的江苏省南京三叶公用安装公司也在加紧事故原因调查。

后有关部门成立事故调查组，发现矿主有瞒报等行为，并将其送至司法机关。

案例五

2012年4月，被告人方某某以每亩70元的价格承包封开县江口镇的山场除草工程，再以每亩40元的价格从老家云南招募了季某、何某等4名工人做除草工作。被告人方某某要求季某、何某等4名工人每天从凌晨四五点开始做工，直到中午12点多才能吃午饭，吃过午饭后马上开始上山工作，到晚上19点许才能下班休息。从2012年4月至6月18日，被告人方某某以季某等人不卖力做工为由，经常用木条、钢索等殴打季某、何某等4名工人，强迫他们劳动。期间，被告人方某某只为季某、何某等人提供每天每人15元的伙食，没有付给季某等4名工人工钱。

法院经审理后认为，被告人方某某使用暴力的方法强迫他人劳动，其行为构成强迫劳动罪，应依法追究其刑事责任。被告人方某某归案后如实供述其犯罪事实，认罪态度较好，有悔罪表现，故对其酌情处罚。据此，依照《中华人民共和国刑法》第244条之规定，判处被告人方某某有期徒刑2年，并处罚金1万元。

案例六

2007年，发生在山西运城的"黑砖窑事件"震惊中外。在此次事件中，发生多起雇用童工从事危重劳动案件。山西万荣县、永济市雇用童工5人从事危重劳动4案的6名犯罪嫌疑人依法被批准逮捕。公安机关还对发生在长治、晋城、运城等地雇用童工8人从事危重劳动8案的8名犯罪嫌疑人进行立案侦查。此外，张某某、李某某一案已经宣判，因非法雇用童工从事危重劳动罪，被告人张某某被数罪并罚判处有期徒刑五年，被告人李某某被数罪并罚判处有期徒刑二年半。

案例七

2011年2月18日，湖南省岳阳县许某某承包了上海鲁强机电设备安装工程有限公司位于深圳市光明新区华星光电工地CUB马达区配管工程及钢构工程的劳务分包工作。后许某某雇用了几十名工人实施该工程。在工程实施期间，许某某多次以支付工人工资为由从鲁强公司领取工程款共计人民币359 000元。6月30日，许某某突然关闭电话逃匿。后经核算，许某某逃匿时尚欠47名工人工资208 596元。案发后，鲁强公司垫付了上述工人工资。7月3日，鲁强公司报案。8月24日，许某某被警方抓获。深圳市光明新区劳动管理办公室向许某某追偿工人工资被拒。光明公安分局责令许某某支付工资，许某某表示不支付。深圳市宝安区人民法院经审理认为，许某某以逃匿的方式逃避支付劳动者的劳动报酬达人民币 208 596 元，数额较大，经政府有关部门责令支付仍不支付，其行为已构成拒不支付劳动报酬罪。2012 年 1 月 5 日，深圳市宝安区人民法院对该案作出一审宣判，判处许某某有期徒刑一年零六个月，并处罚金 2 万元。

本章思考题

1. 律师办理劳动刑事案件中应遵守和知悉《刑事诉讼法》的哪些规定？

2. 如何正确理解与认定与劳动用工有关的重大责任事故罪，强令违章冒险作业罪，重大劳动安全事故罪，不报、谎报安全事故罪，强迫劳动罪，雇用童工从事危重劳动罪，拒不支付劳动报酬罪的罪名？

参与人事争议处理

通过本章学习，你应当掌握：

1. 人事争议的范围。

2. 人事争议的管辖。

3. 人事争议的特别规定。

4. 人事争议处理与劳动争议处理的差异。

第一节 总体规定

在劳动争议处理过程中，还有两个不同于常规的适用环节，即：人事争议的处理和新的法律、法规、规章等颁布实施后新法与旧法的效力问题。

由于我国特殊的劳动人事管理体系，劳动法律规范除调整企业事业单位、个体工商户、其他经济组织内用人单位与劳动者之间的劳动关系外，也调整国家机关、事业组织、社会团体与劳动者之间通过订立劳动合同形成的劳动关系，同时国家机关、事业单位、社会团体、军队与依法建立聘任（用）关系的工作人员发生人事争议时，也参照适用调整劳动争议的相关法律规范进行处理。

第二节 人事争议仲裁

一、人事争议的定义

人事争议是指国家机关、事业单位、社会团体、军队等聘用单位与实行聘任（用）制的工作人员因履行聘任（用）合同或解除人事关系等所发生的争议。

二、人事争议仲裁的受理范围

根据《人事争议处理规定》（2007 年 8 月 9 日中共中央组织部、中华人民共和国人事部、中国人民解放军总政治部联合发布，2007 年 10 月 1 日起施行；2011 年 8 月 15 日修改），人事争议仲裁委员会受理人事争议的案件范围包括：

1. 实施《中华人民共和国公务员法》（2005 年 4 月 27 日第十届全国人民代表大会常务委员会第十五次会议通过，2006 年 1 月 1 日起施行）的机关与聘任制公务员之间因履行聘任合同发生的争议；

2. 参照《公务员法》管理的机关（单位）与聘任工作人员之间因履行聘任合同发生的争议；

3. 事业单位与工作人员之间因除名、辞退、辞职、离职等解除人事关系以及履行聘用合同发生的争议；

4. 社会团体与工作人员之间因除名、辞退、辞职、离职等解除人事关系以及履行聘用合同发生的争议；

5. 军队聘用单位与文职人员之间因履行聘用合同发生的争议；

6. 依照法律、法规规定可以仲裁的其他人事争议。

三、人事争议的受理机构

（一）人事争议受理机构的设置

1. 人力资源和社会保障部设立中央机关及所属事业单位人事争议仲裁委员会。

2. 省（自治区、直辖市）、副省级市、地（市、州、盟）、县（市、区、旗）设立人事争议仲裁委员会。

3. 人事争议由具有管辖权的人事争议仲裁委员会负责处理，人事争议仲裁委员会独立办案，相互之间没有隶属关系。

（二）人事争议仲裁机构的组成

1. 人事争议仲裁委员会组成人员

（1）公务员主管部门代表；

（2）聘任（用）单位代表；

（3）工会组织代表；

（4）受聘人员代表；

（5）受聘专职或兼职的有关部门的工作人员、人事、法律专家学者和律师等。

2. 组织结构

（1）人事争议仲裁委员会组成人员应当是单数，设主任1名、副主任2至4名、委员若干名。

（2）同级人民政府分管人事工作的负责人或者政府人事行政部门的主要负责人任人事争议仲裁委员会主任。

3. 人事争议仲裁委员会的职责

（1）负责处理管辖范围内的人事争议。

（2）决定仲裁员的聘任和解聘。

（3）法律、法规规定由人事争议仲裁委员会承担的其他职责。

四、人事争议的管辖

人事争议处理实行属地管辖原则，一般由聘任（用）单位所在地的人事争议处理机构管辖。

（一）中央机关及其在京所属事业单位的人事争议管辖

1. 中央机关的范围界定

包括中央机关、直属机构、直属事业单位及其在京所属事业单位。

2. 争议管辖

根据《关于中央机关及所属事业单位人事争议仲裁管辖有关问题的通知》规定（北京市人力资源和社会保障局京人社仲发〔2012〕97号，2012年4月19日制定），中央机关及在京所属事业单位人事争议管辖按以下规定执行：

（1）中央机关及在京所属事业单位所在地为已成立劳动人事争议仲裁委员会的朝阳区、海淀区和顺义区的，其所发生的人事争议由单位所在地劳动人事争议仲裁委员会管辖。

（2）中央机关及在京所属事业单位所在地在已成立劳动人事争议仲裁委员会的辖区，而聘用合同履行地不在同一地区的，其所发生的人事争议由上述单位所在地劳动人事争议仲裁委员会管辖。

（3）中央机关及在京所属事业单位所在地在除朝阳区、海淀区、顺义区以外的其他区县的，其所发生的人事争议暂由北京市劳动人事仲裁委员会管辖。

（二）中央机关在京外垂直管理机构和在京外所属事业单位的人事争议管辖

1. 中央机关在京外垂直管理机构以及中央机关在京外所属事业单位的人事争议由所在地的省（自治区、直辖市）设立的人事争议仲裁委员会处理，也可由省（自治区、直辖市）根据情况授权所在地的人事争议仲裁委员会处理。

2. 省（自治区、直辖市）、副省级市、地（市、州、盟）、县（市、区、旗）人事争议仲裁委员会的管辖范围，由省（自治区、直辖市）确定。

（三）军队聘用单位与文职人员的人事争议管辖

军队聘用单位与文职人员的人事争议，一般由聘用单位所在地的县（市、区、旗）人事争议仲裁委员会处理，其中师级聘用单位与文职人员的人事争议，由所在地的地（市、州、盟）、副省级市人事争议仲裁委员会处理，军级以上聘用单位与文职人员的人事争议由所在地的省（自治区、直辖市）人事争议仲裁委员会处理。

五、人事争议的法律适用

（一）一般适用原则

现行有效的《中华人民共和国劳动法》、《中华人民共和国劳动合同法》及其实施条例、《中华人民共和国劳动争议调解仲裁法》和相应的行政法规等，均适用于人事争议处理。

（二）特别规定

除上述调整劳动关系的一般法律规范外，涉及人事关系法律、法规对于人事聘用、管理以及人事争议处理有特别规定的包括：

1.《中华人民共和国公务员法》；

2.《中国人民解放军文职人员条例》（国务院、中央军事委员会 2005 年 6 月 23 日发布，自 2005 年 8 月 1 日起施行）；

3.《人事争议处理规定》；

4.《劳动人事争议仲裁办案规则》（人力资源和社会保障部 2008 年 12 月 17 日通过，2009 年 1 月 1 日发布并施行）；

5.《劳动人事争议仲裁组织规则》（人力资源和社会保障部 2010 年 1 月 27 日发布并施行）；

6. 最高人民法院《关于人民法院审理事业单位人事争议案件若干问题的规定》；

7. 其他涉及人事关系处理的法律、法规、规章和人事政策等。

（三）事业单位人事管理的相关制度和要求

1. 事业单位凡出现空缺岗位，除涉密岗位确需使用其他方法选拔人员的以外，都要试行公开招聘。

2. 受聘人员凡与聘用单位负责人员有夫妻关系、直系血亲关系、三代以内旁系血亲或者近姻亲关系的，不得被聘用从事该单位负责人员的秘书或者人事、财务、纪律检查岗位的工作，也不得在有直接上下级领导关系的岗位工作。聘用工作组织成员在办理人员聘用事项时，遇有与自己有上述亲属关系的，也应当回避。

3. 事业单位聘用工作人员应当签订聘用合同建立聘用合同管理制度。聘用单位对受聘人员的工作情况实行年度考核；必要时，还可以增加聘期考核。受聘人员年度考核或者聘期考核不合格的，聘用单位可以调整该受聘人员的岗位或者安排其离岗接受必要的培训后调整岗位。受聘人员无正当理由不同意变更的，聘用单位有权单方面解除聘用合同。

（四）人事聘用合同

1. 聘用合同期限

聘用合同的期限分为短期、中长期和以完成一定工作为期限的合同，合同期限最长不得超过应聘人员达到国家规定的退休年龄的年限。

（1）流动性强、技术含量低的岗位一般签订三年以下的短期合同。

（2）岗位或者职业需要、期限相对较长的合同为中长期合同。

（3）以完成一定工作为期限的合同，根据工作任务确定合同期限。

（4）在本单位工作已满二十五年或者在本单位连续工作已满十年且年龄距国家规定的退休年龄已不足十年的，工作人员提出订立聘用至退休的合同的，聘用单位应当与其订立聘用期限至该人员退休的合同。

2. 聘用合同的试用期

聘用合同可以约定试用期期限。试用期一般不超过三个月；情况特殊的可以延长，但最长不得超过六个月；被聘人员为大中专应届毕业生的试用期可以延长至十二个月。试用期包括在聘用合同期限内。

3. 聘用合同的解除

（1）聘用单位和被聘用工作人员经协商一致可解除聘用合同。

（2）受聘人员发生如下情形之一，聘用单位可随时单方解除聘用合同：

1）连续旷工超过十个工作日或者一年内累计旷工超过二十个工作日的；

2）未经聘用单位同意，擅自出国或者出国逾期不归的；

3）违反工作规定或者操作规程，发生责任事故，或者失职、渎职，造成严重后果的；

4）严重扰乱工作秩序，致使聘用单位、其他单位工作不能正常进行的；

5）被判处有期徒刑以上刑罚收监执行的；

6）对在试用期内被证明不符合本岗位要求又不同意单位调整其工作岗位的。

（3）受聘人员发生如下情形之一，聘用单位提前三十日以书面形式通知并根据被解聘人员在本单位的实际工作年限向其支付经济补偿的，可以单方面解除聘用合同：

1）受聘人员患病或者非因工负伤，医疗期满后，不能从事原工作也不能从事由聘用单位安排的其他工作的；

2）受聘人员年度考核或者聘期考核不合格，又不同意聘用单位调整其工作岗位的，或者虽同意调整工作岗位，但到新岗位后考核仍不合格的。

（4）受聘人员有下列情形之一，聘用单位不得解除聘用合同：

1）受聘人员患病或者负伤，在规定的医疗期内的；

2）女职工在孕期、产期和哺乳期内的；

3）因工负伤，治疗终结后经劳动能力鉴定机构鉴定为一至四级丧失劳动能力的；

4）患职业病以及现有医疗条件下难以治愈的严重疾病或者精神病的；

5）受聘人员正在接受纪律审查尚未作出结论的；

6）属于国家规定的不得解除聘用合同的其他情形的。

（5）在下列情况下，受聘人员可以随时单方面解除聘用合同：

1）在试用期内的；

2）考入普通高等院校的；

3）被录用或者选调到国家机关工作的；

4）依法服兵役的。

（6）除上述第（5）项情形外，受聘人员单方提出解除聘用合同必须与聘用单位协商

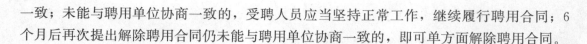

一致；未能与聘用单位协商一致的，受聘人员应当坚持正常工作，继续履行聘用合同；6个月后再次提出解除聘用合同仍未能与聘用单位协商一致的，即可单方面解除聘用合同。

（五）聘用单位与军队文职人员之间人事争议的特别规定

1. 文职人员与聘用单位主要负责人有夫妻关系、直系血亲关系、三代以内旁系血亲关系以及近姻亲关系的，不得聘用到财务、物资管理等岗位，也不得聘用到有直接上下级领导关系的岗位。

2. 聘用单位与军队文职人员之间的聘用合同的期限分别为：

（1）初级、中级专业技术岗位或者六级职员、五级职员、四级职员和三级职员岗位的，1年至3年；

（2）高级专业技术岗位和二级职员岗位的，1年至4年；

（3）从普通高等学校应届毕业生中聘用的文职人员的合同期限，有见习期的6年，没有见习期的5年。

3. 首次聘用为文职人员的，应当有1至6个月的试用期。试用期计入聘用合同期限；有见习期的，试用期计入见习期。

4. 聘用合同期满，凡岗位需要、考核合格且文职人员年龄距本级岗位最高工作年龄尚余1年以上，本人提出申请的，聘用单位可以与其续订聘用合同。在高级专业技术岗位或者二级职员岗位工作的文职人员，被同一单位连续聘用满10年，且男满50岁、女满45岁，本人提出申请，考核合格的，聘用单位应当与其续订期限至本级岗位最高工作年龄的合同。

5. 文职人员的社会保险应由聘用单位和文职人员根据法律规定缴纳，聘用单位应代为办理登记、缴纳和代缴社会保险费事宜。

6. 聘用关系的终止与解除

（1）有下列情形的聘用关系终止：

1）合同期满且不再续聘的；

2）文职人员达到本级岗位最高工作年龄的；

3）双方约定的合同终止条件出现的；

4）聘用合同期限已满，文职人员参加作战、军事演习、军事训练和处置突发事件尚未结束的，聘用合同期限顺延至任务结束。

（2）聘用关系的解除条件与程序同第二节第五目第（四）项。

（3）终止、解除聘用合同的限制：从普通高等学校应届毕业生中聘用的文职人员，合同期限未满的，不得解除聘用合同；文职人员参加作战、军事演习、军事训练和处置突发事件期间，不得单方面解除聘用合同。

在处理人事争议时，必须充分注意到国家法律、法规、政策对于人事聘用、人事管理、聘用关系解除、争议处理管辖、时效、争议处理程序等方面的特殊规定。

■ 第三节　人事争议的司法处理

人事争议司法管辖的依据包括以下内容：

1. 仲裁前置和起诉

（1）人事争议案件根据《人事争议处理规定》的要求，应先提交人事争议仲裁机构进行仲裁。

（2）当事人对仲裁裁决不服的，可以按照《中华人民共和国公务员法》、《中国人民解放军文职人员条例》以及最高人民法院相关司法解释的规定，自收到裁决书之日起 15 日内向人民法院提起诉讼；逾期不起诉的，裁决书即发生法律效力。

（3）对发生法律效力的调解书或者裁决书，当事人必须履行。一方当事人逾期不履行的，另一方当事人可以依照国家有关法律法规和最高人民法院相关司法解释的规定申请人民法院执行。

2. 人民法院受理人事争议的案件范围

根据最高人民法院《关于人民法院审理事业单位人事争议案件若干问题的规定》（2003 年 6 月 17 日最高人民法院审判委员会第 1278 次会议通过，2003 年 8 月 27 日发布，自 2003 年 9 月 5 日起施行），各级人民法院受理人事争议的案件范围，包括事业单位与其工作人员之间因辞职、辞退及履行聘用合同所发生的争议。

3. 特别提示

从《人事争议处理规定》和上述最高人民法院《若干问题的规定》的内容可以看出，人民法院受理人事争议的范围小于人事争议仲裁委员会的受理范围，这可能造成很多人事争议案件并不能进入人民法院的审理范围。

■ 第四节　人事争议处理与劳动争议处理的差异

一、争议受理范围不同

人事争议的受理范围小于劳动争议的受理范围，特别是人民法院对于人事争议的受理范围非常有限。劳动争议的受理范围则要大于人事争议的受理范围，包括：企业、个体经济组织、民办非企业单位等组织与劳动者之间，以及机关、事业单位、社会团体与其建立劳动关系的劳动者之间，因确认劳动关系，订立、履行、变更、解除和终止劳动合同，工作时间、休息休假、社会保险、福利、培训以及劳动保护、劳动报酬、工伤医疗费、经济补偿或者赔偿金等发生的争议。对于人事争议的受理范围，见本章第二节第二目第（一）项的介绍。两相对比可明显看出，仲裁机构受理人事争议的范围要比受理劳动争议的范围小很多。

二、争议仲裁时效不同

人事争议仲裁时效短于劳动争议仲裁时效。根据《人事争议处理规定》，人事争议仲裁申请时效为六十日，自当事人知道或者应当知道其权利受到侵害之日起计算。而根据《劳动争议调解仲裁法》规定，劳动争议仲裁一般时效为一年，自当事人知道或者应当知道其权利受到侵害之日起计算；劳动关系存续期间就劳动报酬发生争议的，劳动者申请仲裁不受一年仲裁时效限制，但劳动合同终止的，应自终止之日起一年内提出。

三、争议处理适用法律不同

在实体法律适用方面，人事争议适用的是《公务员法》、《中国人民解放军文职人员条例》等专门适用于国家机关、事业单位、社会团体的法律规范，劳动争议多适用人力资源和社会保障方面的法律规范。

在仲裁程序依据上，人事争议适用《人事争议处理规定》，而劳动争议适用《劳动争议调解仲裁法》。

四、劳动合同与聘用合同的解除条件不同

受聘人员单方解除权受限。与劳动关系中劳动者解除劳动合同权利相比，事业单位受聘人员单方解除聘用合同，无论是在实体方面，还是在程序方面，都受到更为严格的限制。在劳动关系中，劳动者只需要提前三十日、试用期内提前三日通知用人单位，即可解除劳动合同，无须考虑解除理由；如果用人单位存在违反法律规定、损害劳动者权益的行为，劳动者可以随时解除劳动合同。在事业单位与聘用人员解除聘用合同的争议中，关于解除理由、程序等，应适用人事管理规定，而不是《劳动法》、《劳动合同法》的规定。

附录：案例

案情简介：

某电台为中央机关所属事业单位，王某为事业编制聘用人员，双方未签订聘用合同。1998 年王某因自己不慎骨折在北京大学人民医院进行治疗。2003 年 5 月王某发现人民医院的诊断错误，2005 年 3 月王某提起医疗损害赔偿诉讼，经北京市第一中级人民法院终审判决人民医院赔偿王某医疗费、误工损失等 40 余万元，其中包含某电台为其先期垫付的医疗费共计 128 113.07 元。判决生效后，人民医院将判决书确定的赔偿款项全部支付给了王某。某电台要求王某返还垫付的医疗费 128 113.07 元，但王某以各种理由拒不返还。

某电台是国家全额拨款的事业单位，为了避免国有资产的流失，2008 年 11 月 18 日某

电台向王某送达书面限期缴款通知。王某拒绝返还。因此，某电台从 2008 年 12 月起开始每月扣发王某部分工资收入用于偿还某电台垫付的医疗费，包括住房补贴 54 504 元、2009 年的降温费 380.00 元（税后）、国庆中秋节过节费 475.00 元（税后），2009 年 1—7 月份的生活补贴 5 287.66 元（税后），五项合一（2008 年 11、12、13 月生活补贴、13 月工资、春节过节费）6 416.45 元，共计 67 063.11 元，王某仍有 61 049.96 元未偿还。某电台扣发部分工资后实际支付的工资未低于法定最低工资。

2009 年 3 月，王某向中央机关直属在京事业单位人事争议仲裁委员会提出仲裁申请，要求某电台返还扣发的工资及福利待遇。仲裁委员会以不属于受理范围为由作出不予受理决定。王某遂向人民法院提起诉讼。

处理结果：

仲裁委员会裁决：认为王某的仲裁请求不属于人事争议仲裁委员会的受理范围，决定不予受理；一审法院经审理认为，王某的诉求不属于人民法院的受理范围，裁定驳回王某起诉。王某未上诉。

评析意见：

根据自 2007 年 10 月 1 日起实施的《人事争议处理规定》，中央机关及所属事业单位人事争议仲裁委员会设在人事部，负责处理中央机关、直属机构、直属事业单位及其在京所属事业单位的人事争议。2011 年 8 月 15 日人力资源和社会保障部发布《关于修改人事争议处理规定的通知》，中央机关、直属机构、直属事业单位及其在京所属事业单位的人事争议的管辖权归属北京市负责处理人事争议的仲裁机构。

本案发生在 2008 年至 2009 年，案件归属中央机关及所属事业单位人事争议仲裁委员会管辖，该仲裁委员会的受理案件范围为"国务院各部委、直属机构在京直属事业单位以及国务院直属事业单位与其工作人员因辞职、辞退和履行聘用合同发生的争议"。王某的仲裁请求为返还被扣发的工资福利，不属于辞职、辞退和履行聘用合同发生的争议。仲裁委员会不予受理符合规定。

根据 2003 年最高人民法院《关于人民法院审理事业单位人事争议案件若干问题的规定》，人事争议是指事业单位与其工作人员之间因辞职、辞退及履行聘用合同所发生的争议。因此，王某的诉讼请求也不属于人民法院的受理范围，人民法院裁定驳回起诉，是符合规定的。

本章思考题

1. 人事争议仲裁的受理范围。
2. 人民法院对于人事争议案件的受理范围。
3. 关于人事争议仲裁的时效是如何规定的？
4. 事业单位人事聘用合同关于聘用人员单方解除聘用合同是如何规定的？
5. 人事争议处理与劳动争议处理有何不同？

第十章

附则

通过本章学习，你应当掌握：

1. 新法优于旧法的法律适用原则。

2. 在具体案件中如何处理新旧法律的适用问题？

一、新旧法律、法规等的适用

除法律另有规定外，新的法律、法规、规章、司法解释（统称新法）生效实施后，旧的法律、法规、规章、司法解释（统称旧法）与新法有冲突的，以新法规定为准。

二、适用情形

旧法与新法对同一事项规定不一致的，以新法为准，情形包括：

1. 新旧法一般规定不一致

新法为相同层级机关或者上级机关制定，新法对同一事项的一般规定与旧法的一般规定不一致。

2. 新旧法特别规定不一致

新法为相同机关或者上级机关制定，新法对同一事项的特别规定与旧法的特别规定不一致。

3. 新旧法特别规定与一般规定不一致

新法为相同机关或者上级机关制定，新法对同一事项的特别规定与旧法的一般规定不一致。

三、例外情形

1. 新法优先

新法明确法律适用的，按照新法规定执行。

2. 层级优先

新法未明确规定法律适用，但新法的法律层级高于旧法的，适用新法规定。

3. 有利于劳动者

依据旧法制定的相关规则给予劳动者更宽松的保护，新法规定的保护程度仍低于已经制定规则的保护程度的，原则上可以适用旧的规则。

四、新法的溯及力

1. 新法不溯及既往

除非新法有明确规定，法律、法规、政策应自发布之日或者发布后某个特定日期实施，不具有溯及既往的效力。如《劳动合同法修正案》于 2012 年 12 月 28 日发布，自 2013 年 7 月 1 日起实施，执法机关不能依据《劳动合同法修正案》中新的法律规定追究 2013 年 7 月 1 日前用人单位或用工单位的法律责任。

2. 司法解释效力

对于司法解释发布实施前发生争议、司法解释实施后尚未审结的仲裁、诉讼案件，司法解释具有溯及既往的效力。

附录

案例一

案情简介：

2008 年 6 月，某建筑工程公司将自己负责施工的市政家属楼的一些附属工作以包清工的方式承包给李某，李某自己招了一部分人干活，张某便是其中之一。2008 年 9 月 5 日，张某在干活过程中受伤住院治疗。因李某不向张某支付任何费用，张某在咨询了专业人士后将建筑工程公司告到了劳动争议仲裁委员会，要求确认与建筑工程公司存在劳动关系，并要求建筑工程公司承担给予其工伤保险待遇的责任。劳动争议仲裁委员会出具的裁决书认定，建筑工程公司与张某之间存在劳动关系，并承担给予张某工伤保险待遇的责任（数额未超过当地月最低工资标准 12 个月）。建筑工程公司不服，向基层人民法院提起诉讼，认为其与李某之间是发包与承包的关系，而李某与张某之间是雇佣关系，故其与张某之间不存在劳动关系，所以不应该承担给予张某工伤保险待遇的责任。

处理结果：

仲裁委员会裁决：确认建筑工程公司与张某自 2008 年 6 月至今存在劳动关系；建筑工程公司于本裁决生效之日起 5 日内向张某一次性支付工伤医疗费。

一审法院经审理认为，《中华人民共和国劳动法》第 79 条赋予了当事人如果对劳动争议案件仲裁裁决不服，有向人民法院起诉的权利。然而，自 2008 年 5 月 1 日起实施的《中华人民共和国劳动争议调解仲裁法》第 48、49 条对一裁终局劳动争议案件当事人对仲裁裁决不服提起诉讼的情形作了不同规定，区分了劳动者和用人单位两个不同主体所享有的不同诉权。第 48 条规定劳动者对一裁终局仲裁裁决不服的，可以自收到仲裁裁决书之日起 15 日内向人民法院提起诉讼；第 49 条规定，用人单位针对六种法定情形可以自收到仲裁裁决书之日起 30 日内向劳动争议仲裁委员会所在地的中级人民法院申请撤销裁决，仲裁裁决被人民法院裁定撤销的，用人单位才能向人民法院起诉。根据"新法优于旧法"的原则，《中华人民共和国劳动争议调解仲裁法》第 49 条应被适用，即：建筑工程公司提起的劳动争议诉讼不属于基层人民法院的管辖范围。因此，建筑工程公司向基层人民法院申请撤回起诉。

评析意见：

本案的核心问题是，对于一裁终局裁决，用人单位一方应当如何寻求法律救济。虽然《中华人民共和国劳动法》和《中华人民共和国劳动争议调解仲裁法》对用人单位不服仲裁裁决的救济途径分别作了不同规定，但根据"新法优于旧法"的原则，应当适用《中华人民共和国劳动争议调解仲裁法》的规定。

案例二

案情简介：

2006年3月1日，杨某与某贸易公司签订了为期5年的劳动合同，期限至2011年2月28日，任销售经理。2011年2月28日，贸易公司终止了与杨某的劳动合同。杨某提出，按照往年3月份支付上一年度年终奖金的惯例，贸易公司应向其支付2010年度的年终奖金，数额相当于4个月的基本工资。而贸易公司在《劳动合同终止通知书》中载明，仅同意支付相当于2个月基本工资的年终奖金，因不认可杨某主张的数额，故未予支付。杨某遂向劳动争议仲裁委员会提起劳动仲裁，要求贸易公司支付2010年度年终奖金及25％经济补偿金。

处理结果：

仲裁委员会根据杨某提交的银行对账单，裁决贸易公司向杨某支付相当于4个月的年终奖金及25％经济补偿金；双方均向一审法院提起诉讼，一审法院根据《劳动合同终止通知书》，判决贸易公司向杨某支付相当于2个月基本工资的年终奖金；杨某向二审法院提起上诉，在二审法院的主持下，双方达成了调解协议。

评析意见：

首先，奖金一般被认为是企业的自主决策事项，是企业自主管理权的体现，在无奖金制度或其他约定的情况下，劳动者仅依据惯例是无法得到支持的。

其次，《中华人民共和国劳动合同法》施行后，原劳动部《违反和解除劳动合同的经济补偿办法》中有关25％经济补偿金的条款是否还继续适用，一直是各方关注和争论的焦点问题。一种观点认为，在没有明确旧法已经失效或废止的情况下，原劳动部《违反和解除劳动合同的经济补偿办法》依然有效，仍应执行；另一种观点认为，《中华人民共和国劳动合同法》第85条已经改变了原劳动部《违反和解除劳动合同的经济补偿办法》的权利救济模式，新法已代替旧法。而目前的仲裁司法实践似乎更倾向于第一种观点。

案例三

案情简介：

2006年9月1日，王某与某通讯公司北京分公司（以下简称北京分公司）签订了为期5年的劳动合同，期限至2011年8月31日，任营业员。2011年8月15日，北京分公司向王某送达了《终止劳动合同通知书》，并向王某支付了相当于4个月工资的经济补偿金。

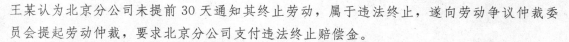

王某认为北京分公司未提前 30 天通知其终止劳动，属于违法终止，遂向劳动争议仲裁委员会提起劳动仲裁，要求北京分公司支付违法终止赔偿金。

处理结果：

仲裁委员会认为，北京分公司终止劳动合同时已履行了法定的用人单位义务，不属于违法终止，故未支持王某的请求。

评析意见：

《中华人民共和国劳动合同法》并未规定用人单位终止劳动合同需要提前 30 天通知劳动者，仅是某些地区作了地方性规定，且多为《中华人民共和国劳动合同法》施行前的规定，在未与新法相冲突的情况下，这些地方性规定依然可以继续适用。如 2001 年的《北京市劳动合同规定》第 47 条规定，用人单位终止劳动合同未提前 30 天通知劳动者的，以劳动者上月日平均工资为标准，每延迟 1 日支付劳动者 1 日工资的赔偿金。但由此不能得出未提前 30 天通知将导致劳动合同终止为违法终止的结论。

案例四

案情简介：

孙某系 2005 届毕业生，毕业后到某科技公司工作，由科技公司为其解决了北京市户口，同时孙某与科技公司签订了《服务协议》，约定服务期 5 年，违约金 5 万元。2006 年 3 月孙某因个人原因辞职，离职后，要求科技公司为其办理档案及户口转移手续。但经多次催要未果，科技公司要求孙某先交纳违约金，否则不予办理转档手续。

此后孙某即前往广州工作，在此期间孙某每年都要求科技公司办理转档手续，但科技公司一直坚持不交违约金不给转档案。2011 年 2 月，孙某通过劳动仲裁、一审、二审诉讼程序，要求科技公司办理档案转移手续，该请求均获得了支持。科技公司不甘，遂提起了劳动仲裁，要求孙某支付违约金及档案管理费，但未获得劳动争议仲裁委员会的支持，而后又起诉到一审法院。

处理结果：

劳动争议仲裁委员会裁决科技公司于本裁决生效之日起 15 日内为孙某办理档案转移手续；一审判决科技公司于本判决生效之日起 15 日内为孙某办理档案转移手续，驳回科技公司的诉讼请求；二审判决驳回上诉，维持原判。

第二次仲裁裁决驳回科技公司的全部请求事项；一审达成和解，调解内容如下：

1. 孙某同意向科技公司支付 1 万元补偿金；

2. 科技公司配合孙某办理档案、户口的转移手续，孙某在办理上述手续的当天向科技公司支付 1 万元的补偿金；

3. 达成本调解协议之前产生的存档费由科技公司支付，此后若发生存档费，由孙某自行承担。

评析意见：

1. 关于时效问题。孙某提出的仲裁请求没有超过仲裁时效，理由有三：

（1）根据《中华人民共和国劳动争议调解仲裁法》（自 2008 年 5 月 1 日起实施）第 27 条的规定，仲裁时效自知道或应当知道权利被侵害之日起 1 年。但因当事人一方向对方当事人主张权利，或者向有关部门请求权利救济，或者对方当事人同意履行义务而中断。从中断时起，仲裁时效期间重新计算。本案中，孙某与公司的纠纷虽发生在该法实施前，但是孙某曾多次向科技公司主张权利，仲裁时效依该法中断并重新计算，故未超过仲裁时效。

（2）根据《中华人民共和国劳动合同法》（自 2008 年 1 月 1 日起实施）第 50 条的规定，用人单位应当在解除或者终止劳动合同后 15 日内为劳动者办理档案和社会保险关系转移手续。为孙某办理档案转移手续是科技公司的法定义务，是不附带任何前提条件的，包括不能以孙某未支付违约金而不予办理。

（3）科技公司未转移档案给孙某造成的损害是持续的，并不会因为多年后才启动司法程序而导致此项权利不受保护。最高人民法院《关于贯彻执行〈中华人民共和国民法通则〉若干问题的意见（修改稿）》第 194 条规定："侵权行为是持续发生的，诉讼时效从侵权行为实施终了之日起计算。"该稿虽未获通过，但对司法实践也是具有参考价值的。如，最高人民法院《关于审理专利纠纷案件适用法律问题的若干规定》、最高人民法院《关于审理著作权民事纠纷案件适用法律若干问题的解释》、最高人民法院《关于审理商标民事纠纷案件适用法律若干问题的解释》均采用了前述原则。

2. 关于违约金。虽然孙某与科技公司签订《服务协议》时，针对户口约定的违约金是不被法律所禁止的，但是，科技公司针对违约金的请求显然已超过了 2 年的诉讼时效。而在《中华人民共和国劳动合同法》施行后，除了用人单位为劳动者进行了专项培训从而约定服务期的或者签订竞业限制协议的情况以外，任何针对违约金的约定都是违反法律规定的。因此，科技公司要求孙某承担违约金的请求是没有法律依据的。

本章思考题

1. 劳动争议处理中新法和旧法适用的原则是什么？
2. 实践中如何理解和适用新法优于旧法？

图书在版编目（CIP）数据

劳动法律师基础实务 / 姜俊禄主编. —北京：中国人民大学出版社，2014.4
（中国律师实训经典·基础实务系列）
ISBN 978-7-300-19189-8

Ⅰ.①劳…　Ⅱ.①姜…　Ⅲ.①劳动法－中国－高等学校－教材　Ⅳ.①D922.5

中国版本图书馆 CIP 数据核字（2014）第 068674 号

中国律师实训经典·基础实务系列
总主编　徐　建　龙翼飞
劳动法律师基础实务
主　编　姜俊禄
副主编　王建平
Laodongfa Lüshi Jichu Shiwu

出版发行	中国人民大学出版社				
社　　址	北京中关村大街 31 号		**邮政编码**	100080	
电　　话	010 - 62511242（总编室）		010 - 62511770（质管部）		
	010 - 82501766（邮购部）		010 - 62514148（门市部）		
	010 - 62515195（发行公司）		010 - 62515275（盗版举报）		
网　　址	http://www.crup.com.cn				
	http://www.ttrnet.com（人大教研网）				
经　　销	新华书店				
印　　刷	北京中印联印务有限公司				
规　　格	185 mm×260 mm　16 开本		**版　　次**	2014 年 4 月第 1 版	
印　　张	16 插页 2		**印　　次**	2015 年 8 月第 2 次印刷	
字　　数	343 000		**定　　价**	39.00 元	

中国律师实训经典——锻造中国律师实战的"西点军校"

中国律师实训经典·美国法律判例故事系列

环境法故事　　ISBN：978-7-300-17451-8

作　　者：〔美〕理查德·拉撒路斯　　定价：￥39.80　　出版时间：2013-06-30

宪法故事（第二版）　　ISBN：978-7-300-15548-7

作　　者：〔美〕迈克尔·C·道夫　　定价：￥49.80　　出版时间：2012-08-31

审判故事　　ISBN：978-7-300-15004-8

作　　者：〔美〕迈克尔·E·泰戈　　定价：￥49.80　　出版时间：2012-03-31

刑事程序故事　　ISBN：978-7-300-14807-6

作　　者：〔美〕卡罗尔·S·斯泰克　　定价：￥59.00　　出版时间：2012-03-31

证据故事　　ISBN：978-7-300-14661-4

作　　者：〔美〕理察德·伦伯特　　定价：￥39.80　　出版时间：2012-03-31

中国律师实训经典·庭辩技巧系列

美国庭审宝典（第四版）　　ISBN：978-7-300-16274-4

作者：〔美〕詹姆斯·W·麦克尔哈尼

定价：￥88.00　　　　出版时间：2012-10-31

庭审制胜（第七版）　　ISBN：978-7-300-14782-6

作者：〔美〕托马斯·A·马沃特

定价：￥88.00　　　　出版时间：2012-05-30

对方证人——芝加哥著名刑辩律师论交叉询问与人生的经验教训

作者：〔美〕史蒂文·F·莫罗　　ISBN：978-7-300-15154-0

定价：￥49.00　　　　出版时间：2013-04-24

中国律师实训经典·律师职场系列

律师的职业责任与规制（第二版）

ISBN：978-7-300-17357-3

作者：［美］黛博拉·L·罗德

定价：￥39.80　　　　出版时间：2013-05-31

践行正义：一种关于律师职业道德的理论

ISBN：978-7-300-16985-9

作者：［美］威廉·西蒙

定价：￥30.00　　　　出版时间：2014-05-01

中国律师实训经典·高端业务系列

公司兼并与收购教程　　ISBN：978-7-300-19028-0

主　　编：肖　微　　　　　　定价：￥68.00

出版时间：2014-04-30

中国企业境内首次公开发行及上市业务教程

ISBN：978-7-300-19027-3

主　　编：靳庆军　　　　　　定价：￥58.00

出版时间：2014-04-30

中英商务合同精选与解读　ISBN：978-7-300-15196-0

作　　者：林克敏　　　　　　定价：￥42.00

出版时间：2012-03-31

中国律师实训经典·基础实务系列

律师执业基础	黄士林主编	出版时间：2014-04-30
刑事诉讼律师基础实务	钱列阳主编	出版时间：2014-04-30
行政诉讼律师基础实务	吕立秋主编	出版时间：2014-04-30
民事诉讼律师基础实务	翟雪梅主编	出版时间：2014-04-30
非诉讼业务律师基础实务	李大进主编	出版时间：2014-04-30
商事仲裁律师基础实务	韩　健主编	出版时间：2014-04-30
公司业务律师基础实务	龚志忠主编	出版时间：2014-04-30
房地产业务律师基础实务	李晓斌主编	出版时间：2014-04-30
企业法律风险管理基础实务	徐永前主编	出版时间：2014-04-30
劳动法律师基础实务	姜俊禄主编	出版时间：2014-04-30
知识产权业务律师基础实务	温　旭主编	出版时间：2014-04-30
婚姻家庭与继承律师基础实务	王　芳主编	出版时间：2014-04-30
合同业务律师基础实务	吴江水　著	出版时间：2014-04-30
侵权责任法律师基础实务	杨立新等著	出版时间：2014-04-30